시험의 권력

언어시험 사용에 대한 비평적 관점

The Power of Tests

A Critical Perspective on the Uses of Language Tests

Elana Shohamy 지음

신 동 일 · 박 윤 규 옮김

PEARSON

아카데미프레스

The Power of Tests

A Critical Perspective on the Uses of Language Tests

This translation of The Power of Tests: A Critical Perspective on the Uses of Language Tests 01 Edition is published by arrangement with Pearson Education Limited, United Kingdom.

역자 서문

영어시험의 타당성은 순진하게 시험지에서 보이는 문항과 시험결과 데이터만으로 논의될 수 없다. 역사적으로도 언어시험은 통제와 감시의 수단이 되기도 했고, 21세기를 맞이한 지금도 교육선진국에서조차 언어시험이 부적절한 사회적 기능을 맡고 나쁜 영향력을 끼치는 경우가 많다. 우리는 아직도 영어시험의 사회정치적 단면을 주목하는 것이 익숙하지 않으며 영어교육 현장에서도 시험과 정책에 관한 거시적 연구의 체계성이 부족한 채 그저 엇비슷한 시험의 개발과 시행에 관한 기능적 연구가 재생산되고 있다. 왜 평가하는지, 누가 평가하며, 무엇을 평가해야 하는지에 관해 언어교육과 평가의 접경 학문분야는 좀 더 넓게 담론의 지경을 펼쳐야 한다.

Elana Shohamy의 'The Power of Tests'는 신동일 교수가 숙명여자대학교 영어영문학과, 중앙대학교 영어영문학과 교수로 재직하면서 학부와 대학원 강의와 세미나 교재로 사용한 책이다. 한국에서도 영어시험의 사회정치적 담론을 다뤄보기 위해서 미셸 푸코, 알피 콘, 닐 포스트만 등의 여러 인문학 서적들과 함께 수업 안팎에서 사용한 책이다. 박윤규 선생은 수업과 세미나에 참여하면서 영어평가 영역을 비평적으로 이해하는 전문가 활동을 꿈꾸게 되었고, 결국 여러 지인들의 도움으로 함께 'The Power of Tests'를 한국어로 번역하는 작업을 시작하게 되었다. 이 책의 내용이 한국의 독자들에게 익숙하지 않고 원서만으로는 일반인이 쉽게 읽기 어렵겠다는 생각을 가졌기 때문에, 많이 망설였지만 번역 작업을 결심하게 되었다.

번역본의 발간을 맞아 우선 우리말로 옮기는 것을 허락해주신 저자와 롱맨 출판사에 감사를 전한다. 또한 선뜻 한국어판을 출판해주신 아카데미프레스 출판사에도 감사를 전한다. 'The Power of Tests' 원서를 역자들과 다시 한 번 강독하고 교정 작업을 도와준 중앙대학교 영어영문학과 응용언어학 연구그룹인 CALA 모두에게, 그중에서 김나희 선생, 박진아 선생, 임관혁 선생에게 감사의 뜻을 전한다. 번역 작업을 처음으로 제안하고 이 분야의 탐색을 시작한 것은 신동일 교수였지만 동일한 열정으로 초벌 번역부터 마무리 작업까지 한결같은 엄밀함을 보여준 박윤규 선생이 없었다면 이 번역본은 출간될 수 없었을 것이다. 다른 곳에서 다른 일로 서로가 다시 만나기를 진심으로 소망하고 있다.

이 책을 통해 국내에서도 언어평가의 사회정치적 담론이 본격화되기를 희망한다. 역자들은 앞으로도 좀 더 큰 용기와 사회적 책무감으로 언어평가의 거시적 담론을 개척해보려 한다. 동일한 연구와 출판 활동에 이미 관여하고 있는 많은 분들과의 협력을 기대해 본다.

2009년 11월

역자 신동일과 박윤규

저자 서문

과거의 경험은 미래에 도움이 된다. 뱅크스(Banks, 1998: 6)에 의하면, '우리가 사회과학 연구에서 객관성이라는 목표에 좀 더 가까이 접근하기 위해서는 연구자의 인생 여정과 가치관을 깊게 이해하고 드러낼 필요'가 있다. 따라서 시험을 잘 보지 못했던 경험으로 인해 다른 시각, 즉 수험자의 시각에서 평가에 감춰진 비밀을 이해하고자 노력하게 되었다는 사실은 별로 놀랄 일이 아니다. 나는 전통적인 평가로 교육을 받았다. 그곳에서 단 하나만 정답이라는 심리측정학적 진리를 배웠다. 그러나 나는 항상 수험자의 시각으로 시험을 바라봤고, 특정 유형의 시험, 특히 선다형 문항으로 이루어진 시험을 잘 보지 못하는 수험자가 왜 그렇게 많은지 그 원인을 이해하고자 노력했다. 그래서 언어평가를 연구하던 초기엔 여러 가지 상황적 변수가 수험자의 시험 점수에 미치는 영향에 관심을 가졌다. 그 연구를 통해 평가방법과 같은 변수가 실제로 수험자의 시험 수행에 영향을 미친다는 사실을 발견했다.

시험내용이 시험의 사용과 직결되지 않기 때문에 실제로 평가방법은 그다지 중요하지 않다는 점을 몇 년이 지난 뒤에야 나는 깨달았다. 1985년 이스라엘에서 중등학교 졸업 시기에 시행될 새로운 영어시험 도입을 논의하고자 교육부 관료와 회의를 하면서 그런 '진실의 순간'

이 찾아왔다. 새롭게 도입되는 이 시험의 골자는 다양한 방법을 통해 고등학생들에게 자신의 영어말하기 능숙도를 드러낼 기회를 부여하자는 것이었다. 그런데 그 회의를 하면서 신뢰도와 타당도 같은 시험의 심리측정학적 특성이 시험 도입의 책임자에게 무의미하다는 사실을 알게 되었다. 책임자는 새로운 영어시험이 좀 더 정확한 결과를 가져올지에 대해서는 관심이 없었다. 오히려 그의 주요 관심사는 어떻게 하면 그 시험이 교실의 구어교육에 영향을 줄 수 있을까였다. 그에게 새로운 시험의 목적은 하나뿐이었다. 국가기관의 담당자에게 새로운 영어시험은 교사가 말하기를 가르치게 만들기 위한 도구였다. 그가 새로운 영어시험을 지지한 이유는 '이제 교사는 학생으로 하여금 영어를 말하도록 가르칠 수밖에 없을 것' 이라는 시험의 잠재적인 영향 때문이었다. 영어 말하기 수업은 한동안 그의 계획이었고, 그는 영어 말하기 수업이 이뤄지도록 열심히 노력했지만 실패를 거듭했다. 새로운 영어시험이라면 자신의 계획을 실현시켜 줄 가능성이 있었다. 나머지는 전부 관심 밖에 있었다. 영어 말하기를 가르칠 교사가 없다는 사실과 영어 말하기를 위한 교육과정이 없다는 사실은 중요하지 않았다. 담당자는 새롭게 도입될 시험과 그 시험이 지닌 힘이 모든 것을 해결해 주리라 확신했다.

그 회의를 비롯해 유사한 회의에 계속 참석하면서 나는 시험의 질이 시험을 사용하는 데 별 상관이 없으며, 중요한 것은 교사와 학생을 시험 도입자가 중요시하는 대로 움직이게 만드는 것, 즉 통제라는 사실을 깨달았다. 시험은 시험이 지닌 권력을 통해 말이 행동이 되도록 만드는 도구이자 수단에 불과했다.

또한 그때 정책입안자와 시험개발자가 시험에 대해 서로 다른 계획을 갖고 있다는 사실도 깨달았다. 정책입안자와 시험개발자는 각각 상이한 시각으로 시험을 바라봤다. 교사들은 좋은 시험의 기준으로 그들이 만든 시험이 정확하게 측정할 수 있는지를 본다. 반면 정책입안자에게 시험은 교육 계획을 추진하기 위한 수단이다. 그러니 문제는 시험 자체가 아니라 그 시험을 사용하는 방식이다.

내게 이런 깨달음은 나의 평가자 경력에 전환점이 되었다. 평가자가 얼마나 순진하고 시험이 사용되는 '실제 사회' 에서 얼마나 동떨어져 있는지 주목하기 시작했다. 그 당시에 나는 시험의 목적 및 사용, 시험의 사회적 · 정치적 영향에 초점을 맞춘 논의를 언어평가 분야, 학회지, 각종 학회에서 전혀 볼 수가 없었다. 자신이 만든 시험이 어떻게 사용되고 있는지 관심을 갖는 평가자가 없었다. 시험의 사용은 평가자에게 무관한 얘기였던 것이다.

시험 사용에 관심을 집중하기 시작하면서 나는 교육 및 사회에서 시험이 사용되는 다양한 방식을 관찰했다. 교사가 가르치게끔 하고 학생이 공부하게끔 하는 것은 물론, 정책을 부과하고, 지식을 정의하는 과정에 시험이 사용되었다. 심지어 처벌 · 배제 · 게이트키핑을 하며, 현재의 권력을 유지하는 데 시험이 사용되었다. 이런 관찰은 하나의 집념이 되었고, 나는 평가 '방법' 은 뒷전으로 둔 채 평가에 대해 '왜' 라는 질문을 던지기 시작했다. 새로운 시험을 마주할 때마다 나는 시험을 도입하는 근본적 이유와 동기를 알아내야 했다. 이 시험이 왜 도입되고 있는가? 그 뒤에 가려진 목적은 무엇인가? 어떤 계획이 있는가? 누구의 계획에 따라 도입되는가? 시험을 사용하는 진짜 목적은 무엇인가? 그 뒤에 어떤 정략이 가려져 있는가? 누가 무엇을 왜 추진하고 있는가? 시험결과에 관심을 갖는 자는 누구이고 그 이유는 무엇인가? 어떤 정치집단이 시험의 필요성을 만들어냈는가? 기대한 결과는 무엇인가? 머지않아 나는 공식적인 이야기와 숨겨진 진실이 따로 있음을 알았다. 공식적인 이야기란 시험이 교육적인 목적으로 지식을 측정하기 위해 사용된다는 것이며, 시험이 특정한 목적을 달성하기 위한 수단으로 사용된다는 것이 숨겨진 진실이다.

몇 년 뒤, 다른 사례를 면밀히 관찰할 기회가 생겼다. 이번에는 국가에서 새롭게 시행하는 독해시험이었다. 시험결과가 배포되면서 이스라엘의 4학년 학생 중 절반이 독해시험에 통과하지 못했다는 결과가 나왔다. 그렇게 많은 학생이 읽지도 못한다는 사실을 받아들이기 어려웠으며, 시험결과가 시험의 난이도와 상관성이 없음을 발견하고 나는 놀라지도 않았다. 평가자들이 알다시피 '절반' 이든 어떻든 커트라인 점수란 건 상당히 임의적일 수 있다는 점도 분명했다. 나는 다시 질문을 던지기 시작했다. 애초에 독해시험이 시행된 이유는 무엇인가? 독해시험의 도입을 초래한 계획은 무엇인가? 어떤 정략으로 독해시험이 시행되었는가? 누가 이득을 보고 누가 손해를 보는가? 정치적 목적은 무엇인가? 독해시험을 시행한 여러 기구는 어떤 관계에 있는가? 시험결과가 어떻게 사용될 것인가? 독해시험은 가르치는 것에 어떤 영향을 미칠 것인가? 수험자, 학부모, 학교에게 독해시험은 어떤 의미인가? 개인의 삶에 미치는 시험의 장 · 단기적인 결과는 무엇인가? 평가되는 지식에 독해시험이 어떤 영향을 미치는가?

연구결과에 따르면, 독해시험은 단지 다른 계획을 위한 수단이자 구실일 뿐이라는 점이 명확해졌다. 독해시험은 통제하고, 선별하고, 분류하고, 처벌하고, 위협하고, 권위를 드러내는 도구로 여러 기구에 의해 사용되었다. 1993년 여름, 나는 수사학 학술대회에서 발표하기 위해 독해시험을 주제로 한 첫 논문을 썼다(쇼하미(Shohamy), 1994). 이 논문을 통해 독해시험의 수사학을 논의하고 공표된 시험의 목적과 독해시험의 실제 사용 간의 간극을 지적했다. 교육부 공문서에서 드러난 독해시험의 목적은 교육적이고 윤리적인 듯했지만 실제 사용과 그에 따른 결과는 그렇지 않았다.

최근 몇 년간 나는 언어정책 분야에 관한 연구를 수행해왔다. 버나드 스폴스키(Bernard Spolsky) 교수와 나는 이스라엘의 새 언어정책을 제안해 줄 것을 요청받았다. 언어평가 분야에서 쌓은 경력과 연구관심을 바탕으로 '언어평가정책'이 실질적인 '언어정책'이라는 사실이 드러나면서 나는 다시 한 번 시험의 권력에 대해 깨닫게 됐다. 나아가 평가정책이 실질적인 언어정책이 되기 때문에 평가정책의 변화 없이는 어떤 정책의 변화도 일어나지 않음을 알게 됐다. 언어정책에 관한 문서와 성명은 평가정책의 권력과 비교할 때 아무런 힘이 없었다. 나는 평가 관행에 대해 연구함으로써 현행 교육정책에 대해 알 수 있다는 결론에 도달했다. 그러면서 힘을 가진 사람들이 생각하는 진짜 우선순위를 연구하는 데 시험이 이를 드러내는 훌륭한 거울이 될 수 있음을 깨달았다. 시험이 정치적 · 사회적 · 교육적 · 경제적 맥락 속에 깊이 파고들어 있기 때문이다. 나는 언어시험이 어떻게 사용되는지 연구하고, 시험 사용이 교육과 사회에 미치는 효과와 결과는 물론 힘을 가진 사람들이 시험을 사용하는 의도에 초점을 맞추기로 결정했다.

결국 이 책은 시험이 아니라 시험의 사용에 관한 것이다. 시험이 현대 사회에서 강력한 역할을 갖게 된 원인을 이해하고자 이 책은 다양한 연구, 관찰, 견해를 제시한다. 또한 경험적 연구, 실제 사례와 수험자의 목소리를 바탕으로 정치적 · 사회적 · 경제적 맥락에서 시험이 지닌 역할과 시험 사용을 분석하기 위한 이론적 틀을 발전시킨다. 이 책은 비판적 시각을 발전시키고 평가자의 책임과 수험자의 권리를 고려하는 민주적 평가모형을 제안한다. 그렇게 함으로써 시험의 오용을 비판하고 부적절한 사용을 제어하고 최소화하기 위한 전략을 제시한다.

영감을 주신 분들

이 책은 오랫동안 나를 사로잡았던 생각, 연구, 견해를 정리한 것이다. 하지만 생각이란 진공상태에서 나오는 것이 아니라 대화, 논의, 토론, 관찰, 성찰에 의해 영감을 받는다.

아마도 이스라엘에서 열리는 언어평가연구 학술위원회(ACROLT)의 학술대회가 이 주제에 대한 내 견해를 체계화하는 데 가장 큰 기여를 하지 않았나 싶다. 내가 시험의 의도와 효과에 대해 이해하기 시작한 곳은 바로 ACROLT이었다. 토론과 논쟁을 통해 시험을 도입하는 근본적 이유와 시험 사용에 대한 회의적인 생각이 표면화되었다. 외국 학자가 자주 참석했던 ACROLT의 학술대회에서 시험 사용·오용·남용에 대한 논리적 틀이 잡혔다. 또한 그 학술대회를 통해 나는 정치적·사회적·경제적 맥락 내에서 시험의 역할을 이해하기 시작했다.

바로 그곳에서 버나드 스폴스키(Bernard Spolsky) 교수가 나를 비롯한 다른 참여자들에게 평가자가 직면하는 도덕적 딜레마에 대해 도전적인 질문을 제기하도록 영감을 주었다. 역사적 관점에서 언어평가의 사회적·정치적 측면을 바라보게 하고, 심리측정학이 모든 문제를 해결해 준다는 환상을 지적한 스폴스키 교수의 저작 『측정된 언어(Measured Words)』(1995)는 특별한 영감을 주었다.

절친한 친구이자 동료인 데이비드 네보(David Nevo)와 나눴던 끝없는 대화는 평가의 심리학과 정치학을 이해하는 데 가장 큰 원천이 되었다. 교육의 정치학 및 사회학뿐만 아니라 관료적 도구로서 교육정책에서 핵심적인 역할을 하는 시험에 관해 네보 교수가 보여준 깊은 통찰력은 시험 도입의 동기를 이해하는 데 도움이 되었다. 이 책에 제시된 협력적 모형을 소개해 준 네보 교수에게 깊은 감사를 드린다.

나는 오랜 기간 동안 언어평가 분야에 있는 동료들이 시험 사용과 그에 따른 결과에 대한 내 생각을 제대로 이해하지 못한다고 느꼈다. 하지만 매리 맥그로티(Mary McGroarty) 교수의 초청으로 미국 플로리다주 올랜도에서 1997년에 열린 미국 응용언어학회에서 비평적 언어평가에 대해 기조 연설을 할 수 있었고, 이 사실은 내가 주장한 이 쟁점의 중요성과 적절성이 인정된 것이라고 보여진다. 내가 발표한 논문에 대한 여러 언어평가자와 응용언어학 분야의 동료 연구자들의 호의적인 반응은 이 책을 저술하는 데 큰 영감을 주었다.

텔아비브대학교는 물론 시험 사용에 대해 강의를 하도록 나를 초청해 준 각국의 여러 대학(미국, 호주, 캐나다, 홍콩, 핀란드, 덴마크, 벨기에, 스웨덴)의 대학원생들과 동료 연구자들은 끊임없는 영감의 원천이 되었다. 이 책에 소개된 연구 중 일부는 그 학생들 및 동료 연구자들과 협력하여 수행했다. 다양한 생각, 질문, 비판, 반대, 문제를 제기해 준 그들에게 감사드린다.

이 책을 작업하는 도중에 나는 (제프 브린들리(Geoff Brindley), 후세인 파르하디(Hussein Farhady), 스탠 존스(Stan Jones), 팀 맥나마라(Tim McNamara), 보니 노튼(Bonny Norton), 폴린 리디킨스(Pauline Rea-Dickins), 피터 스케한(Peter Skehan)과 함께) '언어평가자의 사회적 역할' 이라는 주제로 오타와의 칼튼대학교에서 열린 하계학술대회에 참여하도록 초청을 받았다. 이는 아주 독특한 경험이었다. 교수와 대학원생이 함께 학습함으로써 평가자, 수험자, 기타 이해관계자에 초점을 맞춰 시험 사용의 사회적 · 정치적 쟁점을 이해하고자 노력했다. 다른 학술대회와는 달리 엿새 내내 생각을 공유하고, 질문을 던지고, 도덕적 · 윤리적 딜레마에 대해 성찰할 기회가 제공되었다. 이렇게 영감을 주는 대회를 준비해 준 이안 프린글(Ian Pringle), 재나 폭스(Janna Fox), 마샤 제닝스(Martha Jennings) 등 세 교수를 비롯해 함께 참여했던 동료 연구자 및 학생들에게 감사를 드린다.

워싱턴 DC에 위치한 존스홉킨스대학교의 국립외국어연구소에서 안식년을 보내는 동안 이 책의 대부분을 집필했다. 집필 작업을 할 수 있도록 시설을 제공해 준 데 대해 연구소와 소장인 데이비드 맥스웰(David Maxwell) 교수에게 감사드린다. 또한 안식년 기간 동안 재정적 지원을 해 준 데 대해 내가 재직하고 있는 텔아비브대학교에도 감사를 드린다.

마지막으로 두 딸 다프나(Daphna)와 올리(Orlee)는 이 책은 물론 내 삶에서 가장 중요한 영감의 원천이다. 언제나 사회적 · 정치적인 쟁점에 대해 흥미와 호기심이 충만한 두 딸은 내게 가장 큰 힘이 되는 동료이다. 두 딸은 내게 영감을 주며, 함께 생각을 나누는 것도 해답을 찾는 것도 두 딸과 함께한다. 두 아이가 주제의 적절성에 대한 지표를 제공하기 때문에 무엇이든지 간에 토론을 하면서 두 딸의 '시험' 을 통과하지 못한 것은 연구할 만한 주제가 아니라고 자주 깨달았다. 다프나와 올리와 함께하는 토론은 계몽적이고, 뛰어나고, 참신하고, 비판적이다. 뿐만 아니라 좀 더 좋은 세상을 만들고자 하는 사회적 정의와 윤리적 힘에 의한 자극이 있다. 사랑을 담아 이 책을 두 딸에게 바친다. 다프나와 올리는 지혜, 호기심, 열정으로 여러 문제에 의미를 부여하는 힘이 있다. 이 책에 담긴 많은 생각이 두 아이의 학교생활에서 비롯되었으며 이 책과 시험에 대한 비판적 시각이 다른 수험자에게도 도움이 되었으면 하는 바람이다.

이 책에 관해서

이 책은 시험이 아니라 시험의 사용, 효과, 결과에 관한 것이다. 이 책은 시험이 독립적이고 중립적인 것이 아니며, 교육적 · 사회적 · 경제적 맥락에 깊이 관련되어 있음을 다룬다. 따라서 이런 복합적인 맥락 속에서 시험을 해석하고 이해해야 한다.

이 책은 네 부분으로 구성된다. 1부에서는 시험의 권력을 확인한다. 2부에서는 시험의 사용에 대한 경험적 연구와 사례를 제시한다. 3부에서는 연구 결과를 해석하고 그 결과를 고찰하여 시험의 사용을 설명하는 모형에 다가선다. 마지막으로 4부에서는 시험의 권력을 제한하고 민주적으로 운용하며 수험자의 권리를 보호하기 위한 계획을 제안한다.

1부에서는 시험의 권력을 확인한다. 1장에서는 전통적인 평가와 구분되는 '사용 중심적 평가' 를 대비시킨다. 전통적인 평가에서는 시험의 정확성이 관심의 초점이었고 시험 사용에는 별로 관심이 없다. 반면, '사용 중심적 평가' 라는 시각으로 볼 때 시험은 독립적인 것이 아니라 사회적 · 교육적 · 정치적 맥락 속에 내재되어 있다. 따라서 사용 중심적 평가는 사회에서 시험이 사용되는 방식, 시험 사용이 이해당사자에게 미치는 영향을 고려한다.

2장에서는 시험과 시험을 보았던 경험에 대해 수험자가 어떤 인식을 갖고, 어떤 생각을 하며, 어떤 태도를 가지고 있는지 수험자의 의견을 듣는다. 수험자를 통해서 시험이 어떻게 사용되고 있는지 가장 잘 알 수 있기 때문이다. 수험자가 제공한 이야기를 통해 시험이 위협하고, 단념시키고, 통제하는 목적으로 사용된다는 사실을 밝혀낸다. 시험으로 인해 수험자들의 마음속에 두려움, 불안, 전복이 유발되며 결국 수험자는 시험의 요구에 순응하는 방법을 고안하게 된다.

3장에서는 권력적인 시험 사용의 틀 안에서 수험자의 반응을 해석한다. 이 장에서는 시험이 수험자 개인을 비롯해 시험결과에 영향을 받는 다른 사람들에게 유해한 영향을 끼치며, 힘을 가진 집단의 훈육도구로 사용되면서 점수 극대화를 위해 수험자가 시험이 요구하는 대로 행동을 수정하게 됨을 주장한다.

4장에서는 이와 같은 시험 사용을 가능하게 하는 시험의 내재적 특성을 기술한다. 숫자 및 과학의 사용, '객관식' 문항, 강력한 기관에 의한 시험 사용 등이 그런 특성에 포함된다.

5장에서는 본래 교육민주화를 겨냥한 도구로 등장했던 시험이 정부나 다른 기관에 의해 정책을 입안하고 엘리트 계층을 존속시키기 위한 무기로 사용되는 과정을 기술한다. 이 현상은 중앙집권적 교육체제를 지닌 국가와 고부담시험 상황에서 나타난다.

6장에서는 권력을 가진 사람들이 정책을 입안하거나 수험자의 행동에 영향을 주는 데 시험을 사용하게끔 여전히 유혹을 받는다는 점을 기술한다. 또 의사결정자에게 시험이 왜 매력적인지 그 이유를 찾아 본다. 시험이 대중의 폭넓은 신뢰를 얻고 있으며, 효율적이고 저렴한 정책입안 방식으로 여겨지며, 어떤 이의제기도 없는 지배적인 도구이며, 커다란 가시성을 지니며, 관료들에게 실행의 표시로 잘 남는다는 점을 여기서 보여준다.

2부에서는 실제 상황에서 시험의 권력이 행사되는 방식을 고찰한다.

의사결정자가 시험을 도입하는 의도와 이런 시험이 교육과 사회에 미치는 영향이라는 두 가지 측면에 초점을 맞춰 시험 사용을 고찰한 세 가지 경험적 연구와 기타 사례를 보여준다. 2부의 총 다섯 장 중 네 장에 걸쳐 경험적 연구와 사례를 소개하고 나머지 한 장에서는 시험을 도입하는 의도와 시험의 영향에 대한 배경지식을 제공한다.

7장에서는 시험 사용에 관련된 두 가지 연구 영역을 밝힌다. 그중 하나는 시험 사용의 이면에 깔린 의도이고 다른 하나는 시험의 영향이다. 그런 다음 각 영역에 대한 문헌을 검토한다.

8장에서 10장까지에서는 세 가지 언어시험(독해시험, 아랍어시험, 영어시험)의 영향과 결과를 고찰하는 연구를 기술한다. 세 연구 모두 시험이 정책입안을 위한 도구로 사용되는 방식을 보여준다.

11장에서는 교육과 정계에서 시험의 권력이 행사되는 구체적 사례를 보여준다. 이런 상황에서 시험은 게이트키핑, 선별, 인종 정화, 통제, 지식의 정의, 이민자와 시민권 희망자의 입국 제한 등의 목적으로 사용된다.

3부에서는 위의 연구 및 사례로부터 결론을 도출하고 폭넓은 시각으로 연구결과를 해석한다. 3부는 총 네 장으로 구성되며 결론을 도출하고 시험의 사용에 관한 이론적 해석을 제공한다.

12장에서는 시험의 의도와 영향을 조명한 연구와 사례로부터 결론을 도출한다. 시험이 힘을 가진 사람들에 의해 개인적인 정책과 계획을 도입하기 위한 수단으로 사용된다는 것을 보여준다. 시험을 사용하면서 어떤 언어지식을 새롭게 규정하거나 강요하는 등 그 영향은 복잡하게 나타나기도 한다. 또한 의도와 결과 간의 연결이 불충분해서 의도를 바탕으로 영향을 정확하게 예상하기 어렵다는 것을 보여준다.

13장에서는 연구 및 사례 결과를 종합하고 시험의 힘이 행사되는 과정을 설명하는 시험 사용 모형이 제안된다. 시험 탓에 수험자가 자신의 행동을 변화시키고 시험의 요구에 따르게 되는 경위와 이런 현상을 의식하고 있는 권력집단이 자신의 계획에 적합한 행동 변화를 이끌어내기 위해 시험을 도입하는 경위를 설명한다.

14장에서는 시험 사용의 결과를 분석한다. 지식을 재정의하고, 동종의 교육형태를 만들어내고, 학습을 통제하고, 비윤리적인 행위에 연관되고, 눈속임용 정책과 감시를 벗어난 권력을 만들어내는 것 등이 그 결과에 포함된다. 이런 현상은 언어의 권력과 시험의 권력이 결합되는 언어시험(특히 영어시험)의 경우 훨씬 더 강력하다.

15장에서는 부르디외(Bourdieu, 1991)의 논의에 따라 상징적 · 이데올로기적 권력 개념을 사용해서 시험권력을 설명한다. 권력집단과 기꺼이 시험의 지배를 받고자 하는 피지배자 사이에서 상징권력이 파생된다는 주장이다. 시험이 이들의 지배를 존속시키고 사회질서의 상징을 제공하기 때문이다. 또한 시험을 이데올로기로 그려내는 수사학과 담화적 통념과 함께 상징적 권력을 촉진하는 데 사용되는 다양한 메커니즘을 기술한다.

4부에서는 민주적 단면을 소개함으로써 도전받지 않는 시험의 권력을 최소화하고 통제할 수 있는 전략과 해결책을 제안한다. 이는 시험이 중립적이지 않으며 정치적 계획을 관리 · 도입하기 위해 사용되는 도구임을 받아들이고 시험의 권력을 제어하고 시험의 유해한 결과를 제한하기 위해 대응이 필요하다고 인정하는 것이다. 4부의 각 장에서는 시험의 권력을 최소화하고 제어하기 위한 다각적 논의를 펼친다.

16장에서는 '언어시험 비평' 의 원칙을 소개한다. 이 원칙은 시험의 권력을 감시 · 최소화하고 사회적 · 윤리적 · 교육적 · 정치적 맥락과 관련해 시험의 오용을 지적하기 위해 시험 사용의 비평을 목표로 하며 시험의 사용과 시험에 내재한 가치와 믿음에 대해 문제를 제기하고 고찰한다.

17장에서는 평가자, 수험자, 기타 이해당사자 간의 권력 공유, 평등한 협력, 대화적 상호작용이라는 민주적 원칙에 기반한 평가모형을 소개한다. 대안적 평가모형, 담론 공유, 구성적·해석적인 접근이 이에 포함된다.

언어평가자의 사회적·윤리적 책임에 대해 논의하는 18장에서는 언어 평가자의 정체성과 도덕성·윤리성·전문성과 관련한 언어 평가자의 사회적 책임에 대해 고찰한다. 평가자는 평가과정에서 방관자이어야 하는가 아니면 시험의 오용을 방지하거나 폭로하고 나아가 제재를 가하는 역할을 해야 하는가를 논의한다.

19장에서는 수험자의 권리와 시험 오용의 방지에 대해 논의함으로써 권력적인 시험으로부터 수험자가 스스로를 보호할 수 있는 방법을 고찰한다. 윤리규범에 대한 실례도 제시한다.

20장은 에필로그로서 사회의 대립적 세력 및 이데올로기에 비춰본 시험의 미래에 관한 딜레마와 논쟁에 대해 상술한다. 그런 뒤 이러한 대립적 세력과 관련하여 시험의 미래를 논의한다.

감사의 말

저희 출판사는 다음 측에게 저작권 자료를 전재할 수 있도록 한 것에 감사드립니다.

International Language Testing Association for the 'ILTA Code of Ethics' 2000(국제언어평가협회의 2000년 윤리규범)

편집장 서문

제때를 만났다는 생각만큼 강력한 것은 없다. 이 책의 저자와 『사회 속의 언어』 시리즈의 편집장인 필자를 비롯해 많은 사람들이 바랐던 것보다 그때가 늦게 찾아오긴 했어도 말이다. 테리 퀸(Terry Quinn)이 예전에 이렇게 말했다. '말도 안 되는 X. X는 언어평가에 관한 일을 하는 데 자신이 정치활동에 관련돼 있다는 사실을 모른다.' 『사회 속의 언어』 시리즈의 신간인 이 책에서 엘레나 쇼하미(Elana Shohamy)의 신랄한 논의를 읽고 난 독자라면 아마 그 같은 순진함이 여전히 팽배하며 솔직히 조금 부자연스럽다고 말할지도 모르겠다. 어떤 평가든 사실상 당국의 지원을 받기 때문에 기본적으로 정책의 영향을 받을 수밖에 없다는 사실이 새로운 일이 아닐뿐더러, 심리측정적 분석이 평가 분야에서 너무 중요한 탓에 숫자가 쉽게 감춰져 버리기 때문이기도 하다. 또한 시험을 제작하고 시행하는 데 비밀을 유지해야 한다는 사실이 시험전문가와 시험소비자가 서로 멀어진 채 고의는 아니더라도 기껏해야 모호한 절차에 따라 피드백이 전달되는 상황을 만들어냈기 때문이기도 하다.

다른 상황, 다른 분야, 다른 시대에 이미 이런 경우를 직면한 적은 있었다. 마이클 프레인(Michael Frayn)의 희곡 『코펜하겐』에 등장하는 과학자들의 논쟁도 이보다 대단하진 않다고 말하는 사람이 있을지도 모르겠다. 하지만 1996년 핀란드 이베스킬레(Jyvaskyla)에서 열린 AILA 국제학술대회의 언어평가의 윤리에 관한 콜로키움에 참석했거나, 1997년 4월 미국 응용언어학회(AAAL) 학술대회에서 언어평가의 윤리에 대해 이 책의 저자가 열변을 토하는 모습을 본 우리는 전기에 감전된 듯한 전율을 느껴야 했다. 평가 분야에서 뭔가 일이 벌어지고 있었다. 그후, 모든 일이 순조로웠다. 언어평가 관련 학술지인 『Language Testing』 특집호, 전문가 윤리의 필요성의 (재)발견과 선언, 준거의 편향성에 대한 설득력 있는 연구, 책임 문제에 대한 가슴 떨리는 논쟁, 메식(Messick)의 숭고한 정신을 표방하는 여러 기념 강연, 국제언어평가협회(ILTA) 실천규약 관련 집회에서 논쟁을 주고받는 구성주의자들과 심리측정학자들, '환경운동식' 광고들, 고결한 선언들, 이들 대부분이 내부적 문제를 해결하고자 하는 관심을 바탕으로 하고 있었다.

평가만큼 중요하고 해결하기 어려운 쟁점도 없을 것이다. 그렇기 때문에 출간을 오랫동안 기다려 온 이 책의 의의는 크다. 이 책은 단지 언어평가자를 위한 책이 아니다. 언어평가자 뿐만 아니라 모든 사람이 이 책을 읽을 필요가 있다. 특히 수험자에게 미치는 영향이 크며, 시험을 시행하는 모든 이들도 영향을 받아야 한다. 이 책이 주장하는 바는 상당히 강경하다. 하지만 결코 느슨하고 공허한 논쟁을 통한 주장이 아니다. 사회이론에 기반을 둔 언어의 이해뿐 아니라 시급성, 적절성, 중요성이 다분한 실제 사례를 바탕으로 쇼하미는 전문 연구자이자 열성적인 교육실천가적 쟁점을 주의 깊게 제시하면서 자신의 주장을 전개했다. 다시 말하지만 이 책은 언어평가자뿐 아니라 시험을 보고 시행하고 있는 폭넓은 독자를 겨냥하고 있다. 이 책은 과목을 막론하고 모든 평가를 다룬다. 평가 문제는 최근에 들어서이긴 하지만 공공 행위나 정책을 시행할 때 윤리성 문제를 생각해야 하는 다른 담론 집단에도 적용된다. 법률, 복지, 범죄교정, 군사 등에 관련된 상황을 생각해 볼 수 있다. 또한 과학이나 인류학 등 학계뿐 아니라 교육 전반에 적용되는 문제이기도 하다. 사실 응용언어학계 전체에서 이 책은 높은 관련성을 지닌다. 정치적 행위의 중재도구이자 윤리 · 도덕성에 호소하는 중재도구인 평가는 본질적으로 언어의 문제이며, 대단히 광범위한 문제이기 때문이다. 이런 점에서 언어 및 사회적 행위와 관련 전문가, 즉 모든 응용언어학자는 『시험의 권력』을 읽을 필요가 있다. 응용언어학 연보(Annual Review of Applied Linguistics) 18호(1998)에 실린 개괄 논문에서 팀 맥나마라(Tim McNamara)가 (쇼하미와 마찬가지로) 푸코(Faucault)의 저서 『감시와 처벌: 감옥의 탄생』(푸코, 1977)을 인용하고 언급한 것처럼, 평가는 '응용언어학의 주요 연구 분야이다'.

이 책에서 다루는 쟁점 일부를 간략하게 언급하고자 한다. 시험의 내적인 문제에서 시작하자면 기본적으로 그 쟁점은 우리가 언어의 본질에 대해 어떤 입장을 취하는가, 특히 타당도와 신뢰도가 높은 시험을 만들기 위해 언어 속에 잠재된 다양한 의미를 얼마나 한정할 수 있는가의 문제와 관련되어 있다. 분명한 것은 어떤 언어시험이든 간에 언어의 본질이 의사소통이라는 우리의 인식을 저해한다는 점이다. 언어능력의 평가가 전 체제에 걸쳐 시행되면서 우리는 그에 따라 부과되는 준거를 달성시켜야 한다. 그 가운데 평가는 기본적으로 언어에 대한 이해를 축소해야 한다. 이것이 언어시험이 지닌 첫 번째 권력이다. 언어시험은 언어능력이란 개념을 한정한다. 이 같은 한정의 근본적인 부적절성을 줄이는 것이 모든 신뢰도 · 타당도 측정법이 지닌 목표이다. 하지만 언어 자체의 경우와 마찬가지로 이런 측정법은 근본적으로 언어란 무엇인가, 어떤 의미를 이끌어내야 하는가 등에 관한 가치문제와 중첩된다. 이것을 메식만큼 정확히 지적한 사람도 없을 것이다. 과학적 지식을 실행하는 데 가치중립적인 방법은 없다. 과학적 지식이나 과학적 지식의 적용 모두 견해와 신념의 영향을 받기 때문이다. 언어평가라는 '사실' 은 사막 속의 진주가 아니다. 즉, 발견되기 전까지는 빛을 내지 않는다. 언어평가는 발견될 수도 있으나 누군가에 의해 구성된다. 시험의 모든 구인(construct)은 가치중립적이지 않으며 간접적이다. 맥나마라는 관찰 불가능한 것에 대해 결론을 이끌어내기 위한 근거를 수집하는 것이 시험이 하는 일의 전부임을 상기시킨다(1999).

그리하여 가치 행사의 자의성을 줄이기 위한 측정방법, 시험 구인의 상대적 타당성이 시험에 의해 좌우된다는 점이 시험의 두 번째 권력이다. 기본적으로 여기서 우리는 타당도의 타당화를 검증하는 일에 대해 논의할 것이다. 이에 대해 이 책은 두 가지 중요한 기여를 한다. 첫째, 시험과 시험을 치르기에 관한 우리의 단일한 시각을 변화시키며, 시험 개발, 시험 타당도 검증, 시험 배포, 시험결과 등 시험개발과 시행 과정의 여러 단계를 구별하고 각 단계별로 면밀한 관찰과 검토가 끊임없이 이루어져야 한다고 주장한다. 과정 중의 각 단계는 각각의 맥락과 참여자의 책임이 있음을 시사하며 이런 맥락과 책임은 단계별로 각기 다르다. 타당도의 한 측면에 대한 문제제기가 다른 영역의 타당도 검증에 반드시 영향을 준다는 점에서 각 단계에는 서로 관련되어 있다. 둘째, 이런 점에서 이 책은 시험의 내적 문제(물론 시험의 내적 문제는 계속해서 가장 면밀한 관찰이 필요한 대상이자 과정으로 남는다)에서 효과 및 결과 등 시험의 외적 문제로 우리의 초점을 변화시킨다. 메식이 정확히 지적했고 쇼하미가 주장하는 바의 핵심 원리이기도 한데 바로 이 부분에서 평가는 결과타당도(점수 해석과 시험 '사용' 방식의 결과) 문제에 직면해야 한다. 앨더슨(Alderson)은 시험이 끝난 뒤에도 그 시험에 생명이 있는가라는 의문을 던진 적이 있었다. 만약 그렇다면 그 '생명' 이 지닌 본질이 여기서 다뤄질 쟁점이다. 전통적으로는 교수, 학습, 교육적 진전 등 교육 내부에 국한된 결과에만 초점이 맞춰져 왔다. 하지만 이 책과 언어평가 비평운동의 영향 아래에서는 부족한 교육자원에 대한 접근 문제, 사회적 게이트키핑을 둘러싼 문제, 보다 넓게는 지식 규정의 문제까지 폭넓은 사회적 관심이 쟁점이 된다.

이제 우리는 시험의 세 번째 권력을 인식하게 된다. 이 권력은 그람시(Gramsci)가 말하는 국가권력, 즉 강압적인 헤게모니라기보다는 푸코의 모세혈관적 권력이나 부르디외의 상징권력과 유사한, 교묘한 '합의적' 권력에 가깝다. 이런 권력으로 권력층은 비권력층을 매혹시키고 통합하여 비권력층이 수용하도록 유도한다. 심지어 특정 행동양식에 대한 비권력층의 지지를 얻어내며 결과적으로 대안적 입장이나 비판적 입장에 대한 무시와 경시로 이어진다. 바로 이런 합의적 권력 행사가 지금까지 평가방법과 시험 사용에 가장 큰 영향을 미쳤다. 엘레나 쇼하미는 이에 대해 아주 명확히 언급하며 아마도 이 부분이 이 책에서 가장 독자적이고 주목할 만한 부분이 아닌가 싶다. 정책과 행동을 결정하는 수단으로서 권력층이 평가에 매력을 느낀다는 사실과 평가의 영향을 가장 많이 받는 사람들이 그런 평가 사용에 기꺼이 동의한다는 사실로부터 강력한 합의적 권력의 효과가 증명된다.

평가자가 전문가적 입장으로 매우 적절한 신뢰도와 타당도를 확보하는 시험의 내적인 문제에 집중해 왔고, 특히 채점자 신뢰도 및 타당도를 향상시키거나 체계적으로 수험자의 견해를 연구하는 데 눈에 띌 만큼의 상당한 진척이 있었다. 그러나 평가의 효과 및 결과, 평가자 집단 밖의 외부 견해를 듣는 것이나 좀 더 넓게 평가의 사회적·정책적 맥락 등의 쟁점은 별로 다뤄지지 않은 것이 사실이다. 이는 평가의 후원자가 평가자에게 요구사항이나 제약조건을 부여하기 때문이기도 하며, 합의적 권력 행사가 일반적으로 대표자나 중개자의 행위를 통해 조정되며 반드시 최초 권력자(평가자)의 행위에 직접적으로 좌우되지 않는 탓이기도 하다. 이런 사실은 언어평가자가 시험의 개발 단계를 넘어선 결정에 대해 책임을 져야 하는가에 관한 의문을 제기한 앨런 데이비스(Alan Davies)의 지적처럼(1997b), 책임 소재를 정하기 어렵게 만들뿐더러 시험의 주요 구인이자 개별적 구인인 책임과 윤리 간의 상충된 요구사항에 따른 책임 문제를 정하기도 어렵게 만든다. 그럼에도 불구하고 일부 평가자가 자의든 타의든 합의적 권력의 행사자에게 유리한 행동을 했으며 합의적 권력의 범위를 넓히기 위해 적극적으로 공모한 경우마저 일부 있다는 주장을 부정하기는 어렵다.

최근 비평가들이 지적하듯이, 이러한 주장은 일부 평가자에 대한 도덕성 문제를 야기한다. 특히 개인적인 도덕성과 자신이 속한 전문가 집단에 기인하는 도덕성 간의 관계에서 문제가 제기된다. 이 문제에 대해 쇼하미가 적절한 입장을 취한다고 필자는 생각한다. 쇼하미는 윤리에 대한 보편주의적 입장과 상대주의적 입장 간의 다소 철학적인 논쟁에 대한 근거, 더 심하게는 어떤 전율을 찾아나선 괴로운 영혼들의 사이비종교적 탐색에 대한 근거로 언어평가 사례를 이용하지 않는다. 그 대신 대안적 평가방법에 대한 주장을 펼친다. 여기서 중심적인 요소는 '비판' 이다. 비판적 담화분석의 주장 페어클로프(Fariclough, 1992)을 받아들인다. 여기서 비판이 의미하는 바는 언어평가를 보다 성찰적이게 하며, 시험이 요구 · 제작 · 시행되는 사회적 · 역사적 조건을 더욱 의식하게 하는 현실참여이다. 또한 비판은 사회적 · 훈육적 관습으로 사용되는 평가를 철저하고 끊임없이 설명하는 작업이자 평가 과정의 각 단계별로 공정성 문제를 고려하는 작업을 의미하기도 한다.

이런 비판을 기반으로 대안적 평가가 고안될 수 있다. 이것은 실용과 바람직함에 관한 논쟁에 동참하는 평가방법이자 근본적인 원칙이며 윤리 · 도덕과 이해당사자의 이익 모두를 책임지는 경로를 취한다.

또한 언어의 변덕스러움과 협상 가능성을 고려하여 평가 시행 및 사용 맥락에 따라 어느 정도 상대성을 부여할 수 있고, 또 부여해야 하는 평가방법이다. 나아가 전문적인 실행규범(이 책에 실행규범의 훌륭한 예가 제시된다)을 확립하되 그 규범이 대안적 평가의 근본 원칙을 어기거나 벗어나지 않고 검토될 수 있는 가능성이 열려 있다. 이처럼 비평적 의제들은 논의될 수 있다. 많은 이들이 박수를 보낼 만하다. 하지만 응용언어학에서처럼 언어평가에서도 중요한 것은 무엇이 실제로 달성될 수 있는가의 문제이다. 이에 대해 쇼하미는 마지막 장에서 굉장히 냉담한 태도를 취한다.

내 개인적인 이야기를 잠시 하고자 한다. 전문적인 언어평가자는 아니지만 지난 25년간 간헐적으로 세 가지 유형의 고부담시험 개발위원회를 지휘 · 감독하는 역할을 맡았다. 이민 관련 시험, 전문가 자격 부여 관련 시험이 있었고, 나머지 한 가지는 대학입학을 위한 국제시험이었다. 따라서 본 필자는 이런 경험을 토대로 뭔가 이야기를 꺼낼 수도 있겠다. 이 사례들 중 어떤 경우에도 쇼하미 박사가 제시한 반갑고도 새로운 주장에 따른 높은 기준에 도달할 수 있었다고 주장하지 못하겠지만, 그럼에도 불구하고 필자의 생각에는 그 기준들에 상당 부분 도달할 수 있을 듯하다. 쇼하미가 제시한 기준을 달성하려면 어떻게 해야 할까? 첫째, 다른 평가와 마찬가지로 언어평가의 오류 가능성을 인정하고 책임을 평가 시행의 일차적 목표로 설정해야 한다. 둘째, 첫 조건을 뒷받침하는 것으로서 이해당사자의 체계적이고, 계속적이고, 조직적인 참여가 요구되며 이런 참여는 환영받는 분위기로 형성되어야 한다. 셋째, 가능한 한 고도로 발달된 전문기술이 적용되어야 한다. 전문기술은 특히 시험내용 제작이나 채점자 신뢰도를 보장하는 문제에 적용될 필요가 있다. 넷째, 대안적 근거자료를 끊임없이 대조적으로 제시해야 한다. 다섯째, '이런 행위가 어떤 결과를 가져오는가'

라는 질문을 끊임없이 던져야 한다.

그러나 이런 요구사항(은 물론 독자들이 제안하는 다른 요구사항)을 이뤄가는 과정에서 두 가지 위험성을 견제해야 한다. 첫 번째 위험은 쇼하미가 제시한 기준의 달성 가능성이 환상에 불과하며 여러 가지 편의적 이유 탓에 아무것도 달성될 수 없고, 달성되어서도 안 된다는 패배주의적 믿음이다. 이런 나약한 주장의 예를 들면, 평가가 가져오는 모든 사회적 결과를 통제할 수 없기 때문에 시험 제작과 시행 이외의 어떤 문제도 고려하기 어렵다는 주장이 있다. 하지만 필자의 경험상 시험 제작 및 시행 과정에서 그러한 결과를, 특히 시험이 해석되는 방식을 의도적으로 반영하는 일이 상당 부분 가능하다. 또한 필자는 이런 고려가 가능하단 사실도, 어떻게 이런 고려가 이뤄질 수 있는지, 이뤄져 왔는지도 알고 있다.

또 다른 위험은 시험의 후원자를 비롯해 시험결과를 필요로 하는 사용자 및 수험자 등 기타 이해당사자가 설득력 있는 논의를 받아들이지 않는다고 생각하는 것이다. 하지만 이에 대해 평가자는 공공관계의 역할을 맡아야 할 것이다. 즉, 평가자는 자신의 입장을 상세히 설명해야 할 것이며 이는 공적 영역에서 이뤄지는 경우가 많을 것이다. 난해한 설명으로 회피할 수 없다는 사실을 깨달아야 할 것이다. 공적 · 사적 토론에 직접 참여하여 평가 결정의 영향을 가장 많이 받는 사람들을 대면하고, 문제제기에 회답하고 논쟁을 펼쳐야 할 것이다. 그러기 위해 평가자는 마음 편히 중립적인 심리측정학에 기반을 둔 교육을 받는 것보다 사회학이나 사회심리학을 기반으로 좀 더 폭넓은 교육을 받아야 한다. 또한 평가자 실행규범에 힘을 실어야 할 것이다. 왜냐하면 그러한 규범이 혹시 모를 부정 행위를 막아 줄 뿐만 아니라 원칙 없는 평가라는 비난으로부터 스스로를 보호해 주는 근거를 제공하기 때문이다. 평가자는 왜 이런 시도를 해야 하는 것일까? 이렇게 반문할 수 있을 것이다. 이런 시도 없이 평가자가 어찌 전문가가 될 수 있겠는가? 이런 시도 없이 평가자가 어찌 학자로 여겨질 수 있겠는가? 행여 평가자가 이런 노력을 하지 않는다면 강제로라도 그렇게 하도록 만들어야 할 것이며, 소송이 회초리 역할을 할 것이다. '윤리적 환경' (데이비스, 1995b)을 조성하는 일이 시작이 될 수 있다. 하지만 이내 그것만으로 충분치 않다는 사실이 드러날 것이다.

비판적이고, 때로는 격정적이면서, 대단히 설득력 있는 이 책은 다양한 이유를 들어가며 이런 폭넓은 책임을 달성하기 위한 방법을 지적한다. 평가자 집단의 역할은 대안적 평가와 평가행위의 실천이 이뤄지도록 하는 것이다. 이해당사자와 사용자의 역할은 평가자가 제대로 실천하게끔 하는 것이다. 그렇다면 그 감시자들은 누가 감시하는가? 흥미로운 질문이 아닐 수 없다. 행동하는 응용언어학자, 그렇게 말할 수 있을지도 모르겠다.

참고문헌

A. Davies (1997a) Introduction: the limits of ethics in language testing. Language Testing, 14

A. Davies (1997b) Demands of being professional in language testing. *Language Testing*, 14

N.L. Fairclough (1992) *Critical language awareness*. London. Longman

M. Foucault (1977) *discipline and punish: the birth of the prison*. Harmondsworth. Penguin

T. McNamara (1998) Policy ad social considerations in language assessment. *Annual Review of Applied Linguistics* (Vol. 18 (304-319)) Cambridge. Cambridge University Press

T. McNamara (1999) *Validity in language testing: the challenge of Sam*

Messick's legacy. Messick Memorial Lecture. Language Testing Research Colloquium. Tsukuba, Japan (July)

크리스토퍼 N. 캔들린(Christopher N. Candlin)
편집장, 홍콩시립대학교(City University of Hong Kong)

차례

제1부

시험의 횡포

전통적인 평가는 시험의 질에 초점을 맞추고 시험의 정확성을 극대화하기 위해 관행적인 모형과 절차를 따른다. 하지만 시험이 어떻게 사용되는지, 수험자의 삶에서 시험이 얼마나 중요한지, 사회에서 시험은 어떤 위치를 차지하고 있는지 등에는 그다지 관심이 없다. 전통적인 평가는 시험에 관한 경험이나 시험이 수험자의 마음속에 불러일으키는 의미나 감정에는 별로 주위를 기울이지 않는다. 그렇지만 수험자들의 목소리를 들어보면 시험이 권력적이며, 그로 인해 수험자가 부당한 결정을 내려야 한다는 증거를 확보할 수 있다. 권력층이 시험을 훈육 도구로 사용하면 수험자는 시험에 두려움을 느끼는 동시에 시험의 규칙에 복종하게 된다.

시험의 권력과 영향력을 정당화하는 시험의 특별한 특성은 무엇인가? 민주화와 동등한 기회 제공이 목적이던 도구가 어떻게 위협적인 장치로 바뀌었을까? 시험의 어떤 특성 때문에 권력층이 정책을 입안하는 데 시험을 사용하게 될까? 시험은 어떻게 정책 입안을 위한 도구로 등장하는가? 시험이 지닌 권력의 단면을 입증하기 위한 시도로 이런 의문을 이 책의 1부에서 다룰 것이다.

1장

'사용 중심적' 평가

전통적 평가

전통적 평가는 정확한 경계와 기준이 있는 과학의 한 분야이다. 명료하고 체계적인 지식체(body of knowledge)로 구성된다. 수험자의 지식을 정확히 측정할 수 있는 양질의 시험을 만드는 것이 전통적 평가의 주목적이다. 시험결과는 수험자의 점수를 비교하고 수험자를 적정 수준으로 분류해서 등급을 매기고 그들을 합격시키거나 불합격시키는데 사용된다. 따라서 시험은 품질이 뛰어나야 하고 심리측정학의 과학적 규칙을 따라야 한다.

평가는 전문적인 분야이며 적절하게 시험을 시행하기 위해 필요한 엄격한 원칙과 적용방법을 가지고 있다. 양질의 시험은 측정하고 있는 지식에 관한 정답을 시험 사용자에게 제공해야 한다. 양질의 시험 문항과 과업(task)을 개발하기 위해서 다양한 기술이 사용되는데 대체로 객관식(objective) 유형이다. 여러 유형의 신뢰도(시험 점수가 얼마나 정확한가)를 전산화하는 방법, 타당도(시험이 측정해야 하는 것을 측정하고 있는가)의 근거 자료를 얻는 방법, 시험 문항과 과업의 질을 검사하기 위한 절차(즉, 시험 문항과 과업이 평가하고자 하는 내용을 측정하고 있는가)를 마련하는 방법이 평가 분야의 지식체에 포함된다.

전통적 평가는 주로 통계적인 기준으로 비신뢰도를 최소화할 수 있는 객관식 문제 유형에 의존해왔다. 객관식 모형이 안전해 보이는 탓에 이를 벗어나는 경우가 드물다. 요약, 보고서, 역할극과 같은 평가방법이 사용되는 경우가 점점 늘고는 있지만 정확성과 관련해서 경고의 메시지가 수반되는 경우가 많다(닛코(Nitko), 1996). 포트폴리오, 자기평가, 동료평가 등 요즘 유행하는 평가 절차를 사용하는 경우에도 객관식 평가 특유의 준거에 기반한 판단이 요구된다. 상기 평가 절차들에 '전통적인' 심리측정적 특성이 드러나는 경우에만 '전통적 평가 클럽' 의 적법한 '회원' 으로 인정된다.

기본적으로 전통적 평가의 주안점은 시험이며, 수험자는 시험의 질을 검사하기 위한 수단으로서만 중요하다. 수험자가 언급되는 때는 고작 난이도, 변별력, 기타 지수에 대한 논의를 할 때이며 '좋은' 수험자는 문항을 풀고 '나쁜' 수험자는 풀지 못한다고 인식된다. '좋음' 과 '나쁨' 은 보통 시험 성적에 따라 규정된다. 시험 문항의 좋고 나쁨, 쉽고 어려움을 결정하는 자료, 원인을 조사하거나 논의하는 경우는 별로 없다. 즉, 시험에 앞서서 가르친 내용이나 방법이 비효과적이었는가, 시험 내용이 너무 어려웠는가, 그 내용을 가르칠 때 수험자가 결석했는가, 시험 문제를 풀기 위해 수험자에게 없는 인지적 과정이 필요했는가 등의 의문이 제기되지 않는다는 것이다. 시험을 수험자에게 맞추는 것이 아니라 수험자가 시험에 맞춰야 하는 것이 전통적 평가의 원칙이다.

이런 이유로 시험 사용은 전통적 평가의 관심사가 아니다. 일단 시험을 계획 · 개발해서 문항을 작성 · 시행하고, 시험 체재(format)를 예비평가(pilot)해 보고, 문항과 통계자료를 전산화하고, 신뢰도를 계산하고, 타당도의 근거 자료를 얻고 나면, 평가자의 역할은 끝난다. 심리 측정적으로 볼 때 정상적인 결과가 만족할 만큼 달성되면 업무가 마무리되는 것이다. 그러고 나면 그 시험이 시험개발 계약자에게 전달되어 '현실' 속의 사람들, 즉 수험자를 대상으로 사용될 준비가 시작된다.

따라서 전통적 평가는 시험을 도입하는 동기, 시험을 사용하는 의도와 근본적 이유, 시험을 보기 위한 준비 과정의 검토, 시험에 대한 수험자의 느낌 등에 관심이 없다. 시험결과와 시험을 못 보거나 잘 본 사람들에게 시험이 끼치는 영향에는 더욱더 관심이 없다. 또한 어떤 식으로 시험이 지식, 학습 방식 · 습관에 영향을 미치는지도 간과한다. 전통적 평가의 시각으로 보면 시험은 사람, 사회, 동기, 의도, 사용, 영향, 효과, 결과 등과 동떨어진 하나의 독립적인 사건이다.

'사용-중심적' 평가

'사용-중심적' 평가의 시각으로 보면 평가는 교육적, 사회적, 정치적 맥락 속에 있다. 사용-중심적 평가는 시험을 실시하는 근본적 이유와 시험이 수험자 · 교육 · 사회에 미치는 영향에 관련된 쟁점들을 다룬다. 사용-중심적 평가는 시험을 치르는 수험자에게 일어날 일, 시험에 의해 만들어지는 지식, 시험을 대비하는 교사, 시험에 사용되는 내용과 방법, 시험 도입의 결정, 시험결과의 사용, 시험을 봐야 하는 자녀를 둔 부모, 시험의 윤리성과 공정성, 시험이 교육과 사회에 미치는 장 · 단기적 영향 등에 관심을 갖는다.

시험의 사용을 고찰하다 보면 시험 도입의 이유와 의도, 수험자, 시험을 대비해 가르치는 교사, 시험을 준비하는 학생, 시험이 만들어 내는 지식, 시험의 윤리성과 공정성, 시험 도입의 근본적 이유, 시험이 사용되는 교육체제, 시험이 교육과 사회에 미치는 영향에 관심이 쏠린다.

평가자가 '완벽한' 시험을 만드느라 땀을 흘려도 그 시험이 본래 의도와 다른 목적으로 사용되는 경우가 빈번하다는 사실도 깨닫게 된다. 비윤리적이라고 할 만한 방식으로 시험을 사용하는 기업, 정부 기관과 단체와 관련해서 이런 사실은 특히 두드러진다. 그렇기 때문에 시험 사용의 다양한 단면으로 구성되는 좀 더 폭넓은 시각으로 시험을 고찰해야 한다는 의식이 커지고 있다.

오랫동안 평가 분야의 전문성이 정확성 준거에 부합하는 양질의 시험 개발을 뜻했지만, 이것만으로는 부족하다는 사실을 깨닫고 있는 평가자들도 있다. 시험을 중립적인 도구로 보기 어려운 탓이다. 그렇기 때문에 시험의 권력과 사회 속의 시험 사용에 관한 관심이 증가하고 있다.

평가 분야에서 시험의 사용—즉, 의도, 영향, 결과—에 관한 쟁점이 전통적 평가에서 벗어나는 문제로 여겨졌지만 최근에는 이 주제에 대한 관심이 재고되고 있다. 예를 들어 메식(Messick, 1981, 1989, 1994, 1996)은 교과과정, 윤리성, 사회 계급, 관료체제, 정치, 지식 등에 영향을 미치는 심리적, 사회적, 정치적 변수와 시험이 연결되어 있는 탓에 우리가 쉽사리 인식하거나 고찰하지 못하는 가치들이 시험 속에 내포되어 있다고 주장한다. 그런 이유로 메식은 시험이 초래하는 결과의 양상들을 연구해야 한다고 강조했다. 또한 시험 해석과 시험 사용의 가치와 결과에 대한 문제가 이런 양상들에 연관된 만큼 더 넓은 의미의 타당도의 일부로 간주해야 한다고 지적했다.

> 구인타당도(construct validity)의 결과성 단면에는 점수 해석과 장·단기적 시험 사용의 의도적·비의도적 결과, 특히 채점이나 결과 해석에 깃든 편파성, 시험 사용의 불공정성, 교수와 학습에

미치는 긍정적이거나 부정적인 역류효과 등과 관련된 결과들을 사정하기 위한 근거 자료와 근본적 이유가 포함된다.

(메식, 1994: 251)

깁스(Gipps, 1994)는 평가가 완전한 기술적 관점에서부터 시험-사용적인 관점으로 변화를 겪고 있다고 주장함으로써 이러한 현상을 해석하고 있다.

언어평가 영역에서도 언어시험이 사회 속에서 감당하는 역할에 대해 평가자들이 좀 더 관심을 보이기 시작했다. 스폴스키(Spolsky, 1998)는 평가자가 언어능숙도에서 중요성이 점점 떨어지는 요소들에 대해 좀 더 신뢰도가 높은 측정법을 구축하는 데 온갖 노력을 쏟을 것이 아니라, 부정확하더라도 이미 갖고 있는 측정법의 의미와 사용에 대해 연구를 지원해야 한다고 주장한다. 그는 평가자들이 시험의 필연적인 불확실성을 받아들이고 시험이 사용되는 방식 쪽으로 관심을 돌려야 한다고 지적하고 있다.

결과적으로 언어평가자들은 시험의 윤리성, 시험의 편파성, 시험이 교수와 학습에 미치는 영향, 시험의 사용 등의 주제에 초점을 맞춰 시험 사용*의 다양한 쟁점들을 다루기 시작했다. 덧붙여서 언어시험이 어떤 식으로 언어 지식을 정의하고, 사람들을 선발 · 분류하며, 각 수험자의 성공과 실패에 대한 기준을 규정하는가와 같은 주제도 있다. 앞으로 이어질 장에서 이와 같은 주제들을 다루고 논의할 것이다.

---

* 다음을 참조할 것. *Language Testing*, 13 (3), 1996; *Language Testing*, 14 (4), 1997; conference in Carleton University, Summer 19988, and the theme of the Language Testing Research Colloquium, Tskuba, Japan, 1999.

2장

수험자들의 목소리

현대 사회에서 일생 동안 단 한 번도 평가 경험이 없는 사람을 찾기란 아마 불가능할 것이다. 좋건 나쁘건 자신의 삶에 영향을 주고 변화를 끼친 시험에 대한 이야깃거리가 하나도 없는 사람을 찾기도 어렵다. 시험이 끝난 뒤에도 그 경험은 오랫동안 수험자의 기억 속에 남는다. 바로 그런 평가 경험과 그 경험에 수반한 결과에 대해 말하는 수험자의 이야기를 통해서 시험 사용의 특징을 확인할 수 있다.

하지만 평가 문헌에서 수험자는 빈번하게 침묵만을 지킨다. 그들의 개인적인 경험이 잘 들리지도 않고 공유되지도 않는다. 평가 전문가—시험을 생산하는 사람—는 그런 이야기에 흥미가 없는 듯하다. 그러나 이 장에서 지적하겠지만 수험자의 목소리를 들음으로써 평가자는 새롭고 또 독특한 시각과 시험과 각 시험에 관한 의미에 대해 깊은 통찰력을 얻게 된다.

일화

다음의 발췌문은 사람들이 시험에 대해 말하고 느낀 것을 담은 몇 편의 일화이다.

죽고 싶은 심정

아일랜드 소설가인 J. 맥가헌[McGahern, 1977, 마다우스(Madaus)(1990)에서 재인용]은 다음의 시에서 시험 날이 임박한 한 아이에게 시험이 어떤 영향을 주는지 묘사한다.

신이시여 망치지 않게 해 주소서
신이시여 60퍼센트는 넘게 해 주소서
신이시여 상위권에 들게 해 주소서
신이시여 저를 이길 만한 이들이
전부 교통사고를 당하게 하소서
그리하여 그들이 울부짖으며 죽게 하소서

이 시를 보면 수험자들이 시험을 망칠까 봐 얼마나 두려워하는지, 시험을 보는 것이 수험자에게 얼마나 부담이 되는지 알 수 있다. 시험을 잘 보는 일은 '신의 행위'와 같아서 수험자는 통제력을 상실하는 게 분명하다. 그들은 끔찍한 재난이나 위험으로부터 구원해 달라고 기도하듯이 시험을 통과하게 해 달라고 기도한다. 뿐만 아니라 시험을 잘 본다는 건 모든 또래가 경쟁 중임을 암시한다. 즉, 경쟁자를 제거하는 것이 유일한 생존 전략인 고부담시험에서 친구는 적이자 라이벌이 된다. 이 시를 통해 시험이 우리 삶에서 얼마나 중심적인 위치를 차지하는가와 수험자가 시험을 잘 보기 위해 어떤 희생이라도 치를 준비가 되어 있다는 사실을 알 수 있다.

삶을 타락시키는 이유

언어평가에 관한 회의차 네덜란드 아른하임에서 머물던 어느 날 밤

> 딩고라는 술집에서 있었던 일을 잊을 수가 없다. 그 당시 친구이자 동료인 팀 맥나마라(Tim McNamara)와 나는 어느 마약 중독자와 이야기를 하느라 정신이 없었다. 어쩌다가 이런 최악의 상태에 이르렀냐고 묻자 그 마약 중독자는 모든 일이 어떻게 시작된 것인지 긴 이야기를 늘어 놓았다. 그는 7학년 때 어느 한 표준화시험(standardized test)에서 완전히 망쳤던 아픈 기억을 떠올렸다. 아버지는 대학교에서 문학을 담당한 교수였는데 그 시험결과에 너무 실망했고 그때부터 아들을 멀리하기 시작했다. 이런 아버지의 반응 탓에 안 좋은 일이 이어져 아들은 집에서 소외되는 신세가 되었고 마침내 집을 떠나 결국 지금에 이른 것이었다. 두말할 나위 없이 '우리 탓'에 희생된 사람과 얼굴을 마주했다는 죄책감을 느꼈다…….

시험을 망친 경험이 마약 중독에까지 이르게 된 삶을 적절하게 설명할 수 있는지, 시험을 망친 경험이 단지 핑계일 뿐인지는 이야기의 요점이 아니다. 고부담시험이라는 하나의 사건이 자신의 삶에 악영향을 끼쳤다는 한 사람의 인식이 이야기 속에 드러났다는 것이 중요하다. 표준화시험을 망쳤다는 구체적인 사건이 뒤이은 여러 사건, 맥락, 결과의 원인으로 연결되어 있다는 인식이다. 여기에서는 한 시험을 망친 결과 가족으로부터 소외되었고, 자존감이 낮아졌으며, 범죄적 행위라고 말할 수 있을 정도로 삶에 대한 부정적 태도가 생겼다. 이는 시험의 결과가 통제를 벗어나게 되는 현상을 보여준다. 이는 또 어떻게 하나의 사건이 미래의 행동과 사건에 대한 이유로 인식될 만큼 중요한 위치를 차지하는지를 보여준다.

직종에 대한 강요

자신에게 어떤 가능성이 있는지 알고 싶어 자신의 기회와 재능을

> 시험해 보기로 결정한 한 여성이 다양한 분야에서 여러 시험에 응시했던 이야기가 있다. 그녀는 한 시험에서 이례적으로 높은 점수를 받은 탓에 캐나다 첩보기관의 요원들이 그녀를 고용하고자 찾아오게 되었다. 물론 그녀는 그런 일이 있을 것이라고 생각도 하지 못했다. 시험 점수가 너무 높기 때문에 의심할 여지도 없이 그녀가 기관의 특수 업무를 수행할 만한 빼어난 재능을 보유한 최적의 후보자라고 요원들이 말했다. 또한 그녀가 들어온다면 상당한 보수를 약속한다고 했다. 그녀는 어떤 이유이든지 그런 기관에 들어가 요원으로 일을 수행하는 데 전혀 관심이 없다고 그들을 설득했지만 거의 불가능할 정도로 쉽지 않은 상황이었다고 말했다. 또한 그녀는 어떻게 단 하나의 시험결과만 갖고 그녀의 재능과 능력이 빼어나다고 결론지었는지 놀라지 않을 수 없었다. 결국 그녀는 첩보기관의 제안에서 벗어날 수 있었고 '재미 삼아 시험 보는 것' 이 위험하다는 교훈을 얻었다.

이 일화를 통해 다시 한 번 시험의 결과가 좋건 나쁘건 다른 사건에 영향을 줄 만한 잠재력이 있다는 사실을 알 수 있다. 나아가 시험 사용자는 시험이 모든 종류의 수행능력, 특히 고위직이나 중책에 대한 타당한 지표를 제공한다고 믿으며 시험 점수를 맹목적으로 신뢰한다는 증거도 얻을 수 있다. 미래를 예견하는 초자연적 힘을 소유한 점쟁이에 대한 신뢰에 비견할 만하다. 또한 위의 일화는 수험자의 무력함과 비교해 평가 정보 소유자의 힘이 얼마나 강력한지 보여준다.

낙오자로 낙인찍기

> 1991년 6월 12일 국가 차원에서 시행되는 독해시험을 보도하는 기사가 이스라엘의 하레츠(Haaretz) 신문에 실렸다. 기사는 어느 학

> 교에서 시행된 고부담시험의 결과에 대해 묘사했다. 구체적으로 말하자면 자기네 학교에서 시행된 시험에 참여가 허락되지 않은 아이들을 인터뷰한 내용이 실렸다. 그들이 시험을 치를 경우 학교 평균 점수가 떨어질지도 모른다는 것이 교장이 내세운 이유였다. 기사에 따르면 그들은 시험을 치르는 대신에 체육관에 가서 영화를 봤다. 이 기사는 시험 불참으로 패배감이 생기고 자존감이 저하되면서 해당 학생들이 느낀 창피와 수치심을 보도하고 있다. 개인적인 사정으로 시험 당일 결석해도 되겠냐고 요청했던 우등생에 대한 또 다른 기사 내용도 있었다. 개인적인 사정이 있었음에도 그 학생이 결석하면 학교 평균 점수가 떨어질 것이라는 걱정에 교장은 결석을 허락하지 않았다.

위 기사는 시험이 학교에 강한 권력으로 작용한다는 것을 지적하며 교육자(여기서는 교장)가 학교 전체의 시험점수 향상을 위해 무슨 일이라도 하려고 한다는 점을 보여준다. 시험이 학교의 질을 판단하는 주요한(때로는 유일한) 기준이라는 점은 그 교장에게 분명하다. 고부담시험이 너무 중요한 탓에 교장은 시험점수 타당도에 타격을 주는 것은 물론이고 거짓말을 하고, 학생들에게 모멸감을 주며, 규칙을 위반하는 등 비윤리적 행동을 하게 된다. 교장이 시험의 고부담성과 그 고부담의 압력이 학교에 미치는 최종 결과에 대해 잘 알고 있다는 사실도 위 기사에 나타난다. 그에 대한 대가는 결국 학생들이 감수해야 하는데 그들이 실패했다는 인식은 그들 스스로뿐 아니라 부모, 교사, 동료의 시선에서도 굳어지게 된다.

일어날 일은 일어난다

> 저는 중등학교 영어 교사입니다. 학교를 다니는 마지막 해에 표준

> 화시험을 치러야 하는 학생들을 가르치고 있습니다. 저는 시험을 망친다고 해서 죽음에 이르지는 않는다는 사실을 학생들에게 상기시켜 주려고 제 경험담을 들려줍니다. (대체로 시험을 잘 봤던 탓에 저는 시험을 못 보는 것에 두려움을 갖게 되었고 그런 이유로 얻은 교훈입니다.)
>
> 11학년 물리 수업 때, 시간이 갈수록 저는 점점 소외되는 기분이었습니다. 이를 선생님이 선다형(multiple-choice) 시험문제를 사용한 탓으로 돌렸습니다. 기말고사 즈음에는 공부한 것과 시험 본 것(혹은 시험 본 방식) 사이에서 아무런 연관성도 찾을 수가 없었습니다. (시험 당일) 문제를 봤을 때 어떻게 풀지 전혀 감이 오지 않았습니다. 그래서 머리속에 짧은 노래 하나를 만들어 조용히 마음속으로 불러 봤습니다. 'a a b ccc d a . . .' 같은 식이었습니다. 결국 시험을 망쳤지만 그리 심하진 않았습니다. 43퍼센트쯤 맞췄고 물리 과목을 겨우 통과했습니다. 나는 죽지 않았습니다.

위 이야기를 보면 시험을 잘 보는 일이 '순전히 운' 이고 진정한 지식과는 별개의 문제라고 여겨지면서 수험자에게 시험이 얼마나 무섭고 위협적인지 알 수 있다. 시험과 수험자가 평가자의 손아귀에 있다는 느낌이 든다. 시험에 나오는 내용 측면에서 보면, 시험결과가 실제 지식의 지표로 여겨지지 않는다. 때문에 시험에 포함될 내용에 대한 자신만의 계획을 가진 평가자가 수험자를 좌지우지한다. 결국 시험의 요구 사항으로부터 살아남기 위해 수험자들에게 남겨진 주요 전략은 위 글에서 나온 '노래 만들기' 마냥 찍기나 행운이 전부이다. 그 결과 수험자는 시험을 통과해서 그 결과에 따른 이득을 취하려고 여러 가지 속임수, 전략, 혹은 시험기술을 개발한다.

사람 목숨이냐 시험 통과냐

내가 운전 시험을 봤을 때 일이다. 첫 번째는 수습 시험감독관이 너무 산만해서 통과하지 못했다. 그 수습 시험감독관은 내가 체크받아야 하는 상황에도 뒷좌석에 거의 누워 있다시피 해서 신경에 거슬렸다. 두 번째 시험 때는 녹색 불이 들어왔는데 한 노인이 비틀비틀 교차로를 건너고 있었다. '녹색 불이잖아요. 교차로를 지나가야죠' 라며 감독관이 소리쳤다. 하지만 노인을 치지 않기 위해 멈춰서야 했다. 나는 뒤를 향해 소리쳤다. '녹색 불이라고 해서 사람을 치고 지나갈 수는 없잖아요.' 눈보라가 치는 날 세 번째 시험에서 통과했다. 지금까지 사고 난 적도 없고 딱지 한 장 뗀 적 없다.

위 이야기를 보면 시험을 잘 보는 것은 옳고 그름이라는 현실과 동떨어진 일임을 알게 된다. 수험자는 비이성적이고 말이 안 될지라도 시험이라는 게임 속에서 따라야 할 규칙이 있음을 배운다. 두말 없이 평가 규칙에 순응하고 따르는 것이 평가자를 대하는 최고의 전략임을 수험자는 알고 있다. 그들은 평가 규칙을 따르지 않음으로써 가혹한 결과가 따라올지도 모른다는 것을 쉽사리 배운다. 위 이야기에서는 면허증 발급 거부가 그 결과였다. 그러나 시험의 요구사항에 동의하지 않을 권리가 수험자에게 없기에 수험자는 손쉬운 해결책도 없이 어렵고 복잡한 윤리적 딜레마를 해결해야 하는 상황에 자주 직면한다.

똑똑하다고 다가 아니다

온타리오 주 버링턴 외곽에 위치한 작은 동네에 살던 때에 우리 학교에서는 내가 8학년 때 IQ시험이 도입되었다. 시험이 생각만큼 좋지 않다는 사실을 깨닫는 사람이 별로 없던 시절이었기에 새롭고 특별한 사건이었다. 사실 시험에 대해 아는 것은 흡연에 대해

당시 사람들이 알고 있는 정도에 불과했다. 흰색 의사가운을 입은 사람이 나와 담배를 피우는 어느 광고가 생각난다. 그는 담배 연기를 깊이 빨아들였다가 만족스레 내쉬면서 놀랍다는 듯이(혹은 사랑스럽다는 듯이) 담배를 응시하고 시청자들을 향해 이렇게 말했다. '쿨스(KOOLS 담배 이름의 하나), 신선한 공기를 마시는 기분입니다.' 각설하고 다시 시험 이야기로 돌아가자. 말했지만 나는 작은 동네에 살았고 거기에는 몇 백 명쯤 다니는 초등학교가 있었다. 주로 노동자 계급의 중산층이 모여 살고 학업 성취를 무엇보다 중요하게 여기는 동네였다. 우리 집은 이와 반대로 학교에서 성적이 좋고 '똑똑한' 것은 유태인들의 이야기일 뿐이었다. 적어도 부모님은 그렇게 생각했다. 그래서 나는 다소 학문적이지 않은 환경에서 매우 탁월한 학생이었고 이런 환경 때문에 우수한 성적을 거두고 오만해졌는지도 모른다. 이러한 배경이 중요한 까닭은 바로 그런 곳에서 시험에 대한 내 태도의 틀이 형성되었기 때문이다. 나는 항상 기분 좋은 마음으로 IQ시험에 임했는데 이런 사실은 분명 내가 총명하다는 증거가 될 수 있었다. 어쨌든 나는 가장 먼저 시험을 마치고 나와서(가장 먼저 끝냈다는 게 별로 이상할 것도 없었다) 집에 갔다. 다음날 교장선생님이 나를 교장실로 불러 시험결과에 대해 말했다. 그 내용은 대충 이렇다. '바바라, 시험 볼 때는 시험지를 펼쳐 봐야 한단다!' 첫 장과 마지막 장은 다 풀었는데 그 사이에 여러 페이지가 더 있었다는 사실을 알지 못했던 것이다. 그렇게 빨리 끝마친 것이 놀랄 일도 아니었다! 더 심각한 일은 내가 교장실에서 시험을 끝마치도록 교장이 허락했다는 사실이다. 생각해 봐라. 내가 공부를 못하는 학생이었다면 이는 분명 내가 바보라는 사실을 입증해 주는 사건이었을 것이다. 지금도 이 학교에 있을지 모르는 이 교장선생님은 시험이 새롭다면서 또는 이런저런 이유로 어떤 학생에게 내게 적용한 동일한 기회를 주었을지도 모른다. 그 이후로 나는 한방에 치르는 시험에 회의적이다.

위 이야기는 엉뚱한 이유로 시험을 망치기가 얼마나 쉬운지 보여준다. 시험을 못 보는 것이 시험내용과 관련 없는 경우가 종종 있고 이 이야기에서는 시험을 못 본 이유가 시험의 지시사항을 잘 따르지 않았다는 것이다. 시험점수를 검토하면서 낙제 이유를 찾아내기 어려울 때가 많다. 하지만 위 예가 말해주듯이 수준이 낮은 학생일수록 오해로 빚어진 대가가 더 커지고 결국 그들의 낮은 위치가 끊임없이 이어지게 된다. 반면 잘하는 수험자가 시험을 못 보면 예외적인 일로 인식되어 본래의 능력을 보여줄 추가적인 기회를 얻게 되는 경우가 많다.

교실 속 시험에 대한 수험자들의 시각

아래는 교실에서 행해지는 시험에 대한 수험자의 인식과 시각을 드러내는 추가적인 글로 중등학교 학생을 대상으로 교실에서의 언어 시험에 대한 태도를 묻는 질문지를 통해 얻었다(쇼하미(Shohamy), 1985).

동사 과거형 활용에 대해 수업을 열 번이나 했지만 시험에는 활용 문제가 두 개밖에 안 나왔다.

선생님이 틀린 부분을 바로잡아 주지 않아서 시험을 통해 전혀 배우는 것이 없다. 결국 나쁜 성적을 받았다는 사실만 빼면 시험 보기 전이나 후나 달라진 게 없다.

내 수행능력을 평가하기에 시험이 좋은 도구라고 생각하지 않는데 더군다나 몸도 좋지 않은 날에 시험을 보면 오죽하겠냐.

시험이랑 내가 아는 것 사이에 무슨 연관이 있는지 모르겠다. 관련이 있다면 영어 시험에서는 좋은 점수를 받지만 지난주 미국인을 만났을 때 영어로 아무 말도 할 수 없었다는 사실을 어떻게 설명하겠는가? 왜 말하기 시험은 없을까?

우리 선생님은 시험을 처벌도구로 쓴다. 우리가 아무것도 안 할 때마다 우리에게 다음날 시험을 보겠다고 말한다. 어떤 때는 종이를 꺼내서 그 자리에서 즉석으로 시험을 보는 경우도 있다.

시험 덕분에 공부를 한다. 시험이 없었다면 책을 펼쳐 보지도 않았을 것이다. 나한테는 이런 압박이 효과가 있는 것 같다.

낙제하기 싫은데 시험만 보면 나는 항상 낙제생이다.

선생님이 수업 준비를 안 했을 때마다 시험을 보는 것 같다.

시험 보는 것은 괜찮다. 문제는 선생님이 채점하는 데 시간이 너무 오래 걸린다는 사실이다. 시험지를 돌려 받을 때는 무슨 내용이었는지 기억이 나지 않는다.

열심히 공부할 때마다 점수가 나쁘고 전혀 공부하지 않을 때는 점수를 잘 받는 게 정말 이상하다. 내가 문제일까 시험이 문제일까.

선생님이 시험 범위를 미리 알려 주지 않을 때 제일 싫다. 그럴 땐 꼭 잘못된 것을 공부하고 있다는 기분이 든다.

왜 시험이 필요할까? 어차피 우리가 어떻게 하고 있는지 선생님이 다 알고 있는데 말이다.

이 짧은 글 속에서도 앞서 언급한 일화들과 비슷한 상황이 나타난다. 수험자들은 교실에서 보는 시험을 별로 신뢰하지 않고 그들의 진짜 언어 능력을 보여 주는 과정으로도 여기지 않는다. 수험자들은 시험을 학습을 위한 유용한 도구로 여기지 않으며 시험이 '현실'의 지식이나 행위와 별개임을 지적한다. 수험자들은 교실에서의 시험이 항상 교육적 도구로 쓰이는 것이 아니라 다른 용도로 쓰이는 경우도 많다고 생각한다. 교사들은 통제하고, 수업 준비가 안 된 상황에서 시간을 때우고, 규율을 만들기 위한 처벌도구로 시험을 사용하는 경향이 있다. 시험을 잘 보려면 운이 따라야 하는 경우가 많기 때문에 수험자들은 시험을 진정한 학습과는 별개의 것으로 생각한다. 교실에서 하는 여러 가지 다른 활동을 통해 교사가 학생들의 학습 상황을 제대로 파악할 수 있기 때문에 교실 수업 환경에서 시험이 쓸모없다고 느끼는 학생들도 많다. 하지만 그와 동시에 시험이 압박감(주로 시험이 가져올 결과에 대한 두려움으로 인한 압박감)을 주어서 학습 동기를 부여한다고 털어놓는 수험자도 있다.

결론

이 장에서 보았듯이 시험에 대한 수험자의 개인적 경험과 반응은 시험이 수험자의 삶에서 중심적인 위치에 있다는 납득할 만한 증거를 제공한다. 수험자들이 시험결과에 대해 두려워하고 신뢰하지 않는다는 사실에 드러났듯이 이 장에서는 수험자들이 시험을 부정적 태도로 바라본다는 것을 지적했다. 수험자들은 시험이 권력적이고 권위적이며 그들에게 유해한 결과를 초래한다고 생각하는데, 수험자들이 시험에 의해 위협당하는 셈이다. 시험이 겁 주고, 단념시키고, 통제하는 목적으로 사용되며 결국 그들의 삶에 미칠지 모르는 시험의 급격한 영향을 수험자들은 깨닫게 된다. 특히 시험결과에 대한 정책결정자들의 맹목적 믿음을 고려했을 때 수험자들은 다양한 생존전략을 개발하게 된다.

시험결과처럼 시험을 봐야 한다는 사실 역시 마음대로 할 수 없음을 깨닫게 되면서 수험자는 시험은 강력하지만 자신은 무력하다고 생각한다. 시험을 잘 보는 일이 너무 중요하기 때문에 수험자는 시험이 요구하는 바에 순응하고, 비윤리적이라 여길 만한 행동까지 해가면서 시험을 잘 보기 위해 '게임을 한다.' 시험이 그들의 지식을 제대로 측정해 주리라 생각하지도 않으면서 기꺼이 그런 행동을 할 준비가 되어 있다. 이런 이유로 수험자가 시험결과의 의미를 파악하지 못한 채 통제할 수 없는 초자연적인 힘처럼 시험결과를 '순전히 행운'으로 인식하는지도 모른다. 그렇기 때문에 수험자는 시험을 냉소적으로 바라보게 되며, 평가에서 살아남게 해 주고 통제할 수 없는 이 상황을 약간이나마 통제하게 해 주는 속임수를 사용한다. 결국 수험자는 시험이 초래한 결과에 대해 아주 현실적이다. 경험을 통해 이 결과들이 시험 점수를 훨씬 뛰어넘어 좋건 나쁘건 미래의 중요한 사건들에 영향을 미칠 수 있음을 배웠기 때문이다. 시험은 자존감, 자신감, 자부심, 수치심, 기회 등에 영향을 줄 수 있다.

수험자들이 제공한 몇 가지 키워드는 다음과 같다.

- 위협적인/겁주는
- 현실과 별개
- 유해한 결과로 이어진다
- 강력한
- 경쟁하게 만들다
- 생존 전략이 요구된다
- 장기적으로 영향을 미친다
- 불공정한/불공평한

- 단념시키는
- 편파적인
- 낙제의 지표
- 행운과 초자연적인 힘에 달렸다
- 비윤리적 행동으로 이어진다

이 장에서는 수험자의 목소리를 들어 봄으로써 시험이 수험자의 삶의 중심에 위치하며 시험의 어려움을 극복하려고 여러 전략을 학생들이 개발한다는 사실을 알 수 있었다. 수험자가 교육과 사회 속에서 사용되는 시험에 대한 자료를 제공하기 때문에 평가자가 그들의 목소리를 듣는 것은 분명 가치 있는 일이다.

3장

시험의 강력한 사용

2장에서 수험자의 이야기를 들어 봄으로써 시험이 두려움, 불공평, 무력감, 불의, 단념, 편파성, 의심, 낙제, 반감을 불러일으킨다는 사실을 알았다. 시험을 경험하는 학생들이 이렇게 거센 반응을 보이는 이유는 무엇일까? 시험을 그런 장치로 변화시키는 것은 무엇일까?

이 장에서는 수험자가 그렇게 반응하게 되는 이유가 바로 시험이 사용되는 방식 때문이라고 주장할 것이다. 첫째로 시험결과의 유해한 효과와 그 효과가 수험자의 삶에 미치는 영향에 대해 논의하겠다. 둘째로 평가의 권한을 가진 사람들이 시험을 훈육도구로 사용하며 그로 인해 시험의 요구에 순응하기 위해 수험자들이 행동을 변화시켜야 하는 상황이 조성된다는 점을 논의하려고 한다. 지금부터 이 두 가지 측면의 시험 사용에 대해 생각해 보기로 하자.

시험은 수험자에게 유해한 영향을 미친다

시험결과를 사용하면 수험자에게 유해한 영향을 미친다. 승자와 패자, 성공과 실패, 합격과 불합격 등이 생겨날 수 있는 것이다. 시험점수로 학급이 배정되고, 졸업장과 우등상을 수여하고, 한 사람이 계속해서 학업을 진행해도 되는지 결정하고, 직업을 결정하고, 특수교육반에 들어가고, 우등반에서 공부하고, 대학에 합격하고, 직업을 얻기 위한 유일한 지표로 사용되는 경우가 빈번하다.

시험을 잘 보면 최고의 대학교에 입학해 우수한 교육을 받을 길이 열릴 수 있다. 시험을 못 보면 수준이 낮은 대학교에 입학하게 되고 우수한 교육을 받을 기회가 차단되며 결국 열악한 수준의 교육을 받게 될지도 모른다. 시험을 잘 보면 장학금을 받을 수도 있지만 못 보면 더 열심히 일해야 할지도 모른다. 시험을 잘 보면 원하던 직업을 구할 수 있지만 못 보면 원치 않는 일을 해야 할지도 모른다. 시험을 잘 본다는 것은 다른 나라로 이민을 가서 새로운 삶을 시작할 수 있는 허가증을 의미하겠지만 못 보면 원치 않는 곳에서 살아야 함을 의미할 것이다. 시험을 잘 보면 상이나 장학금을 받을 수도 있지만 못 보면 공부를 계속하기 위해 많은 시간을 일하는 데 써야 할지도 모른다. 시험을 잘 보면 성공한 사람으로 분류되지만 못 보면 낙오자로 분류될 수 있다.

그렇다면 시험 때문에 문이 열릴 수도 닫힐 수도, 기회가 제공될 수도 박탈될 수도 있으며, 다방면에서 인생의 행로가 결정될 수 있다. 어느 한 시점에 치른 단 한 번의 시험결과가 돌이킬 수 없는, 오랫동안 영향력이 지속되고 위험부담이 큰 결정으로 연결될 때가 자주 있다. 재시험 기회가 있을 때조차 수험자는 주저한다. 시험결과는 권위적이고 자신의 힘은 제한적이라는 맹목적인 믿음 탓이다. 결국 시험이란 개별 수험자보다 훨씬 더 강력한 조직, 교사, 교장, 평가기관에 의해 시행되는 것이다.

시험의 유해한 영향과 그에 따른 고부담(high-stake) 결정에 대해 노암(Noam, 1996: 9)은 다음과 같이 기술한다.

어떻게 평가하느냐에 따라 경력에 도움이 되고 성공으로 이어지기 도 하지만 우리의 생애를 망칠 수도 있다. 적어도 자기 자신에 대한 인식에 부당한 짐이 부과되거나 불필요한 장애물로 자신의 성취 행보가 가로막힐 수도 있다.

마다우스(Madaus, 1990: 5)는 단 한 번의 시험결과가 개인의 미래에 대한 강력한 지표로 작용하는 경우가 잦아 시험이 인생의 중요한 시기에 영향을 준다는 사실을 강조한다.

단 한 번의 표준화시험 점수가 자동적으로 입학, 학년 진급, 배치, 졸업 결정 등으로 이어진다. 이러한 결정은 학생의 지식이나 능력에 대해 교육자들이 잘못 판단했을 때조차도 협상이 불가하다.

SAT라는 특정 시험이 학생의 미래를 형성하는 데 미치는 유해한 영향에 대해 슈워츠(Schwartz, 1990: 30)는 다음과 같이 기술한다.

측정에 집착하는 문화 속에서, 논쟁의 여지는 있지만 SAT는 미국의 고등학생들에게 가장 중요한 시험이 되었다. 즉, SAT는 미래의 교육적 선택에 강력한 영향력을 끼치는 학문적·정신적 통과의례이며, 지독한 걱정을 유발하고, 거의 신비로운 수준의 자존감 척도가 되었다.

슈워츠는 다음과 같이 덧붙인다(1999: 31).

SAT는 재정 지원을 받기 위한 기본적인 기준 중 하나이며 한편으로 차별철폐 정책에 관련된 중요한 토론주제가 되었다.

결국 시험을 사용하여 개인에게 유해한 결정을 내리는 행위는 권력이 발생하는 주요 원천 중 하나이다.

시험은 훈육도구로 사용된다

게다가 시험에 자유롭지 못한 사람들에게 어떤 특정 행위를 부과하기 위한 방법으로도 시험이 사용된다. 시험은 무엇을 알아야 하고, 무엇을 배우고, 어떤 가르침을 받을 것인지 수험자에게 지시할 수 있는 능력이 있다. 시험이 훈육도구로 사용된다는 말은 시험이 요구하는 바에 맞춰 수험자가 행동을 바꿔야 함을 뜻한다. 앞서 지적했듯이, 시험결과가 자신의 삶에 미칠 유해한 영향을 고려해 수험자는 자신의 시험점수를 극대화하려고 기꺼이 자신의 행동을 바꾸곤 한다.

시험을 훈육도구로 사용하는 것은 평가권을 가진 사람들, 즉 정책입안자, 교장, 교사가 시험을 효과적인 정책입안 도구로 만드는 과정의 연장이다. 수험자가 시험을 잘 보기 위해 행동을 변화시키리란 사실을 깨닫고 평가권을 가진 사람들은 일정한 우선순위에 따라 행동 변화를 일으키기 위해 시험을 사용하는 셈이다. 훈육도구로서 시험을 사용함으로써 수험자는 그들이 할 수 있는 일이 없다고, 즉 시험의 요구에 좌지우지된다고 느끼게 되며 결국 시험 앞에서 수험자로서의 두려움과 불안감이 커지게 된다.

스폴스키(Spolksy, 1995, 1997)는 훈육을 목적으로 시험을 사용하는 것은 새로운 일이 아니며 역사적으로 시험이 항상 그런 목적으로 사용되어 왔음을 지적한다. 성경에 쉬볼레스(shibboleth) 사건이 등장한 이래, 시험은 권력과 통제를 위해 사용되었다. 중국은 권력이 막강한 신하를 견제하고 황제를 보좌할 수 있는 신하(지금의 수석 비서관)를 등용하기 위해 시험을 발명했으며 이 제도는 천 년이나 지속되었다. 17세기에 예수회가 중국의 시험제도를 유럽에 도입하여 학교 교육과정과 교실을 엄격히 통제하였다(마다우스, 1990).

권력과 통제를 위한 시험 사용에 관해서 푸코(Foucault) 역시 강력한 주장을 펼친다. 『감시와 처벌: 감옥의 탄생』(1979)에서 푸코는 시험 속에 권력과 통제의 행사를 가능하게 하는 특성이 내재되어 있다고 주장한다.* 시험은 감시적 위계질서와 규격화를 위한 판단의 수단으로 작동한다. 시험은 수량화, 분류, 처벌을 위한 감시를 목적으로 쓰일 수 있다. 시험이 지닌 권력은 시험이 사람을 구분하고 판단하는 데 쓰일 수 있다는 점이다. 시험은 진실의 확립과 함께 나름대로 제식(rituals)과 의식(ceremony)으로 구성되며, 이 모든 것은 객관성의 이름으로 진행된다.

> 시험은 감시적 위계질서의 기술과 규격화를 위한 판단의 기술을 결합한 것이다. 시험은 규격화하려는(normalizing) 응시, 즉 수량화, 분류, 처벌을 가능케 하는 감시다. 시험은 개인을 가시적으로 보이게 한 다음 누군가가 그들을 구분하고 판단하게 한다. 이런 이유로 모든 훈육의 기제 안에서 시험은 고도로 제식화된다. 시험 속에 권력적 의식(ceremony)과 과학적 형식, 권력의 과시 그리고 진실의 확립이 결합된다. 훈육 절차의 중심에서 시험은 객체로 인식되는 이들의 종속과 종속된 이들의 객체화를 보여준다.
>
> (푸코, 1979: 184)

훈육도구로서의 시험 사용의 연장선상에서 마다우스는 시험이 사회적 기술(social technology)을 표상한다는 개념을 도입했다. 마다우

* 에리봉(Eribon, 1991)이 기술한 푸코의 전기를 보면 시험 때문에 고통을 받고 '시험의 희생자'가 된 푸코의 개인적 경험에 대한 분명한 근거가 제시된다. 에리봉에 의하면 푸코는 훈육도구로서의 시험 때문에 괴로워했으며, 그로 인해 고부담시험에서 낙제한 경험이 있다. 또한 시험이 푸코의 삶에서 유해한 역할을 했다고 언급한다. 시험의 희생자가 됐다는 점이 푸코로 하여금 서구사회에서 훈육도구로 사용되는 시험에 대한 특별한 통찰력을 갖게 했을 가능성이 높다.

스에 따르면 시험은 과학적으로 고안된 도구이며, 이는 역사적으로 교육, 정부, 기업의 현장에서 뿌리 깊게 자리 잡은 통제와 권력을 과시하는 기제로 사용되었다. 시험은 개인과 집단에 특정 행동을 부과하고 학생이 알아야 하는 지식을 정의한다는 점에서 사회적 기술의 수단이다. 시험은 교사로부터 학생으로의 지식 전달을 보장하는 한편 교사를 위해 예비된 지식을 학생들로부터 추출해낸다.

또한 마다우스는 사회가 얼마나 무비판적이고 시험이 제공하는 과학적 기술적 해결책을 맹신하는지 비판한다. 마다우스의 지적에 따르면, 시험은 시험개발자, 시험 사용자, 정책입안자의 가치를 반영하기 때문에 현존하는 사회적인 불평등이나 교육적인 불평등을 존속시킬 만한 잠재력을 가지고 있다. 마다우스의 관찰에 의하면, 시험의 훈육자 역할은 다양한 전략(이를테면 학생들의 평점을 합산해 축적해 두고, 학생들을 조직하고, 순위를 매기고 분류할 뿐만 아니라 범주를 구성해 평균을 결정하고, 규범을 고착시키고, 집단을 기술하고, 집단의 결과를 비교하고, 개인과 집단을 모집단 분포에서 고착시키는 시험 점수 관리)을 통해 드러난다.

핸슨(Hanson, 1993) 또한 시험이 사람에게 영향을 주고 사람을 정의하는 힘이 있다고 말한다. 그의 지적에 따르면 시험은 당연시되고 의문의 여지가 없는 하나의 독립적인 사회 제도가 되었다. 구체적으로 말해서 시험은 한 사람의 여러 단면 중 극히 일부를 밝혀내는 것뿐이지만 사람을 규정하고 생산하기 위해 쓰일 뿐 아니라 그들을 무력하게 하고 감시 아래에 둔다.

훈육도구로서의 시험 역할은 개인 수험자 단위를 넘어서 여러 분야에 걸쳐 사회 전체에 영향을 줄 수 있다. 시험은 교육제도나 정치제도에 영향을 주고 그 제도를 조종하고 교육과정을 통제하며 공동체의 지식을 다시 정의할 수 있다. 학교 차원에서는 교장선생님이 평교사들을 더욱 자극하기 위해 학교 단위의 시험을 사용하거나, 교실 단위에서 교사가 학생들에게 학습 동기를 부여하거나 훈육하기 위해 시험이나 퀴즈를 사용하는 식으로 시험은 훈육도구로 사용된다. 또한 특정 과목의 지위와 위상을 높이기 위해 시험이 도입되기도 한다. 정치적이고 국가적인 차원에서는 국민을 감시하고, 특정 단체의 참여를 막고, 기관의 등급을 매기고, 자금을 제한하고, 지식을 정의하고, 원치 않는 단체의 참가를 막기 위한 게이트키핑 역할을 하는 수단으로 시험이 사용된다.

맥나마라(McNamara, 1997)는 정치적 기관에 의한 훈육도구로서 시험이 사용된다고 주장한다. 그는 시험이 이민정책이나 교육 및 직업 훈련에서, 정책 개혁의 수단으로 사용되고 있음을 지적한다. 교육체제 내에서뿐만 아니라 여러 근로현장에서도 그런 정책이 발의되는 경우를 찾아볼 수 있다. 정부 지출의 신용도를 높이자는 요구가 커지는 동시에, 경쟁적인 세계 경제 상황에서 교육적 성취도의 국가적 표준에 대한 관심이 촉진제가 되어 국가, 주, 지역 단위에서 정부의 교육정책의 수단으로서 평가와 관련된 다양한 발의가 제안되고 있다.

이 모든 상황 속에서 훈육도구로 시험을 사용하는 것은 일정 요구가 수험자에게 부과되고 수험자는 그런 요구에 순응할 수밖에 없는 위치로 몰리게 됨을 의미한다. 순응이란 시험의 요구사항에 따른 행동 변화를 의미한다. 수험자와 제도가 그런 훈육적 요구에 쉽게 순응하기는 하지만 그들의 목소리가 무시된 채 부과된 요구라고 느끼면서 분개하기도 한다. 시험의 막강한 사용(시험의 유해한 영향과 훈육도구로서의 시험 사용) 때문에 (2장에서 기술되고 논의된 것처럼) 수험자들은 시험에 불편한 감정을 갖게 된다.

4장

권력의 특성

3장에서 시험이 유해한 영향을 끼치며 동시에 훈육의 도구로 사용된다는 점을 주장했다. 시험이 지닌 몇 가지 구체적인 특성 때문에 이렇게 권력적인 사용이 가능하게 되는데 이 장에서는 그러한 특성을 밝히고 논의하도록 한다.

시험은 강력한 기관에 의해 시행된다

시험에 권력을 부여하는 중요한 특성 중 하나는 강력한 기관들이 시험을 시행한다는 점이다. 평가자와 수험자 간의 상호작용에서 권력을 손에 쥔 쪽이 평가자라는 뜻이다. 바로 평가자가 시험내용과 방식, 채점, 시험결과 전달 및 해석에 관한 중요한 결정을 내린다. 평가자가 제공한 숫자가 수험자가 참조할 수 있는 유일한 숫자이며, 수험자가 이의를 제기하려면 대안이 필요하지만 그건 사실 가능하다고 볼 수 없다.

핸슨(Hanson, 1993: 19)은 다음과 같이 말한다.

> 거의 대부분 시험 제공자는 조직인 반면, 수험자는 개인이다. 시험

을 제공하는 기관은 수험자가 과목을 이수하거나, 수료증을 받거나, 대학입학 허가를 받거나, 장학금을 받거나, 직업을 구하거나, 승진을 해야 할 때 등 수험자에 관해서 결정을 내리거나 조치를 취할 목적으로 시험을 사용한다. 이는 조직이 개인보다 강한 힘을 지녔다는 사실과 함께 대부분의 시험 상황에서 시험 제공자가 수험자보다 강력한 위치를 차지함을 의미한다.

게다가, 평가자는 해당 시험의 정보와 지식, 혹은 수험자가 시험을 치르는 데 요구되는 여러 정보를 결정한다. 시험은 스스로 알아서 유지되는 시스템인데, 이를 통해 여러 종류의 평가 조직(학교, 교육제도, 정부, 기업)이 지식의 투입에 대한 완전한 통제권을 갖게 된다. 또한 시험은 정보와 권력을 계속해서 통제할 수 있는 메커니즘을 제공한다. 시험을 계획하고 제작하는 이들에 의해 시험에 포함된 정보가 불평등하게 결정되고 지시된다. 바로 이러한 지식으로 당사자가 아닌 사람들의 출입이 통제되고 감시되며 차단되는 것이다.

시험은 과학적인 언어를 사용한다

시험에 권력을 제공하는 또 다른 특성은 시험이 과학적인 언어를 사용한다는 점이다. 서구 사회에서 과학적인 언어는 권위, 지위, 권력을 부여한다. 실험, 통계에 기반을 두고 숫자를 사용하기 때문에 평가는 과학적인 분야로 인식된다. 그렇기 때문에 평가는 과학에 부여된 특권을 누리며 객관적이고 공평하고 진실되고 신뢰할 만하다고 여겨진다.

맥킨타이어(MacIntyre, 1984)에 의하면, '객관적' 이고 '경험적(empirical)' 인 정보가 시험으로부터 수집되면 의사결정자들은 그들의 신념을 뒷받침하고 그들의 결정에 대한 신뢰성를 확보하기 위해 시험 정보를 사용한다. 관료들의 목표가 가장 경제적이고 효율적인 방식으로 수단을 결과에 맞추는 것이기 때문에, 그들은 자신들에게 도움이 되는 보편적인 법칙과 같은 일반론으로 구성된 과학적 지식을 사용한다. 슈완트(Schwandt, 1989)는 공적 영역과 사적 영역에서의 관료주의적 관리 기술이 과학에 기반을 둔 시행이라는 가정 위에 놓여 있다고 주장하면서 과학적 언어의 힘을 자세히 설명하고 있다. 사정관, 정책 분석가, 연구자, 컨설턴트는 자신들이 과학적 자료의 출처인 것처럼 행동함으로써 관료주의적 기술을 향상시킨다.

현실적인 문제로 인한 과학적 연구방법의 제약을 고려할 때, 인간 행동에 관해 정확한 판정을 하기가 힘들다는 점을 평가자들도 알고 있다. 과학만능주의 현상이 그래서 흥미로운 것이다. 하지만 이와 동시에 관리자, 정책입안자, 일반 대중은 평가자가 과학적으로 도출한 지식을 제공하는 전문가라고 굳게 믿고 있다.

시험은 숫자를 사용한다

숫자를 사용하는 것 역시 평가자에게 권력을 부여하는 경로 중 하나이다. 숫자와 통계의 사용이 권력을 행사하는 데 효과적인 장치라는 점과, 글보다 숫자로 더 많은 것을 말한다는 주장이 이미 많이 소개되었다(맥루한(McLuhan), 1962). 과학적인 언어처럼 숫자로 구성된 언어는 객관성, 과학주의, 이성주의의 상징으로 여겨진다. 그리고 이러한 상징성에 영향을 받는 사람들에게 진실, 신뢰, 정당성, 지위라는 환상을 숫자의 언어가 심어주고 있다. 숫자는 객관적이며, '진실' 을 드러내고, 논의나 이견의 여지가 없다는 대중의 인식에서 숫자의 권력이 나타난다. 브로드풋(Broadfoot, 1996: 86)은 이렇게 말한다.

> 바로 이 객관성, 즉 구체적 합리성에 대한 의존이 반박하기 어려운 정당성을 평가에 부여한다.

효력을 상쇄할 수 있는 다른 숫자에 의해서만 이미 획득된 숫자의 권위에 이의를 제기할 수 있다는 점을 보더라도 숫자의 권력은 존재한다. 그러나 평가에서는 수험자가 아닌 평가자만이 숫자를 소유할 수 있다. 또 숫자를 '소유'한 평가자에 의해 제공된 숫자 정보만을 수험자가 의지해야 한다.

또한 숫자는 수험자들을 분류하고 표준화시킬 수 있는 도구이며, 숫자로 구성된 척도에 따라 수험자를 판단하게 한다. 이 또한 숫자의 힘을 느낄 수 있는 부분이다. 숫자를 통해 시험의 결과가 보급될 때 의사결정자는 결정과 재가를 위한 권력, 권위, 통제력, 합법성을 얻게 된다.

시험은 지필형식의 의사소통을 사용한다

푸코(Foucault, 1979)와 마다우스(Madaus, 1990, 1994)에 따르면, 시험이 지닌 권력의 특징 중 하나가 지필형식의 의사소통 방법을 사용한다는 것이다. 푸코에 따르면 지필형식이 사용되면서 과학으로서 기능을 발휘하는 페다고지가 시작되었다. 푸코(1979: 21)는 다음과 같이 지적한다.

> 지필시험의 문서화는 계량화시킬 수 있는 점수와 결합되어 개인뿐만 아니라 집단마저 묘사하고 객체화시키는 일을 가능케 한다.

마다우스(1990)는 종이를 좀더 쉽게 구할 수 있게 된 18세기 후반이 되어서야 지필시험이 교육제도에 체계적으로 도입되었다고 주장한다. 푸코(1979)는 오래전에는 시험이 구술 방식을 채택했고 따라서 평가자와 수험자 사이에 대화의 여지가 있었다고 주장한다. 그런 상황에서 학생은 질문을 하고 자신이 배운 바를 상술하고 평가자에게 좀 더 확실하게 말해줄 것을 요구할 수 있었다. 반면 지필시험은 대화 방식 대신에 수험자의 시각이나 해석은 무시한 채 교사가 가르친 것에만 초점을 맞추는 일방적 의사소통 방식을 도입했다. 그런 까닭에 협상, 부연 설명, 사고의 확장, 상황적 단서의 사용, 첨삭, 논쟁, 수정, 토론, 얼굴에 드러난 실마리 읽기 등의 특성을 가진 구술 방식과 달리 지필시험은 일방적이다. 지필 방식에서 수험자가 글로 된 자극(stimulus)에만 반응해 아는 바를 쓰는 것이 전부이기 때문에 정보는 한 방향으로만 흐른다. 지필시험은 기대치를 정해 놓고 학생이 학습 진행 상황을 정기적으로 드러내도록 한다.

> 시험은 교사로부터 학생으로 지식의 전달을 보장해주는 한편 교사를 위한 지식을 학생들로부터 추출해낸다. (푸코, 1979: 187)

시험은 문서화에 의존한다

문서화는 시험에 권력을 보태줄 수 있는 또 다른 특성이다.

> 개인을 감시 영역 아래에 두는 시험은 개인을 기록망 속에 집어넣는다. 즉, 시험은 개인을 붙잡아 꼼짝 못하게 하는 문서더미 속에 집어넣는다. 시험의 절차에는 강력한 등재 체계와 문서 축적 체계가 수반된다. '기록의 권력' 은 훈육 기제에서 근본적인 부분을 차

지한다. (푸코, 1979: 189)

푸코에 의하면, 각 개인의 적성이 평가되고 있을 뿐만 아니라, 기록 절차를 통해 그들의 능력이 기술되고 그 능력의 사용 가능성도 표시된다. 기록 절차를 통해 정보가 손실되지 않게끔 개인 정보를 시스템 속으로 통합시키는데, 개인은 전체 정보 안에서 배치되고, 또 반대로 개별 시험의 자료는 전체 계산에 영향을 주도록 시스템을 구성한다. 시험에 수반되는 총체적인 기록 장치 때문에 시험은 상관성이 있는 두 가지 가능성을 열어 두고 있다. 첫째, 개인은 기술 가능하고 분석 가능한 하나의 대상으로 재정의된다. 이는 박물학자가 동·식물을 분류하듯 개인을 '종별' 특성으로 단순화하기 위해서가 아니라, 영구불변한 지식체 관점에서 수험자를 개인 그 자체, 각 개인 고유의 성장, 개인별 적성 혹은 능력을 그대로 유지시켜 두기 위함이다. 둘째, 전체 현상의 측정, 집단에 대한 기술, 집합적 사실의 특성화, 개인 간 격차의 계산, 특정 '모집단' 속에서 개인의 분포 측정을 가능케 하는 비교 체계가 구성될 수도 있다.

결국 문서화는 시험결과가 기록되고 보존된다는 사실을 의미하며 문서화는 그 정보에 관심이 있는 사람에게 수험자를 제재할 수 있는 증거자료로 제공된다.

시험은 객관적인 형식을 사용한다

객관적인 형식을 사용한다는 것은 시험 문항으로 구성된 시험 장르를 언급하는 것이다. 구체적으로 말해서 평가 기관이 사용하는 대부분의 시험에서는 선다형이나 진위형과 같은 '객관식' 문항을 사용한다. 이런 시험 방식의 기저에 깔린 가정(그리고 이런 방식이 '객관적'이라 불리는 이유)은 문항마다 하나의 정답, 즉 하나의 '진리', 하나의 해석만을 요구한다는 것이다. 나아가 그 '진리'는 절대적이고 시험을 만드는 평가자에 의해 사전에 결정되며 수험자는 그 '진리'가 무엇인지 알아내야 한다. 객관식 유형은 수험자에게 그 진리를 다른 방식으로 해석할 것을 요구하지 않는다. 이는 다양한 해석이 가능한 텍스트에 기반한 독해력 평가의 경우 특히 문제가 된다.

프리드만(Freedman, 1993)은 이 현상이 객관식 문항에만 국한되는 것이 아니라 수행평가와 같은 다른 시험 유형으로 확장된다고 지적한다. 그녀는 쓰기시험이 간접평가, 객관식 문항에서 직접평가, 개방형(open type) 평가문항으로 옮겨갈 때도 결국엔 객관적인 특성을 갖게 되는 것을 보여 주었다. 즉, 쓰기시험은 시간, 내용, 채점 기준, 그리고 항상 하나의 정답에 동의하게끔 면밀히 관리되고 훈련된 채점자집단에 의해 통제된다. 이로부터 신뢰성이 확보될지는 모르지만 진짜 글쓰기의 모습에서 동떨어지기 때문에 쓰기시험으로서의 타당성은 의문점을 남기게 된다. 이처럼 직접평가마저 주관적 평가의 특성이 객관식 평가의 특성(하나의 정답, 하나의 진리)으로 바뀔 수 있다. 그 '진리'는 또다시 문항뿐 아니라 정답을 결정하는 평가자가 소유하게 된다. 수행평가가 시험의 권력을 완화시켜 주리라 믿고 있는 사람들이 있기 때문에 이러한 관찰은 중요하다. 쓰기시험의 예를 통해 수행평가로 상황을 변화시키기란 쉽지 않음을 알 수 있다. 수행평가도 객관식 평가 유형의 여러 특성을 공유하고 그에 따라 권력적인 사용이 수반되기 때문이다.

결론

이 장에서는 시험에 권력을 부여하는 여러 가지 특성을 알아보았다. 이 특성들 탓에 시험은 권력적으로 사용되며, 유해한 효과로 이어지고, 평가권을 소유한 사람들이 시험을 훈육의 도구로 사용하게 되는 것이다. 여기에 기술된 특성들(권력적인 기관에 의한 시행, 과학적 언어와 숫자의 사용, 지필 형식, 문서화, 객관식 평가유형)은 시험이 왜 그렇게 권력적으로 사용되는지 잘 설명하고 있다.

5장

권력의 등장

권력적 도구로서 시험의 등장

오늘날 시험은 정책을 입안하고 부과할 수 있는 권한이 있는 사람들이 사용하는 강력한 도구라고 인식되는데, 시험이 사실 선발의 목적으로 지식을 측정하기 위해 고안된 도구라는 점은 흥미롭다. 사회적 이익에 대한 접근성과 더 많은 기회를 제공하기 위해 20세기에 고안된 시험이 이렇게 권력을 갖고 권위적이 되었다는 사실은 아이러니하다. 시험의 권력은 평등과 민주주의의 미명하에 확립된 것이다.

곳곳에서 평가의 역사에 대한 기록을 찾을 수 있다(엘룰(Ellul), 1964; 마다우스(Madaus), 1990; 스폴스키(Spolsky), 1995). 역사적으로 시험은 다양한 목적으로 사용되었다. 예를 들어 기원전 210년에 제정된 중국의 과거제도는 선발을 목적으로 시험을 사용한 것이다. 스폴스키(1995, 1997)는 정치적, 사회적, 교육적 통제가 가능하게끔 언어 시험이 어떻게 사용되었는지 설명하였다. 19세기 중엽에 와서는 좀 더 많은 대중이 선발과 학교 통제를 위한 시험의 가치를 인정하기 시작했고, 19세기 말엽 영국에서는 초·중등학생의 학업 성취도를 점검하기 위한 시험의 사용이 확고히 자리를 잡았다. 스폴스키는 학교 시간표 속으로 파고드는 시험의 '잠식력(encroaching power)' 을 장려했던 레이덤(Latham, 1877)을 언급한다.

미국 역시 시험에 대한 대중적 지지가 급속도로 높아져 1920년대에 와서는 최고조에 달했다. 당시 군대에서 부적격 신병을 걸러내기 위해 시험을 사용했다. 마다우스(1990)에 따르면 20세기에 들어서면서 시험점수를 해석하는 방식에 변화가 일어났다. 즉, 학생이 실제로 무엇을 알고 있는가(즉, 성취도)로 시험점수를 해석하는 대신 집단 안에서 상대적으로 비교할 수 있는 수행능력으로 해석했다. 이 변화는 성취도시험과 지능시험을 위한 1920년대의 국가적 규범 형성을 촉진하는 데 일조했다. 1차 세계대전 직후에는 교육분야에서 표준화를 향한 움직임이 널리 퍼졌다.

20세기에 인구가 증가하고 중산층이 확대되면서 선발의 필요성이 증가했다. 사회학자들은 *생득*(ascribed)사회와 *성취*(achieved)사회를 구분한다. 생득사회에서는 시민의 역할과 기능이 정해져 있지만 성취사회에서는 배경이나 소속에 상관없이 사회 안에서 자신의 위치를 정할 권리와 기회가 개인에게 있다. 생득체제는 흔히 '선발' 에 기초를 두고 움직이며, 사회가 가장 '마땅한' 사람에게 기회를 제공해야 한다는 전제하에 작동한다. 여기서 가장 마땅한 사람이란 흔히 배경이나 사회적 소속을 기반으로 정해진다. 반면에 성취사회는 민주주의에 바탕을 두고 모두가 접근 기회, 특히 교육에 대한 접근 기회를 부여받는다는 전제하에 작동한다.

20세기에 모든 사람을 위한 교육이 도입되면서 시험이 뒤를 이어 도입되었다. 그리하여 엘리트 계층으로 태어나지 않은 탓에 기회가 주어지지 않았던 사람들을 포함한 모두에게 기회를 공평하게 부여함으로써 교육과 평가는 '생득' 의 원칙을 극복하고 '성취' 의 원칙을 채택하는 목표를 세울 수 있었다. 예를 들어, SAT에 대해 리만(Lemann, 슈워츠(Schwartz)에서 재인용, 1999: 32)은 다음과 같이 지적한다.

> 요지는 SAT를 통해서 배경이라는 영향력을 무효화시키고 진정한 실력 중심의 사회를 만드는 것이다. …… 모든 17세 아동을 대상으로 전국적인 시험을 실시해 최고 득점자를 찾고 국가의 리더십으로 훈련시킨다는 발상이다.

그리하여 시험은 관계, 계층, 배경 등에 기반을 둔 '생득'의 원리를 철저히 극복하여 좀 더 많은 대중에게 기회의 문을 열어 주는 도구로 여겨졌다.

가정과 원칙

아래 나열한 여러 원칙을 바탕으로 공정한 선발을 위한 절차로서 시험이 도입되었다.

- *시험은 모두에게 기회를 부여한다.* 시험의 도입은 배경에 상관없이 모든 사람에게 시험을 볼 수 있는 기회가 있음을 의미한다. 수험자가 어떤 정해진 점수를 받아 시험에 통과하면 선발될 수 있다. 이는 엘리트층만이 그러한 특권을 갖는 생득체제와 비교할 때 분명 이점이다.
- *시험은 객관적이다.* 시험의 객관성이란 주관성이나 차별의 원인이 될 수 있는 이름, 배경, 성별이나 그 외 요소들과 관련하여 모든 수험자가 평등하게 대우받는다는 것을 의미한다. 주관적이라고 여겨질 만한 정보는 공개되지 않기 때문에 의사결정 과정에

서 평가자는 아무런 영향도 받지 않는다.

- *시험은 과학적이다.* 시험은 객관성과 공정성 확보를 위해 다양한 방법을 적용하므로 과학적이라고 여겨진다. 통계적 방법에 기반을 둔 문항 분석, 신뢰도, 타당도 같은 개념을 통해 양질의 시험이 보장되고 인간의 선천적 특성이라 할 수 있는 편파성에서 벗어나게 한다. 이런 방법은 과학과 마찬가지로 대중의 신뢰와 존중을 받게 된다.
- *시험은 객관식 문항 유형을 사용한다.* 편파성을 최소화하기 위해 시험은 객관식 문항 유형을 사용한다. 이런 유형의 문항을 통해 평가자의 판단에 영향을 주는 편견을 무력화하고 등급과 채점자와 관련된 주관성을 줄일 수 있다.

마다우스(1990)는 1914년에 선다형의 도입으로 동일한 시간 동안 훨씬 많은 문제를 풀고 비숙련자가 신속하고 객관적으로 채점을 할 수 있게 되면서 시험의 일괄적인 시행이 가능해졌다고 주장한다. 1920년대에 등장해 대형산업으로 성장한 시험 출판업계에서는 선다형 형식을 널리 사용했다. 1926년에 미국 대학입학시험위원회(College Entrance Examination Board: CEEB)는 SAT에서 선다형 형식을 채택했다. 그리하여 '객관적' 방법인 선다형의 도입이 전문기술, 효율성, 표준화, 일치, 책무성(accountability)이라는 사회적으로 용인된 가치를 증진시켰다.

그러나 위에 설명한 원칙에 기반을 두고 생득체제를 벗어나 모든 개인을 위해 객관적이고 공평한 성취체제로 전환하기 위한 선발도구를 도입하고자 했지만, 결과적으로 그 모든 기대가 착각임을 알게 되었다. 평가기술은 객관적이고 공평하고 과학적으로 보이지만, 동시에 이전에 존재했던 계급 차이를 영속시키는 데 효과적인 도구가 되었다.

평가자, 문항, 분석의 방법을 객관화함으로써 시험은 합법적인 통제장치가 되었다. 시험에 의해 영향을 받는 사람들은 시험제도를 비판할 전문성도, 지식도 없는 탓에 시험은 비판받을 염려가 없는 무적의 블랙박스가 되었다. 나아가 객관적인 시험으로 측정하기 어려운 영역이 계속 발견됨에 따라 시험의 '객관성'은 환상으로 드러났다. 예를 들면 언어능숙도에 관해 스폴스키(1998: 9)는 다음과 같이 말한다.

> 완전히 객관적인 언어평가는 실패한 것처럼 보인다. 왜냐하면 시험이 신뢰할 만한 수준으로 무엇인가 측정하기는 했지만, 측정한 그것은 우리가 가정한 언어능숙도가 아니기 때문이다. 객관성이 가져온 진보는 환상에 불과한 듯하다.

게다가 시험은 중심 권력층이 개인과 교육제도에 힘과 통제를 행사하기에 유용한 도구가 되었다. 마다우스(1990)에 따르면, 1950년대에 평가가 지역을 넘어 주나 연방 수준까지 교육을 통제하는 데 일조하게 되는 중요한 정책 기법이 되었다. 표준화시험 조항을 담은 연방법과 주법이 연이어 등장하면서 시험 사용의 눈부신 성장에 기여했다. 처음에는 시험결과가 정책입안자에게 학교에 관한 정보를 알리는 데 사용되었으나 1970년대에 와서는 시험결과가 학교를 개혁하기 위한 행정적 기법으로 사용되기까지 하였다. 세계 각국의 교육제도는 시험이 교육제도를 통제하고, 동기에 영향을 주고, 교육과정을 도입하고, 지식을 정의하는 데 효과적인 장치로서 권위와 힘을 지녔다고 인식하기 시작했다. 이러한 인식은 시험을 통해 성취도 또한 향상될 것이라는 강한 신념과 맥을 같이한다.

중앙집권적 체제와 비중앙집권적 체제에서 시험 사용

시험의 권력과 통제를 위한 잠재력은 중앙집권적 교육체제를 지닌 국가에서 특히 잘 인식되었고 통상적으로 사용되기도 했다(쇼하미(Shohamy), 1991). 중앙집권적 교육체제는 중앙집권기구가 교육제도를 통제하는 체제이다. 그런 체제에서는 시험이 정책을 부과하고 영속시키기 위한 도구로 사용될 수 있다는 사실을 현실화시켰다.

쇼하미(1991)에 따르면 정책에 영향을 끼치고, 통제, 위상, 권위에 복종시키기 위해 다른 어떤 시험보다 자주 사용되는 시험은 학생들이 (국가마다 조금씩 다르지만) 16세나 18세가 되는 중등학교 졸업시기에 중앙집권적 교육체제에 의해 시행되는 시험이다. 이 시험은 수험자의 삶에 상당히 강력한 영향을 끼치기 때문에 상황을 판단하고 의사결정을 하는 사람들에게 유용한 것으로 알려져 있다. 즉, 그러한 시험의 결과를 가지고 중등학교 졸업생과 고등교육기관의 입학생을 결정하기 때문이다. 중등학교 졸업시험은 고부담시험으로 여겨지며 고등교육을 받아 사회의 엘리트계층에 편입하기 위한 허가증을 부여함으로써 개인의 미래에 영향을 끼친다. 이런 이유로 여러 국가, 특히 중앙집권적 교육체제를 갖춘 국가에서 중등학교 졸업시험을 사용하여 교육체제의 주요 요소에 관한 통제를 확립하는 일은 아주 흔한 일이다. 여러 체제의 중앙기구는 교육과정을 통제하기 위해 고등학교 졸업시험을 사용한다. 즉, 학생이 습득해야 하는 지식과 교사가 학교에서 가르쳐야 하는 지식에 영향을 주는 정책도구로 졸업시험을 사용하는 것이다. 이를테면 중앙집권적 기구가 학생이 특정 주제를 습득해야 한다고 결정하면 그 내용을 중등학교 졸업시험에 포함시키는 식이다. 이렇게 하면 졸업시험의 중요성을 고려할 때 대부분의 경우 학생은 그 내용을 익히기 위해 최선의 노력을 다하고 교사는 그 내용을 수업 때 확실하게 가르치려고 할 가능성이 크다.

이런 맥락에서 근본적으로 상이한 가정에 기반한 중앙집권적 교육체제의 중등학교 졸업시험과 비중앙집권적 교육체제의 중등학교 졸업시험 간의 차이를 구분해 보면 흥미롭다. 잭(Zack, 1982)의 주장에 의하면, 중앙집권적 체제에서는 가장 '뽑힐 만한' 이들, 즉 특별한 재능을 소유한 이들에게 기회를 제공해야 한다는 사회적 요구에 초점을 둔다. 반면 비중앙집권적 체제에서는 모든 사람이 고등교육으로 교육을 계속 받아야 한다는 신념 때문에 누군가를 뽑는 일이 훨씬 적게 나타난다. 전반적인 사회 · 정치적 체제가 누군가를 뽑는 것에 기초를 두고 있는 나라에서는 고등교육을 받을 수 있는 인구의 비율이 대체로 낮다.

서로 대립적인 이 두 체제를 중등학교 졸업시험의 기능적 측면에서 관찰해 보는 것은 흥미로운 일이다. 표 5.1은 두 체제의 전반적인 특성을 보여 주고, 표 5.2는 각 체제의 시험 사용이 드러내는 차이점을 여러 측면에서 보여준다.

표 5.1에서 보다시피 고등교육을 받는 학생의 비율은 중앙집권적 체제에서보다 비중앙집권적 체제에서 더 높다. 비중앙집권적 체제에

표 5.1 중앙집권적 교육체제와 비중앙집권적 교육체제의 전반적 특성

비중앙집권적	중앙집권적
고등교육을 받는 학생 비율이 높다 모두에게 기회가 있다	고등교육을 받는 학생 비율이 낮다
국가교육과정이 없다	국가교육과정이 있다
국가 차원의 졸업시험이 없다	국가 차원의 졸업시험이 있다
교사에 의한 형성평가/내부평가	총괄평가/예측평가
(사기업에 의한) 예측평가	총괄평가로 예측

표 5.2 비중앙집권적 체제와 중앙집권적 체제의 시험 사용

측면	비중앙집권적	중앙집권적
평가 기구의 수준	내부적	외부적
최종 점수의 구성	계속적	'한방에'
시험 내용	포괄적	주요 과목
시험을 보는 학생 비율	높음	낮음
시험의 목적	형성적/총괄적	총괄적/예측적
시험의 체제	유동적	고정적
심리측정학적 정확성	알려진 바 없음	낮음에서 높음까지

서는 대개 국가교육과정과 국가 차원의 중등학교 졸업시험이 없으며 중앙집권적 기구가 아닌 학교에서 교사에 의해 대부분의 평가가 시행되며 고등교육 기관에서 자체적으로 시험을 시행하는 경우도 종종 있다. 중앙집권적 체제에서는 국가교육과정과 그 교육과정에 대해 평가하는 시험이 있는 경우가 많고 엄격한 선발을 통해 소수의 학생만이 고등교육을 받게 된다. 국가 차원의 중등학교 졸업시험은 총괄평가, 예측평가의 목적으로 자주 사용되며 교육을 그만둬야 하는 학생과 고등교육을 허가할 학생을 선별하는 데 사용된다.

평가기구의 수준

이 측면은 시험에 포함될 문항을 결정하는 기구에 초점을 두며, 그 범위의 양 극단에는 외부기구와 내부기구가 있다. 외부기구 모형이라면 평가기구나 평가기관 혹은 교육부가 시험을 개발, 시행, 채점하는 경우이다. 반대쪽 모형에서는 학교, 심지어 단일 교사가 시험의 내용 개발, 시행, 채점 등을 주관한다. 외부기구와 내부기구라는 양 극단 사이에 다양한 결합이 나타나는 접점들이 있다. 이를테면 외부기구가 시험의 일부를 결정하고, 다른 일부는 교사에 의해 내부적으로 결정되며,

기타 기관을 두어 시험 내용과 채점 방식을 결정하는 경우도 있다. 어떤 평가기구를 택하고 있는지 살펴보면 해당 교육제도가 교사를 얼마나 믿고 그들에게 전문적 권한을 부여하는지 알 수 있다.

언어평가의 경우 비중앙집권적 체제에서는 대체로 교사에 의해 내부적으로 평가가 이뤄진다. 시험을 담당하는 중앙기구는 없다. 반면 중앙집권적 체제에서는 교육시킨 주요 언어에 관한 고부담시험(이를테면 중등학교 졸업시험)이 자주 시행되곤 한다. 이런 시험은 (전문위원단의 도움을 받는) 교육부에 의해, 혹은 연구기관에 고용된 해당 언어 분야의 담당자에 의해 개발되고, 시행되고, 채점된다. 하나의 중앙기구가 언어교육 분야에서는 숙련된 기술을 갖고 있으나 언어평가 측면에서는 전문적인 경험이나 훈련을 보유하지 못한 경우는 드물지 않다—국가시험을 만드는 일이 그들에게는 단지 하나의 업무내용에 불과할 뿐이다. 흥미롭게도 비중앙집권적 체제가 교육제도를 통제하기 위해 중등학교 졸업을 위한 외부시험을 도입하려고 노력하는 경우가 종종 있다. ACTFL(American Council on the Teaching of Foreign Languages: 전미외국어교육협회) 지침(ACTFL, 1986)과 구술능숙도 인터뷰인 OPI(Oral Proficiency Interview)의 개발은 외부시험의 한 예로, 그 목적은 미국 중등학교 졸업예정자의 외국어 학습 평가에 필요한 단일 척도를 제공하는 것이다(번스(Byrnes), 1987). 이러한 절차는 언어시험의 내용과 채점을 결정할 수 있는 외부기준으로 볼 수 있다. 이처럼 외부 평가기구가 수행하는 시험을 사용하면 시험 내용과 교육과정을 통제할 수단이 제공되지만 외부기구에 의한 국가시험이 없을 경우 시험을 통제장치로 사용하는 데 제한을 받는다.

최종 점수의 구성

최종 점수의 구성이란 측면은 외부시험의 점수가 일회적인 총괄평가로부터 얻어지는가, 아니면 장기간(일 년 혹은 그 이상)에 걸쳐 여러 번 치러지는 형성평가를 통해 얻어지는가의 문제와 관련이 있다. 여기서도 양극 간에 혼합이 이루어진다. 예를 들어 단순히 한 학년 혹은 그 이상에 걸쳐 여러 번 시행된 평가 결과를 바탕으로 최종 점수가 결정되는 경우가 있는가 하면, 중등학교 끝 무렵에 외부시험을 시행하는 동시에 한 학년 혹은 그 이상에 걸쳐 여러 번 수행되는 평가가 함께 진행되는 경우도 있다. 두 가지 방식으로 얻은 점수를 서로 합산한 다음에 최종 점수를 줄 수 있다. 최종 점수의 구성이란 측면은 선발기준과 밀접하게 관련되어 있으며, 강력한 선발체제는 단 하나의 최종시험에 큰 비중을 부여하는 경향을 갖게 된다. 계속적인 평가보다 이러한 단일 시험이 더욱 강력하고 객관적이라고 인식되는 경우가 많다. 학생을 알고 있는 교사가 객관적 판단을 할 수 없다는 이유로 계속적인 평가는 종종 주관적이라고 인식된다. 하지만 일부 교육체제에서는 외부시험 점수를 여러 해에 걸쳐 수행되는 계속적인 평가와 결합하고 있음에 주목해야 한다.

시험의 내용

시험의 내용적 측면은 평가할 교과목의 선택과 관련이 있다. 여러 과목 중에서 중앙집권적 체제가 다른 과목보다 중요하게 여기는 과목이 있고, 반대로 중요성이 떨어진다고 생각하는 과목이 있다. 중등학교 졸업시험과 같은 외부시험에 특정 과목을 포함시키는 과정을 살펴보면, 그 과목이 사회에서 중요하며 이런 과목을 평가하면 해당 과목의 지위가 향상되리라는 믿음이 내재되어 있다. 반면에 고부담시험에 특정 과목을 포함하지 않기로 결정한다면 그 과목이 사회적으로 중요하지 않다는 믿음이 깔려 있다. 때때로 어떤 과목은 고부담시험에 포함되기는 하지만 진학에 관한 결정을 내릴 때 그 점수가 간과되는 경우도 있다. 외국어를 평가하는 특수한 상황에서 특정 외국어를 사회적으로 중요하다고 여기는 국가는 대체로 그 외국어를 고부담시험의 일부로 포함시키는 경향이 있다. 영어를 평가하는 것이 바로 그런 경우이다. 세계적으로 가장 중요한 외국어 중 하나인 영어는 다른 외국어와 달리 국가시험에 포함되는 경우가 많다. 마찬가지로 중앙집권적 체제가 사회적 지위가 낮은 특정 과목의 지위를 향상시키고 싶은 상황이라면 그 과목은 중등학교 졸업시험에 포함될 것이다. 중앙집권적 체제는 체제에 권력과 지위를 부여할 만한 사회적 지위가 높은 과목을 평가하려는 경향이 있다.

시험을 보는 학생 비율

이 측면은 시험, 특히 중등학교 졸업시험이 선발을 목적으로 얼마나 사용되는가의 문제이다. 의무교육이 16세 혹은 그 이상으로 확대된 국가에서는 모든 학생에게 중등학교를 졸업할 자격을 주었으며, 고등교육을 계속 받을 학생을 결정하는 데 사용할 선발 장치가 필요하다. 반면 소수의 학생에게만 중등학교 입학 자격을 주는 국가에서는 중등학교 입학시험이 학생의 학업 지속 여부를 결정하기 위한 장치로 작동한다. 이런 상황에서는 시험이 실제로 치러지기도 전에 선발장치라는 시험의 '위협'을 맞닥뜨리는 경우가 잦아진다. 학교는 학생의 고부담시험 통과 가능성에 대한 평가를 토대로 학생을 합격시키거나 불합격시키기도 한다. 시험을 보는 학생의 비율이란 측면에서 고등교육에 대한 선발 기준으로 중등학교 졸업시험 같은 고부담시험이 사용되는 방식은 다양하다. 시험을 사용해 선발하는 체제가 있는가 하면, 반대로 중등학교 졸업시험에 거의 의존하지 않고 선발하는 체제가 있다. 강력한 민주주의 원칙을 지닌 국가에서는 상대적으로 많은 수의 학생을 중등학교에서 졸업시키고, 특정 종류의 중등학교용 외부시험을 사용하지 않기도 한다.

여러 유럽 국가에서는 16세와 18세에 시험을 시행한다. 결과가 나쁜 학생들(일부 국가에서 80퍼센트에 달하는 학생)은 학교를 그만둬야 하거나 직업교육을 받아야 한다. 학교 생활을 계속해도 되는 학생들은 흔히 중등학교를 졸업할 때쯤 또 다른 시험을 치러야 한다.

언어평가의 경우에서 보자면, 일반적으로 중등학교 졸업시험 중 영어에서 고득점을 받는 것이 중등학교를 졸업하고 고등교육기관에 입학하는 데 가장 중요한 기준 중 하나이다. 상황에 따라 영어시험이 단일 기준으로 작용하는 경우도 있다. 반대로 민주주의에 기초한 국가에서는 학생의 영어나 기타 외국어 점수가 학생들의 고등교육기관 입학 기회에 아무런 영향을 미치지 않기도 한다.

시험의 목적

이 측면은 시험의 특정 목적에 관한 것이다. 이를테면 시험이 *형성적*이냐 *총괄적*이냐 혹은 *예측적*이냐의 문제이다. 형성평가는 교실에서 학습 과정의 일부로서 계속 진행되는 평가를 말한다. 총괄평가의 목표는 학생들이 교과과정에 나온 내용을 얼마나 학습했는가를 평가하는 것이다. 예측평가는 수험자가 향후 대학이나 다른 상황에서 어떤 수행능력을 보여 줄지에 관한 미래적 정보를 제공한다.

언어평가 분야의 *성취도*와 *능숙도*라는 용어는 전반적으로 시험의 목적을 구분하기 위해 사용된다. 성취도란 특정 학습 과정에서 배운 것에 정통한지를 밝히며, 능숙도는 향후 구체적인 실생활 현장에서 적용할 수 있는 학생의 언어능력을 측정한다.

시험의 목적이라는 단면에서 시험 사용을 말하자면 중등학교 졸업시험 같은 고부담시험은 총괄적, 예측적 목적으로 성취도와 능숙도의 지표로 자주 사용된다. 반면에 비중앙집권적 체제에서는 중등학교 졸업시험이 대개 형성적, 총괄적 목적으로 학습과 교수과정 내에서 통합된 성취도를 측정하기 위한 일환으로 사용된다. 미국에서 ACTFL 능숙도 지침과 OPI를 채택한다는 사실은 형성평가가 총괄・예측평가로 바뀌고 성취도에서 능숙도 중심으로 평가의 경향이 변하고 있다는 것을 보여준다.

시험체제

이 측면은 시험체제가 고정적인지 유동적인지에 관한 것이다. 연속선상에서 한쪽에는 고정적 평가가 있다. 모든 수험자에게 유사한 시험체제가 주어진다는 뜻이다. 다른 한쪽에는 유동적 평가가 있다. 내부평가든 외부평가든 프로젝트, 자기평가, 비공식평가, 지식의 적용이 필요한 기타 절차를 허락하는 대안적 평가형식이다. 유동적 평가는 수험자가 받는 점수가 여러 종류의 수행에 기반을 두고 있으며, 단 한 번의 시험결과에 의존하지 않는다. 중앙집권적 체제에서는 평가가 고정적인 경우가 많다. 즉, 시험이 외부기구에 의해 시행된다. 비중앙집권적 체제에서는 다양한 선택이 가능한데, 내부평가가 행해지는 경우에 특히 그렇다.

심리측정적 정확성

이 측면은 고부담시험이 신뢰도, 타당도의 심리측정학적 기준에 부합되는 정도와 관련이 있다. 우선 수많은 사람을 대상으로 시행되며, '고부담' 으로 인식은 되지만, 심리측정학적 측면에서 정확성에 대한 근거가 없는 시험이 있다. 반대로 시험의 심리측정학적 특성에 관한 아무런 정보도, 그 시험의 사용과 그 시험이 수험자, 교수, 학습에 미치는 영향에 관한 어떤 후속조치도 없는 경우가 있다. 그렇다면 중앙집권이란 것이 반드시 양질의 시험을 보증하는 것은 아니다. 비중앙집권적 체제에서 시행되는 시험, 특히 교실에서 사용되는 시험도 심리측정학적 정확성에 관한 정보가 없다. 하지만 일반적으로 심리측정학적 정확성은 교사의 주요 관심사가 아니다.

시험을 통제 수단으로 사용하기

고등교육으로 진학하는 데 가장 적합한 학생을 선발하기 위해 시험이 도입되는 경우는 흔하다. 과거에는 이런 식의 선발이 인맥이나 재정상태 등을 보고 이뤄졌을지도 모르지만, 시험의 도입으로 모든 학생에게 고등교육기관에 선발될 기회를 부여함으로써 최고의 학생을 선발하는 기준이 좀 더 객관적으로 바뀌었다고 할 수 있다. 그러나 시험이 학생의 삶에 유해한 영향을 미쳤다는 사실(즉, 대다수 국가에서 사회적 성공이나 인생 전반의 성패를 좌우하는 고등교육의 기회를 통제하는 것)은 시험이 극도로 권력적인 도구가 되었음을 의미했다. 성공과 실패의 결정은 평가자의 손에 달려있다. 시험의 권력을 인식하게 되면, 시험이 특정 행동과 계획을 영속시키고 통제를 위한 훈육도구로 사용된다. 이는 시험결과가 학생의 삶에 그런 영향력을 행사한다는 사실을 정책결정자(여기서는 교육 관료)가 깨달으면서 시험의 권력을 사용해 그들이 중요하다고 여기는 지식을 학생들이 습득하도록 만든다는 뜻이다. 선발되기 위해서라면 학생들은 무슨 짓이든지 하려고 하고 고부담시험을 잘 보기 위해 무진 애를 쓸 것임을 정책결정자는 충분히 예상할 수 있다. 시험은 평가자가 인식한 대로 지식을 정의하는 도구가 되었다. 이런 사실을 통해 시험의 역할이 지식 측정을 위한 장치에서 지식을 부과하고 영속시키는 도구가 되었음을 알 수 있다. 평가자와 수험자 모두에게 시험은 목적을 위한 수단이다. 수험자에게 시험은 부차적

일 뿐이다. 단지 기회를 얻기 위한 방법이다. 마찬가지로 교육자에게 시험은 특정 지식의 습득을 강요하기 위한 방법이다. 학생들이 지식을 습득했는가는 부차적인 문제일 뿐 일차적 목표는 특정 지식을 교사가 가르치고 학생들이 공부하게 만드는 것이며 평가 행위 자체로 그런 행동을 확실히 영속시킬 수 있다. 그리하여 시험은 지식에 영향을 미치는 권력적인 도구가 된다.

이러한 상황은 교실에서 반복적으로 발생한다. 교사는 그곳에서 학생들이 특정 지식을 습득하지 못했다고 느낄 때 시험을 도입하기로 결정한다. 시험을 도입하는 것만으로도 학생들의 행동에 변화를 (즉, 학교나 집에서 공부를 하도록) 일으킬 수 있다.

학생들의 성취도가 못마땅한 교장은 학생들에게 학년 말 시험을 부과하거나, 국가 전체의 성취도 향상을 위해 나라에서 국가시험을 도입하기로 결정할 때도 위와 비슷한 현상이 발생한다. 사실 행동을 변화시키기 위해 이렇게 시험을 사용하는 경우는 여러 수준에서 매우 빈번히 발생한다. 이를테면 교사가 학생의 행동을, 교장이 교사의 행동을, 지역의 고위관료가 교장의 행동을, 그리고 국가 당국이 지역 고위관료의 행동을 변화시키기 위해 시험을 사용한다. 혹은 이러한 목적으로 각 나라들이 국제교육성취도평가협회(International Evaluation Association: IEA)와 같은 국제적 경쟁에 뛰어들지도 모른다. 이 모든 경우에서 시험을 도입하는 자는 시험결과 자체보다는 학습과 교수에 행동변화를 일으키는 데 관심을 두고 있다. 시험에 권력이 없었다면 애초에 시험이 도입되는 일이 없었을 것이다. 시험이 행동을 변화시키는 방법이 된다. 시험의 영향을 받는 이들이 시험을 두려워하고 중시하는 모습에서 드러나듯이, 시험이라는 권력은 행동 변화라는 거의 자동적인 반응을 보장한다.

의심할 여지 없이 시험이 수험자에게 유해할 가능성이 있을 때, 즉 시험이 수험자에게 유해한 영향을 거의 미치지 않는 '저부담' 상황과 달리 '고부담'이라 여길 수 있는 상황에서, 시험은 더욱 강력한 영향력을 행사한다. 시험이 실제로 유해한가는 문제가 아니다. 때로는 시험이 정말 유해하지만 수험자의 인식이 더 중요한 경우도 있다. 하지만 시험 사용 자체가 유해하든 의도적으로 유해하게 사용하든 간에 시험은 유해하다고 여겨진다. 뒤에서 살펴보겠지만 시험을 도입한 자의 의도가 사실 시험을 유해한 도구로 사용하려는 목적이 아닌 경우도 있다. 그렇지만 이런 의도가 완전히 통제되기는 어렵다. 왜냐하면 다른 기구가 시험을 유해한 목적으로 사용할 수 있기 때문이다.

특히 교육, 정치, 비즈니스의 의사결정자들은 시험이 지닌 강력한 권력을 인식했다. 그리고 그들은 시험결과에 좌우되는 이들의 미래의 행동에 영향을 주기 위해 시험을 사용하기 시작했다. 그 결과 현재 시험은 객관적으로, 민주적으로 선발의 목적으로 사용되기보다 권력과 통제를 행사하는 권위적이고 훈육적인 도구로 더 많이 사용된다.

결론

선발에 관한 의사결정을 위해 시험이 도입되면서 편파적인 기준으로 입학 기회를 부여했던 '생득' 사회로부터 모두에게 동등한 선발 기회가 있는 '성취' 사회로 변모할 기회가 생겼다. 하지만 모두가 평가를 받는다는 동등한 기회에도 불구하고 시험 개발자가 자신만의 지식을 입학 기준으로 사용함으로써 과학적이고 객관적인 시험의 사용은 이미 존재하는 차별을 영속시키는 방법으로 작동했다.

동시에 여러 사회, 특히 중앙집권적 사회의 시험(중등학교 졸업시험과 같은 고부담시험)의 일차적 역할은 지식의 측정에서 교육, 교과

내용, 학습, 교수에 관한 중앙기구의 통제로 바뀌었다. 중앙집권적 기구는 교육체제와 사회 전반에서 일어나는 일의 상당 부분을 통제하고 지시하기 위해서 고부담시험을 사용하였다. 하지만 시험의 사용은 교육체제에 따라 다양하다. 중앙집권적, 비중앙집권적 체제에서 시험은 각기 다른 방식으로 사용된다. 각 체제는 여러 요소를 사용하여 체제를 통제한다. 평가기구, 최종 점수의 구성, 시험의 내용, 평가받는 학생의 비율, 시험의 목적, 형식, 그리고 심리측정학적 정확성이 그 요소들이다.

6장

시험의 유혹

시험의 권력을 허락하는 내재적 특성들뿐 아니라 정책입안자가 정책을 수립할 때 시험을 사용하도록 유혹하는 특성도 이해할 필요가 있다. 이 장에서는 의사결정자가 시험을 통해 얻는 이득을 이해하기 위해 시험의 유혹에 관한 특성을 논의하겠다.

시험은 대중에 의해 권위적이라고 인식된다

정책입안을 위해 시험을 사용하면 강력한 권위가 생긴다. 대부분의 경우 시험에 영향을 받는 사람들은 시험의 요구에 맞춰 자신들의 행동을 바꾸곤 하기 때문이다. 중앙집권적 기구의 지지에 힘입어 시험이 일단 통제 수단이 되어 버리면 시험에 종속된 이들은 거의 반론을 제기하지 않는다. 시험결과를 최종적이고 절대적이라고 여겨서 의심하는 일이 거의 없는 탓이다. 3, 4장에서 살펴보았다시피 시험은 권력적 조직의 이름으로 시행되지만 수험자는 힘 없는 개인이라는 사실이 이런 현상의 주된 이유이다.

시험은 커트라인 점수를 유동적으로 바꿀 수 있게 한다

정책을 수행하는 사람들이 시험을 사용하게 되는 또 다른 이유는 다음과 같다. 시험 사용자는 임의로 커트라인 점수를 정할 수 있기 때문에 할당된 정원을 유동적으로 조절할 수 있다. 커트라인 점수는 시험에 합격하고, 어떤 프로그램에 들어가고, 자격증을 따거나, 입국 비자를 받는 인원수를 결정하는 데 근간이 되는 점수이다. 커트라인 점수가 낮다면 시험 합격자가 많다. 반면 커트라인 점수가 높다면 시험 합격자가 적지만 해당 시험에 따른 특권을 더욱 많이 부여받는다. 수년간 정확한 커트라인 점수를 정하기 위해 다양한 방법이 개발되기는 했지만 이 쟁점은 아직도 논의의 여지가 많으며 해결되지 않은 숙제로 남아 있다.

오히려 커트라인 점수는 권력층에 의해 '게이트키핑' 도구, 즉 부적격자를 막는 관문으로 사용될 때가 많다. 정치적 조종을 위해 커트라인 점수가 유동적으로 사용되는 방식에 대해서는 미국 매사추세츠주에서 시행되는 교원자격시험과 관련해 11장에서 살펴볼 예정이다. 이 사례를 보면 미국 교육위원회가 교원자격시험의 합격 등급을 올렸으며 그 결과 시험을 본 예비교사 중 60퍼센트가 불합격했다. 또한 커트라인 점수가 입국 허가를 받는 이민자 수를 결정하는 데 사용되는 경우도 있다. 8장에서 제시되는 또 다른 사례에 따르면, 한 해에 이상할 정도로 많은 학생이 독해에 어려움을 겪는다는 사실을 뒷받침하는 데 커트라인 점수가 사용되었다가 다른 해에는 커트라인 점수가 달라지면서 완전히 새로운 결론이 도출되기도 하였다. 따라서 정책입안에 시험을 사용할 때 커트라인 점수는 정책관리자에게 큰 유혹으로 다가온다.

시험은 통제와 지식을 새롭게 규정하는 데 효과적이다

의사결정자들이 시험을 사용하게 되는 또 다른 유혹은 다음과 같다. 시험을 통해 권력 혹은 어떤 특별한 권한을 가진 집단은 지식을 계속 통제하고 조종할 수 있다. 즉, 특정 내용과 주제를 시험에 포함시킴으로써 평가자는 자신의 인식이나 관점에 따라 특정 지식을 다시 규정하거나 새롭게 도입할 수 있다. 수험자가 시험이 요구하는 대로 평가자의 지식체제를 받아들이고 내재화시켜야 하기 때문에 이런 현상은 불가피할 수밖에 없다. 3장에서 지적했다시피 수험자는 점수를 극대화시키기 위해 그렇게 할 것이며, 그것이 바로 시험의 유해한 영향력이다. 시험 내용이 사실상의 교과과정이 되고 실제 교과과정보다 훨씬 더 중요해졌다는 사실을 8, 9, 10장에서 기술한 세 가지 연구를 통해 살펴볼 수 있다. 일반적으로 교육을 감당하는 기구는 시험 내용을 감독해오지 않았다. 셰퍼드(Shepard, 1991)는 시험문항의 내용을 결정하는 일이 어떻게 평가 전문가의 특권이 되고 교과목 전문가가 정의한 지식체제에는 모순되는지 보여 준다. 이렇듯 지식을 창조하고, 새롭게 정의하고, 또는 통제하기 위한 수단으로 시험을 사용하는 관행은 시험을 도입하는 자에게 매우 구미가 당기는 일이다.

프리드먼(Freedman, 1993)의 지적에 따르면, 시험은 교과과정을 통제할 수 있게 해 주는 몇 가지 수단 중 한 가지를 제공해 준다는 이유로 정책입안자들 사이에서 인기가 높다. 시험이 없다는 건 교사가 자유롭게 교과과정, 교육수단, 혹은 강의내용을 만들 수 있다는 뜻이다. 그러므로 교사의 지위가 낮은 상황에서 정책입안자가 교실 수업을 통제하고 교실 안팎에서 교사가 무엇을 가르치고 학생이 무엇을 배울지 지시하려는 목적으로 시험을 사용하기로 결정하는 것은 놀라운 일이 아니다.

시험을 통한 지식 통제는 정치적 · 정책적 상황에서도 보편적이다. 11장에 기술된 두 가지 사례(라트비아와 호주)를 보면 지원자가 습득해야 하는 언어를 지시하고 통제하는 데 시험이 사용된다. 메사추세츠 교원자격시험의 사례를 보더라도 시험은 예비교사가 알아야 하는 지식을 정의하고 통제했음을 알 수 있다.

시험은 대중, 특히 부모에게 강한 호소력을 지닌다

시험의 도입은 대중에게도 호소하는 바가 크다. 교육처럼 대중이 통제하지 못한다고 느끼는 분야에서 시험의 도입은 사회적 질서를 상징적으로 보여주기 때문이다. 정부가 시험을 사용하면 대중은 정부가 교육에 대해 진지하고 유의미한 태도를 갖고 그에 따른 조치를 취하는 것이라고 해석한다.

하우스(House, 1998)에 의하면, 미국에서 양 정당 모두 계속해서 시험을 채택하였다. 그가 주장하기를, 이런 개혁을 움직이는 것은 바로 정치이며 평가 전문가가 실현 가능성이 없는 부분에 대해 반론을 제기하여도 그 의견은 쉽게 무시된다. 또한 그는 국가시험을 도입해야 한다는 클린턴 전 미국대통령의 제안에 반대한 공화당의 노력이 시험 도입의 반대를 성사시킨 몇 안 되는 사례 중 하나라고 말한다. 그러나 이 사례는 교육과 관계없는 정치적 요소들로 설명할 수도 있다. 즉, 공화당은 클린턴 대통령의 교육 정책과 기타 정책에 반대한 것이며 이를 반드시 시험 도입에 대한 반대라고 하기는 어렵다.

부르디외(Bourdieu, 1991)가 지적한 바 있고 15장에서도 충분히 논하겠지만, 시험은 종종 특정 사회집단의 요구에 부응하여 그들의 권력과 지배를 영속시키는 역할을 하며, 그로부터 이의가 제기되는 경우도 드물다. 시험은 교육적이라고 인식되고 사회적 질서를 상징하면서 부모로부터 폭넓은 지지를 받는다. 학교나 교사를 못 믿곤 하는 부모에게 시험은 통제와 질서라는 안도감을 제공한다. 자신들이 성장하는 동안 끊임없이 시험에 노출되었던 부모들에게 시험이라는 제도는 아주 친숙하다. 시험은 통제와 규율을 상징하고 효과적인 학습의 지표로 인식된다. 평가를 통해 교육기준을 높이는 일이 중산층의 지지를 받는 경우를 쉽게 볼 수 있는데, 그 이유는 자녀가 더 좋은 직업을 구할 수도 있으면서, 소수자의 접근을 제한할 수도 있는 제도이기 때문이다(하우스, 1998). 역설적인 것은 사회적 하위계층에 속하는 부모들, 소수자나 이민자들이 시험에 의해 끊임없이 배척되면서도, 여전히 시험을 중시하고 시험 폐지를 반대하는 경우가 많다는 점이다.

시험은 '객관적인 증거'를 제시하는 데 유용하다

시험이 권위 있고 믿음직스럽다고 생각하는 대중 탓에 시험결과는 어떤 논의에서든지 근거 자료의 역할을 한다. 평가자와 수험자 간의 상호작용은 평가 과정에서 평가자가 중립적이고 비참여적인 역할을 하며 시험결과가 증거 자료를 제공한다는 가정에 기반을 두고 있다. '*시험결과* 당신은 불합격입니다' 또는 '*시험결과* 당신은 열심히 공부하지 않았습니다'라는 식으로 언급되는 경우가 자주 있다. 이러한 보고는 학습이 진행된 증거물을 제시해야 하는 부담감을 시험결과에 전가시킬 뿐, 평가자는 모든 종류의 책임에서 벗어나 중립적인 관찰자로 남게 한다.

푸코(Foucault, 1979)에 의하면, 평가자가 시험을 '객관적이면서 교육에는 개입하지 않는' 메신저로 만든 것은 20세기가 되고 난 이후이다. 과거에는 평가자가 수험자를 직접 대면하고 평가 판정에 대한 책임을 분담했다. 마찬가지로 맥킨타이어(MacIntyre, 1984)는 관료들이 수단을 목적에 부합하도록 조정하며, 자신들의 주장을 입증하는 데는 도움이 되는 보편적 · 준합법적 개념으로 구성된 과학적 지식을 사용한다고 주장한다.

시험을 증거로 사용하는 경우는 교실에서도 발생한다. 학생들이 그릇된 행동을 할 때 교사가 시험을 실시하는 것이 보통인데 그런 시험에서 '낮은' 점수가 나오면 이는 성취도를 떨어뜨리는 '나쁜 행동'에 대한 증거로 사용된다. 유동적인 커트라인 점수는 평가자인 교사가 시험을 이용해 유용한 증거를 제시할 때 사용된다.

11장에 의사소통 지식보다는 문법이 입학시험에 포함되는 이유가 설명된다. 간단하게 설명하면, 다년간 외국어를 공부한 학생이지만 그들의 언어능력이 여전히 부족하다는 것을 확인하고, 초급 수준의 수업에 다시 등록해야 한다는 것을 입증하기 위해 문법시험이 사용되었다.

시험은 비용 면에서 효과적인 정책입안을 가능하게 한다

시험을 훈육도구로 사용하면 비용 면에서 효과적인 정책입안이 가능해진다. 교사교육, 새로운 교육과정이나 교재 개발을 통한 교육개혁에 비해 시험을 바꾸는 것이 훨씬 값싼 투자이다.

하우스(1998)는 다음의 예를 들어 설명했다. 교육부에 기금도 없고 리더십을 보여 줄 역량도 충분하지 않은 상황에서 클린턴 정부는 국가 차원의 새로운 교육개혁안을 내놓기 어려웠다. 바로 그 시점에 교육개혁의 주요 전략은 표준평가 발의안에 의존했고 이는 클린턴 행정부의 핵심전략이 되었다.

자금 마련은 긴 과정이 요구되며, 관료가 재직하는 짧은 기간 동안 성과를 내는 것이 어렵다. 반면에 시험은 정책입안자에게 짧은 시간에도 정책을 만들 수 있는 기회를 제공한다. 10장에 나오는 영어구술시험에서 이스라엘 교육부는 시험이 본격적으로 시행되기 일 년 전에 개정 졸업시험의 내용을 공표했다. 그 결과 10개월(개정 시험 시행을 공표한 시기로부터 시행되기까지의 기간) 이내에 새로운 내용이 학교와 교실의 교육과정에 포함되었다.

시험은 평가권 소유자들에게 가시적인 성과를 제공한다

정책을 만드는 사람들이 시험 사용에 미혹되는 또 다른 이유는 새로운 시험을 도입하면 가시적인 성과를 얻을 수 있다고 관료나 일반 대중이 인식하고 있기 때문이다. 시험 도입은 다른 정책입안 방식보다 훨씬 큰 이점을 관료들에게 안겨 준다. 11장에서 논의할 아랍어시험이 바로 그런 경우이다. 이스라엘의 아랍어 담당 교육관리는 새로운 시험 도입이 아랍어 성취도나 아랍어의 지위 향상에 대한 자신의 기대와 의도를 충족시키지 못한다는 사실을 알면서도, 아랍어시험을 계속 시행하려는 의지가 확고했다. 아랍어시험을 시행해야 그에게 눈에 보이는 결과물과 자신의 의사결정에 대한 증거물을 제공해 주기 때문이다. 일부 교사들이 시험을 '교수' 전략으로 남용하는 교실에서도 비슷한 예를 관찰할 수 있다.

결론

시험은 의사결정자들을 유혹한다. 시험에는 권위를 영속시키고 통제를 강화하는 힘이 있다. 시험은 대중, 특히 시험을 규율과 질적으로 우수한 교육의 표시로 인식하는 부모에게 호소력을 지닌다. 또한 시험은 지식을 다시 규정할 수 있다고 의사결정자를 유혹한다. 이는 특히 커트라인 점수를 마음대로 조절할 수 있는 시험의 특성 때문에 가능하다. 시험은 의사결정자에게 비용 면에서 효과적이고 효율적인 정책입안장치를 제공할 수 있다. 정치적 시각에서 보면 시험은 정책입안자에게 결정의 증거물과 가시적인 성과를 부여할 수 있다. 이렇게 매력적인 이점이 많은 탓에 정책입안자는 시험을 사용하고 싶은 유혹을 자주 받는다. 대중은 대체로 시험 사용에 반대하거나 이의를 제기하지 않기 때문에 이러한 유혹은 더욱 강화된다. 시험은 해당 분야의 전문가만이 의견을 피력할 수 있는 영역으로 여겨진다. 따라서 시험 개발과 시행의 결과에 대한 어떠한 고찰도 없고, 어떠한 감독도 받지 않은 채 시험은 사용되고 있다.

제2부

시험의 사용: 연구와 사례

7장

연구 영역

시험의 사용에 관한 연구는 두 가지 단면에 집중했다. 바로 *의도*와 *효과*이다. 의도라 함은 의사결정자가 시험을 도입하고 사용하는 근본적 이유, 목적, 기대를 뜻한다. 효과는 시험 사용의 후험적(post-priori) 결과로서, 시험의 영향력 안에 있는 교육 및 기타 분야에서 볼 수 있는 시험의 결과를 의미한다. 의도와 효과에서 주목할 점은 바로 두 단면 간의 관계이다. 시험을 사용하는 의도가 실제로 현장에서 구현되는지, 아니면 시험이 본래 의도와 관계없는 효과나 결과로 이어지는지의 문제를 여기서 살펴보기로 한다.

의도

의도란 시험, 특히 개인에게 유해한 영향을 미치기 쉬운 '고부담(high-stake)' 시험을 도입할 때 정책입안자가 갖는 목적, 목표, 기대를 말한다.

시험을 도입하는 근본적 이유, 의도, 기대를 체계적으로 고찰한 연구는 많지 않다. 의도에 관한 공적인 논의가 충분히 이루어진 적이 거의 없는 만큼 의도에 관한 자료를 구하기란 쉽지 않다. 그렇다면 의도는 *명백한* 의도와 *은밀한* 의도로 나눠볼 수 있다. 명백한 의도란 시험을 도입하는 기구에 의해 발표된 공문서를 통해 대중에게 명시적으로 알려진 계획이다. 여기서 시험을 도입한 기구란 (교실 시험을 시행하는) 교사, (학교 단위의 시험을 도입하는) 교장, 또는 (지역 단위의 시험을 도입하는) 교육부 관료이거나 이민부, 경제부, 노동부, 상무부 같은 다른 기관일 수도 있다. 은밀한 의도란 대중에게 알려져 있지 않기 때문에 다른 정보를 통해서 추측하고 추론할 수밖에 없는 의도이다. 명시적이지 않은 의도가 존재하는 이유는 시험을 도입하는 의도가 시험의 도입과 무관한 곳에서 어떤 개입이나 차별의 표시로 해석될 여지가 있기 때문이다.

*의도한 것*와 *의도하지 않은 것* 또한 구분할 필요가 있다. 명백한 의도든지 은밀한 의도든지 간에, 시험을 도입한 기구가 의도하지 않은 결과가 발생할 수 있다. 즉, 의사결정자가 계획하지 않은 결과가 본래 의도와는 관계없이 일어나는 경우가 있는 것이다.

효과

시험을 도입하는 의도에 관한 지식은 극히 제한적인 수준이지만 시험의 효과에 관해서는 많이 연구되었으며 그에 따른 지식의 폭도 빠른 속도로 확장되고 있다. 시험 사용의 효과와 관련해 *교육적* 효과와 *사회적* 효과를 구분하곤 한다. 전자는 시험을 도입함으로써 교과과정, 교수법, 학습전략, 교재, 평가, 혹은 평가되는 지식 등의 영역에서 발생하는 변화를 말한다. 반면 사회적 효과는 게이트키핑 기능, 이데올로기, 윤리성, 도덕성, 공정성 등의 측면에 시험이 미치는 영향을 말한다.

메식(Messick, 1981, 1989, 1996)은 최초로 시험의 영향력에 대한 관심을 촉구했다. 넓은 시각에서 보면 시험에 따른 결과가 통합적인 타당도 개념에 포함되어야 한다고 그는 주장했다. 왜냐하면 사회적 가치가 시험 점수의 의미에 기인하는 시험의 해석과 사용의 의도적 · 비의도적 결과에 대해 중요한 몫을 담당하기 때문이다. 그에 따르면 시험의 사회적 결과에 관한 가치 판단은 구인타당도(construct validity)의 한 단면으로 포함되어야 한다(1996: 251).

시험의 효과에 대한 관심은 다양하게 드러난다. 그중 하나가 용어와 관련된 것이며 효과의 유형과 이에 영향을 미치는 요소를 고찰한 연구를 통해서도 나타난다.

용어

시험의 효과를 가리키는 용어는 적어도 네 가지가 있다. *역류효과*(washback), *영향*(impact), *결과*(consequences), *효과*(effect)가 그것이다. 이 용어들은 시험의 결과로서 나타나는 행동변화 현상을 언급할 때 사용되며 서로 같은 의미로 쓰이는 경우도 많다. 효과는 역류효과, 영향, 결과를 포괄하는 의미로 사용된다. 역류효과와 영향은 햄프-라이언(Hamp-Lyons, 1997)이 구분했다. 그녀에 의하면 역류효과는 시험도입이 교육에 미치는 효과만을 뜻하고, 영향은 역류효과보다 넓은 뜻으로 사용되어 시험도입이 교육과 사회 전반에 미치는 효과를 의미한다. 앨더슨(Alderson)과 월(Wall, 1993)은 역류효과(washback 또는 backwash)를 시험 때문에 교사와 학생이 평소와 다른 행동을 하는 현상이라고 정의한다. 자연스럽게 그들이 정의한 역류효과는 영향의 개념을 포함한다.

메식(1996: 251)은 '통합적인 타당도 논의에서의 역류효과 증거로 구인타당도의 결과적 측면' 을 주장한다. 메식의 통합적 타당도 개념은 역류효과에 담긴 협의의 효과와 '시험이 초래하는 의도적 · 비의도적 결과를 사정하기 위한 근거와 근본적 이유 …… 해석과 사용 …… 시험 사용의 비공정성, 교수와 학습에 대한 긍정적 · 부정적 역류효과' 등을 포함하는 '영향' 이라는 광의의 효과 사이에서 교량 역할을 하는 것으로 보인다.

'결과' 라는 용어는 메식에 의해 일반적으로 사용되어 세 가지 용어를 모두 포괄하지만 이데올로기적 가치에 좀 더 중점을 둔 편이다. 8장에서 시험의 사회적 영향을 논의할 때도 이와 같은 의미에서 '결과' 란 용어가 사용된다. 역류효과는 타당도를 사정할 때 고려되는 유일한 결과 중심 평가이며, 결과를 평가한다는 건 *결과타당도*(consequential validity)로 이어지는 구인타당도의 한 측면이라고 지적한다. 결과는 시험점수 해석과 사용이 초래하는 장 · 단기적, 의도적 · 비의도적 결과를 평가하기 위한 근거, 근본 원칙, '그리고 시험 사용의 비공정성과 교수와 학습에 미치는 긍정적 · 부정적인 역류효과' 를 모두 포함한다(메식, 1996: 251). 추가적으로 학습과 교수(instruction) 간의 연관성을 말하는 '체제타당도(systemic validity)' (프레드릭슨(Fredriksen)과 콜린스(Collins), 1989)라는 용어가 있다. 체제타당도는 학습과 교수 체계의 일부인 기타 변인과 함께 교육체제로의 시험 도입과 관련이 있다. 시험이 교육체제에 도입되는 상황에서 시험은 시험으로부터 얻은 피드백에 따라 교육체제에 변화가 일어나는 역동적인 과정의 일부가 된다. 시험이 학습에 미치는 영향과 관련된 유사 용어에는 시험이 학습의 동인(drive)이 됨을 뜻하는 *측정주도교수*(measurement driven instruction)와 시험결과에 따라 교육과정이 수정된다는 뜻의 *교육과정조절*(curriculum alignment)이 있다.

영향의 유형

영향의 유형을 다룰 때, 시험의 영향에 대한 책임이 누구에게 있으며 그 영향의 특성이 무엇인가에 중점을 둔다. 시험의 영향에 대한 책임이 시험개발자에게 있는 것만이 아니라고 여기는 입장도 있다. 햄프-라이언(1997: 298)은 시험개발자뿐만 아니라 어떤 평가를 지원할지 정책을 입안하고 재정적 결정을 내리는 평가기관도 영향력을 갖고 있다고 주장한다. 학생들의 진척상황과 부가가치적 교육 효과를 설명해야 하는 압력을 못 이기는 지역 학군이나 학교 위원회, 교육부, 정부뿐만 아니라, 교과서 출판사도 아이들이 '확실히' 시험에 대비할 수 있도록 교사와 학부모가 구입하는 교과서에 대해 재정적 결정을 내린다(이 문제에 대해서는 '누가 평가자인가'를 논의하는 18장에서 다시 다루겠다).

시험의 영향에 관한 연구는 대부분 한 가지 유형, 즉 역류효과에 집중되어 왔다. 반면에 시험이 사회에 미치는 영향에 관한 연구는 많지 않다. 앨더슨과 월(1993: 115-29)은 연구할 필요가 있다고 여겨지는 다양한 역류효과에 관한 가설을 제시한다. 그들의 가설에 따르면 시험은 교수와 학습에 영향을 줄 수 있다. 즉, 교사가 무엇을 어떻게 가르치고 학습자가 무엇을 어떻게 학습할 것인가, 학습 속도와 순서, 그리고 교수 및 학습의 내용과 방법에 대한 태도 등에 영향을 줄 수 있다. 나아가 그들은 '역류효과 가설에 따라 시험이 얼마나 직접적으로 교수와 학습에 변화를 가져오는가?'(1993: 18)라는 질문을 던짐으로써 시험이 교수와 학습에 영향을 준다는 생각에 대해 논의를 시도한다. 대부분의 사회에서 시험은 변화를 유도한다고 보기 때문에 이런저런 특성을 지닌 시험에 관한 연구만으로 충분하다는 단순한 가정도 있다. 그러나 이러한 가정은 교사의 능력, 시험의 기본 원칙, 학교 체제 안에서의 자원 수준과 같이 가르치는 활동에 영향을 주는 여러 요소를 크게 고려하지 않는다. 앨더슨과 월은 교수내용과 교수법을 구분하고 또한 교수와 학습을 구분함으로써 기초적인 역류효과 가설을 정교하게 다듬을 것을 제안한다. 또한 그들은 교수와 학습에 미치는 시험의 영향뿐만 아니라 태도, 교재와 노력에 대한 영향도 고려해야 하며 역류효과를 이해하기 위해서 성격, 시험 성적에 따른 결과, 그 결과에 대한 학습자의 인식을 고려할 필요가 있다고 강조한다.

역류효과의 특성에 관한 쟁점은 대체로 역류효과가 좋은가 나쁜가, 긍정적인가 부정적인가의 여부에 초점을 맞춘다. 앨더슨과 월은 '좋은' 시험(즉, 교수요목의 목표와 내용과 방법을 반영하는 시험)이라면 긍정적인 역류효과가 일어날 것이며 '나쁜' 시험이라면 부정적인 역류효과가 발생할 것이라고 주장한다. 그러나 다른 연구자들(예를 들어 퍼먼(Ferman, 1998))은 학습자와 교사에게 학습활동의 증진과 같은 '좋은' 결과가 생긴다면 '좋지 않은' 시험일지라도 '좋은' 영향력을 미칠 가능성이 있다는 사실 또한 역류효과 가설에 담겨 있다고 주장한다. 마찬가지로 좋은 시험이 부정적인 결과를 초래할 수 있다. 학습활동과 학습의도를 증진시켜 교사와 학습자가 교수와 학습에 더욱 매진하게 된다면 시험이 좋든지 나쁘든지 유익한 역류효과가 나타날 것이다. 하지만 시험 때문에 교육과정, 교사, 학생이 제약을 받고 교수와 학습이 기계적으로 이루어지거나 지루해지고 약화되기 때문에 좋은 시험 같은 것은 아예 없다고 주장하는 이들도 있다(옥센함(Oxenham), 1984).

스폴스키(Spolsky, 1995: 56)는 시험이 반복되면 교육의 과정이 필연적으로 협소해진다고 주장한다.

> 시험 내용이 한번 알려지고 나면, 대체로 그 내용은 어떤 지식을 습득하고 어떻게 행동해야 보상을 받는지(혹은 처벌을 피할 수 있

는지) 알려주는 정확하고 구체적인 목록이 된다. 이성적인 교사라면 당연히 학생들이 시험에 나올 문항에 공부를 집중하게끔 유도할 것이다. 또한 똑똑한 학생이라면 오직 시험에 나올 내용을 공부하는 데 시간을 할애할 것이다. 그리하여 가장 직접적인 이해당사자인 교사와 학생이 아니라 시험 자체가 가르치고 배우는 과정을 관리하게 된다.

영향에 대한 연구

언어시험의 효과, 영향, 결과를 다룬 연구는 대개 지난 십 년간 이루어졌으며 새로 도입된 시험에 대한 사례 연구가 주를 이루었다(셰퍼드(Shepard), 1991; 스미스(Smith), 1991). 시험의 영향을 다룬 연구를 수행하기란 쉽지 않다고 여겨진다. 왜냐하면 비교할 기준이 없는 경우가 많고 관찰 시간이 오래 걸리며 연구자의 조사 영역 밖에서 그 영향이 발생할 가능성이 있어서 연구자의 눈에 잘 띄지 않는 탓이다.

연구결과는 주로 영향에 관한 복잡한 현실을 말해주고 있으며 고부담시험의 경우는 특히 더 복잡하다. 앨더슨과 햄프-라이언(1996)의 연구에 따르면, 토플을 준비하지 않는 학급과 비교했을 때 동일한 교사가 가르치는 토플 준비 학급에 미치는 시험의 영향은 역류효과이론을 통해 예상할 수 있는 것보다 더욱 복잡했다. 일본의 영어교육에 대학입학시험이 끼친 영향을 연구한 와타나베(Watanabe, 1996)도 영향의 단면은 복잡하다고 말했다. 월(1996), 앨더슨과 월(1998)은 스리랑카의 전통적인 교육체제에서 진행된 진보적인 시험개혁의 역류효과에 영향을 끼치는 다양한 요소를 분석했다. 마찬가지로 쳉(Cheng, 1998)은 새롭게 도입된 홍콩의 영어시험이 가져온 효과를 연구했다. 이 시험의 도입으로 교수 '내용(what)' 은 성공적으로 바뀌었지만 '방법(how)' 을 바꾸는 것은 제한적이었고 결국 피상적인 변화로 그쳤다는 점을 연구를 통해 발견했다. 언어시험이 교육내용에 미치는 영향에 관한 연구로는 피어스(Peirce)와 슈타인(Stein, 1995)의 연구가 있다. 그들은 학생과 평가자 사이의 사회적 권력관계가 변함에 따라 시험이 독해 지문 해석에 어떤 영향을 끼쳤는지 알아보았다. 시험의 상황에서 힘이 없는 위치에 있는 학생들은 시험 치르기를 거부할 수 없고, 자신의 생각과 다르더라도 시험 출제자가 의도한 정답을 찾아야 했던 것을 발견했다.

소수집단인 이민자 학생과 학교에서 성별이 다른 학생에게 시험이 어떤 영향력을 미치는지 알아보려면 시험문항이 특정집단에 따라 다르게 작동하는 방식에 관심을 가져야 한다. 특정집단에 편파적인 문항을 식별하기 위해 차별문항기능(differential item function)을 포함한 다양한 측정기법이 개발되었다. 그러나 이러한 방법 중 일부는 불충분하다는 비판을 받아왔다. 예를 들어, 엘더(Elder, 1997)는 집단 간 비교를 위한 기준점을 선택할 때 그러한 측정기법이 가치의 문제를 어떻게 다루고 있는지를 주목했다. 편파성은 시험구인을 어떻게 정의하느냐에 달려 있는데 정치적인 판단을 할 때도 많기 때문이다.

8~10장에 제시된 세 가지 연구(쇼하미, 1993, 1994, 1997, 1998 자료 참조)와 11장에 제시된 사례는 시험을 사용하는 의도와 시험의 효과 및 결과에 대한 경험적 자료와 관찰결과를 제공한다. 시험의 권력과 유해한 힘을 고려하여 시험을 도입하는 의도가 무엇인지, 왜 시험을 사용하고자 하는지, 교육과 사회에 어떤 효과가 있는지를 알아보고자 한다.

8장

독해시험

사회적 맥락

여러 국가, 특히 중앙집권적 교육체제를 갖춘 국가(중앙집권적 교육체제와 비중앙집권적 교육체제에서의 시험 사용을 구분하기 위해 5장을 참조)에서 교육체제를 감시하고 통제하기 위해 시험이 사용된다. 미국 학업 성취도 시험(National Achievement of Educational Performance: NAEP)은 특정 교육영역에 대한 국가적인 수준을 평가하는 데 사용된다. 이런 종류의 국가시험 외에 국제 성취도 시험도 있으며 이를 통해 참여국은 자국 학생들의 수행능력을 평가할 뿐만 아니라 다른 나라와 성취도를 비교하는 데도 열성적이다. 많은 선진국에서 이와 같은 국가시험이나 국제시험을 흔히 찾아볼 수 있지만(국제교육성취도평가협회(IEA)는 약 50개국을 대표한다), 이런 시험을 사용하는 근본적 이유, 즉 국가가 왜 이런 시험을 시행하기로 결정했는가를 고찰한 연구는 거의 없다. 그렇기 때문에 시험이 도입되는 이유, 시험결과의 사용, 시험결과가 교육과 사회에 미치는 영향에 대한 질문을 해보아야 한다. 이 장에서 논의할 독해시험은 여러 국가에서 성취도를 관찰하기 위해 정기적으로 시행하는 시험의 전형적인 예이다. 이런 유형의 시험은 특히 국가 교육과정과 국가시험이 있는 중앙집권적 교육체계를 갖춘 국가에서 사용된다. 여기에 제시된 연구는 구체적으로 이런 유형의 시험의 사용이 지닌 양상에 대해 고찰한다(쇼하미(Shohamy), 1993, 1994, 1997, 1998). 독해시험은 국가시험으로서 독해력에 대한 국가 성취수준을 평가하고 관찰하는 데 있다. 이 연구는 독해시험을 사용하는 의도와 이 시험의 장 · 단기적 효과를 면밀히 관찰한다. 독해시험이라는 대규모 평가를 시행함으로써 시험을 도입하는 측의 의도를 크게 넘어서는 효과가 발생했다.

배경

1993년 한 국가의 교육부가 초등학교 4 · 5학년 학생의 독해수준을 측정하기 위해 국가시험을 시행하기로 결정했다. 이 시험은 6,000명의 외부 시험감독관을 고용하여 1,600개 학교의 6,000개 교실에서 160,000명의 학생을 대상으로 시행되었다. 시험 내용을 보면 짧은 지문에 대한 질문이나 어휘 문제로 시험이 구성되어 있다. 총 60문항으로 이루어져 있고, 그중 15문항은 아주 기본적인 독해 수준을 요구한다고(그 15문항 중 두 문제를 틀릴 경우 시험에 불합격) 정했으며 나머지 문항은 맞힌 정답 수에 따라 점수가 매겨졌다.

독해시험의 시행에 대해 대중매체는 큰 관심을 보였으며 교사들은 강한 반감을 드러냈다. 시험결과는 특별기자회담에서 발표되었는데 그 내용에 따르면 응시생 중 33퍼센트가 시험에 불합격했다. 전국방송에서 전국 지도가 펼쳐지고 불합격한 학생이 많은 지역과 도시가 언급되었다. 독해시험은 주요 뉴스거리로 이 시험에 대한 신문기사가 거의

500편이나 되며 대체로 정치 · 사회 · 경제 · 교육적 차원에서 예상되는 시험의 영향이 집중적으로 다뤄졌다. 이 시험은 대중의 거센 비판으로 시행한 지 2년 만에 중단되었으며, 1998년에 전문평가기관이 주도하는 새로운 독해시험이 개발되었다.

의도

시험을 시행하기에 앞서 교육부는 독해시험을 도입하는 의도와 근본적 이유를 담은 서한을 학부모에게 전달했다. 그 내용은 다음과 같다.

> 친애하는 학부모님께
>
> 교육문화부는 전 학생을 대상으로 수학과 독해시험을 시행하려고 합니다. 시험결과를 통해 저희는 이 중요한 과목에 대한 학생들의 성취 수준을 파악할 수 있을 것입니다. 또한 학교는 내년도 업무를 계획하는 데 도움을 받을 수 있을 것입니다. 저희 교육문화부는 오직 교육적 목적, 후속 조치, 연구, 정책 수립을 위해서만 시험결과를 사용하겠습니다. 결과에 관한 자료는 사생활 보호법(1981)에 따라 기밀에 부치고 교육부 데이터베이스에 보관될 것입니다. 자세한 시험결과는 내년 학년도가 시작된 후 각 학교에 전달될 것입니다.

이 편지는 독해시험이 교육적이고, 유용하고, 건설적이고, 교육적이라고 묘사한다. 또한 시험결과가 오용될 수 있다는 우려와 관련해서 기밀성을 보장하고 있다. 그러나 이제부터 살펴보겠지만 의도가 아무리 좋더라도 시험은, 특히 고부담시험은 효과와 결과를 예상하기가 어렵다. 왜냐하면 시험의 영향을 받는 사람들의 행동에 시험이 강력한 영향력을 행사하기 때문이다. 시험은 여러 부분에 영향을 미치기 때문에 중립적이지 않다.

교육에 미친 효과

교사 인터뷰, 시험결과의 배포 후 제작된 교재 분석을 통해 독해시험이 교육체제에 미친 효과를 고찰하였다.

교재와 워크숍

독해시험에 자극을 받은 교사와 지역 책임자는 독해를 가르치기 위해 상당한 분량의 교재를 새롭게 제작했다. 교재에는 연습문제집이나 교과서가 포함되었다. 책과 학습참고서가 약 30권 정도 출간되었으며 교육 책임자는 모의 연습문제를 개발했다. 이중 대부분은 시험과 동일한 유형이었다. 즉, 독해 지문에 선다형 문제가 따라오는 방식을 채택했는데 이는 교육과정의 내용과 매우 달랐다. 또한 독해 교수법에 관한 워크숍이 전국적으로 개최되었고 교사의 참석을 요구했다.

가르치는 것과 수업시간의 할당

독해시험은 수업시간 할당에도 영향을 미쳐 수업 중 상당 부분이 독해수업으로 전환되었고 결국 독해과목에 할당된 시간이 실질적으로 증가하였다. 이 부분은 주목할 만한 변화이다. 이전까지는 독해를 가르치기 위해 따로 할당된 시간이 있었다기보다 다른 교과목 내에서 독해를 가르쳤다. 그러나 이제는 지리나 역사와 같은 수업이 독해수업으로 바뀌었다. 독해수업은 완전히 '시험 대비 활동'으로 진행되었다. 이전까지 폭넓은 시각으로 문해력(literacy)을 이해했던 교사들이 오직 시험에 출제되는 방식대로만 독해를 가르치게 되었다. 이와 동시에 교사들은 독해를 가르치기 위해 구체적으로 어떤 교수법과 전략을 사용해야 할지 모르겠다고 말했다.

시험점수의 해석

시험점수의 의미와 해석에 대한 어떤 지침도 제공되지 않았기 때문에 시험결과가 오용되는 경우가 많았다. 교장과 학부모는 학생의 불합격을 교사 탓으로 돌렸다. 예를 들면, 교장이 학생들에게 적합하다고 추천한 방법과 다른 교수법을 사용한 어떤 교사가 불합격의 핑계가 되었다. 그 교사는 가르친 학생들의 불합격 이유가 자신이 사용한 교수법과 무관하며 교실에 새롭게 이민 온 학생과 장애학생이 각각 다섯 명씩 있었기 때문이라고 주장했다. 그렇지만 교장은 시험결과를 이용하여 그녀가 잘못된 교수법을 사용했다고 비난했으며 결국 해당 교사에게서 이듬해에 그 학급을 가르칠 자격을 박탈하였다. 반면에 시험에서 좋은 결과를 얻게 한 교사는 보상과 칭찬을 받았다.

교사의 태도

전반적으로 교장을 비롯한 교육행정가들이 독해시험의 도입을 유용하게 여기는 반면 교사들은 불필요한 시험이라고 생각했다. 일부 교사는 시험이 모욕적이고 불공정하며 시험결과가 단지 학생에 대해 이미 아는 바를 확인시켜 줄 뿐이라고 생각했다. 열 명의 교사(이중 다섯 교사의 학급은 불합격)가 참여한 인터뷰를 살펴보면, 가장 분명히 드러난 시험의 영향력은 '감정적인' 부분이었다. 불합격한 학급의 교사는 시험에 대해 크게 화를 내며 분노와 좌절감을 표출했고 매우 비판적인 태도를 가지고 있었다. 그들은 불합격의 원인이 학생의 구성에 있기 때문에, 학급이 불합격했다고 해서 교사를 탓하는 것은 잘못되었다고 주장했다. 뿐만 아니라 그들이 가르쳤던 교재가 시험에 반영되지 않았으며 그들이 사용한 독해 교수법은 시험체제에 반영되지 않았다고 불평했다. 또한 무엇을 평가하는지 사전에 통보받지 못했으며 친숙하지 않은 시험 형식 탓에 학생들의 불안감이 고조됐고 시험을 치르는 데도 영향을 받았다고 말했다. 교사들은 시험 때문에 모욕감을 느꼈다고도 말했는데 그 이유는 시험에 관해 그들의 의견이 수렴된 경우가 없었고 결국 시험에 그들이 가르치는 방법이 반영되지 않았기 때문이었다. 교사들은 교장이 학생들의 저조한 성적을 교사 탓으로 돌렸다고 했으며 대체로 외부기관의 교권 침해 수준으로 시험을 인식했다. 또한 학생 보호 차원에서 누가 시험을 볼지 그들이 선택할 수 있어야 했다고 생각했다.

사회와 개인에게 미친 영향

이 연구는 독해시험이 교육적 측면에 미친 영향 외에 시험이 훈육도구라는 푸코(Foucault)의 관점에 따라 개인과 사회에 끼친 영향도 고찰하였다. 푸코(1979: 184)에 따르면 시험은 권력을 행사하고 통제하는 행위라고 해석할 수 있다(3장 참조).

> 시험은 감시적 위계질서의 기술과 규격화를 위한 판단의 기술을 결합한 것이다. 시험은 규격화하는 응시(gaze), 즉 *수량화, 분류, 처벌*을 가능케 하는 *감시*이다. 시험은 개인을 가시적으로 만들어 누군가가 그들을 구분하고 판단하게 한다.
>
> (이탤릭체는 쇼하미가 표시한 것임)

푸코의 언어를 사용해보면, 독해시험은 감시하고, 수량화하고, 분류하고, 판단하고, 제재하고, 사람들을 비교하고, 표준화하고, 위협하고, 단념시키고, 권위를 드러내는 등 훈육의 특징을 보여주는 좋은 예가 된다. 지금부터 이에 대한 근거를 제시하도록 하겠다.

감시 행위

푸코의 언어를 빌리자면 그 독해시험은 명백한 교육체제에 의한 감시이다. 교육체제가 자국 내 모든 학생의 학업 진척도를 지켜볼 수 있기 때문이다. 부모나 학생, 교사에게 허락을 구하지 않고 교육부가 강제로 학생들을 평가할 수 있다. 교육부는 교실로 들어가 교육체제의 기준에 따라 학생의 독해지식이 드러나도록 전국 모든 학생에게 시험을 요구할 수 있다. 사실 교육체제가 선발의 목적으로 시험결과를 사용하려는 의도가 없었다면 학생들이 왜 이름을 기입해야 하겠는가? 왜 이름이 포함된 시험점수가 학교에 전달되겠는가? 시험을 시행하면서 시험이 학생들에게 '해롭지' 않다거나 양질의 시험이라서 정확한 점수를 제공한다고 증명할 필요는 없었다. 학생이나 학부모에게 아무런 권한도 없거니와 시험 시행에 앞서 시험의 질을 검사할 도구조차 없는 것이다. 모든 학생이 의무적으로 시험을 봐야 하며 거부할 경우 학생 당사자나 교사가 처벌을 받을 수도 있다. 그런 다음 각 학생의 성적이 숫자로 기록되고 합격 · 불합격으로 분류된다. 교육체제는 이제 독해력에 대한 각 학생의 기록을 보유하게 된 것이다.

교육체제가 이러한 감시를 통해 얻게 되는 정보는 양질일 리가 없다. 문항수가 제한적인 시험을 바탕으로 합격자와 불합격자를 결정하기 때문이다. 시험의 결과는 응시자의 배경에 시험지문이 적절한지, 혹은 사회적 · 인종적 환경, 가정의 문화—특히 이민자 집단의 환경—와의 관련성이 어떤지 고려하지 않는다. 시험 당일 학생의 기분이 어떤지, 즉 좋은 일이 있었는지 나쁜 일이 있었는지 따지지도 않는다. 학생만 측정되는 것이 아니라 교사와 학교도 마찬가지이다. 문서화되고 기록되고 분류된 정보는 교사와도 관계가 있었는데, 즉 학생의 합격 · 불합격 여부가 교사의 능력에 달려있음을 시사한다.

수량화 행위

점수가 일단 배포되고 나면 교사와 학생은 독해시험에서 받은 점수에 따라 교육체제의 데이터베이스에 기록으로 남는다. 교육체제가 각 학생의 독해력에 대한 기록을 보유하게 된다. 그리하여 이제 제한된 양의 시험 문제와 지문 중에서 '정답을 맞힌 비율'에 따라 학생들의 정체성이 기술되고, 정의되고, 요약된다.

분류 행위

언제든지 누군가를 평가하고 학생들을 수량화하는 능력 외에 모든 학생을 독해시험 점수에 따라 합격과 불합격, 좋은 학생과 나쁜 학생으로 분류하는 행위는 권력을 행사하고 통제하는 또 다른 방식이다. 그런 다음 교육부가 학생, 교사, 학교를 분류하고 등급을 매겨 범주를 나눌 수 있게 된다. 학생, 학교, 교사는 자신이 합격과 불합격으로 분류되었는지조차 의식하지 못하는 경우가 많다.

비교와 표준화

이듬해 시험을 대비해서 교사와 학생이 짧은 지문에 문제가 딸린 형식을 가르치고 배우기 시작했으며, 독해시험은 표준화와 학습 통제를 위해 사용되기 시작했다. 이러한 모의고사식(test-like) 수업은 실질적인 새 교과과정이 되었으며 현행 교과과정보다 더 중요해졌다. 시험 전에는 각 학생이 하나의 개인이었지만 시험 후에 그들은 전국에 있는 비슷한 연령대의 다른 학생들과 비교해서 판단되었다. 동일한 시험이 전국적으로 실시되면서 학생들이 독해시험을 어떻게 보는가에 따라 국가적 규준(norm)이 결정된다는 사실을 주목할 필요가 있다. 독해시험은 전국의 학력 편차를 표준화하는 힘을 갖게 된다. 시행 첫 해에는 다양한 배경, 다양한 교사, 다양한 학습 상황, 다양한 의미 구성 방식 때문에 어느 정도 편차가 생겼을지도 모르지만, 시험의 영향으로 인해 그런 일이 추후에 발생하지 않을 것이고 전국의 학생들이 똑같은 방식으로 의미를 구성하여 결국 정확하게 동일한 지식을 습득하게 될 것이다.

푸코는 그림 8.1을 통해 표준화 개념을 시각화한다. 이는 동일한 지식을 갖도록 시험이 사람들을 표준화하는 과정을 묘사한 것이다.

판단과 제재 행위

(관찰되고 문서화 · 수량화되고 분류되어) 일단 정보가 확보되면 제재를 가하기 위한 적법성이 생긴다. 제재의 예를 들면 일정 수준의 학급에 학생이 못 들어가도록 하고 동일한 학년에서 공부를 반복하거나 다음 학습과정으로 진급시키지 않도록 요구하는 경우가 있다. 처음에는 단지 학교 수준을 측정하려는 의도로 시행되었을 뿐인 시험을 기반으로 이제는 일부 학교에서 교사가 해임되고 교과서가 바뀌고 학생이 수준이 낮은 학급에 배치되기도 한다.

권위를 드러내는 행위

시험은 권력이 어디에 있는지 알릴 목적으로 자주 사용되는데 중앙집권적 체제에서 그런 경우가 특히 많다. 선진국에서는 단일 기구에 의해 책임와 권위가 공유되는 경우가 많으나 일부 국가에서는 책임과 권위가 확실히 구분되기도 한다. 여기에서는 독해시험의 도입으로 교육부가 교육적 조치를 취했다는 가시적 증거를 드러낼 수 있게 됐다.

권위가 위협을 받거나 통제력을 잃어간다고 여겨질 때 교육부가 시험을 시행하는 경우가 자주 있는데 그 이유는 시험이 권력을 되찾는

그림 8.1 N. Andry, 정형외과술 혹은 어린이의 신체결함을 막고 바로잡는 기술, 1749.

데 유용하기 때문이다. 누가 권력자인지 보여주기 위해 국가시험이 시행되는 경우가 빈번하며 교육체제가 다른 영역에서 뜻을 이루지 못했을 때 시험이 시행되는 경우는 더욱 많다. 이 장에 소개된 사례의 경우 독해와 관련하여 현 교육체제에 혁신과 새로운 프로그램이 제대로 도입되고 있지 않다는 불만이 컸고 이에 대한 대응으로 교육부가 독해시험을 시행했다고 할 수 있다. 마찬가지로 미국에서 ACTFL 지침을 도입한 것은 외국어교육에 새로운 프로그램이 없고 어린 학생들의 외국어능력이 기대에 못 미친다는 비판에 대한 대응이었다. 최근에 새로운 프로그램이 도입되지 않았지만 시험을 시행하면 대중에게 무엇인가 이뤄지고 있다는 증거로 작용한다.

독해시험의 경우에 권력자와 변화에 대한 책임을 짊어진 교사 간의 긴장감은 분명히 드러난다. 변화를 이행할 책임이 있는 교사가 향후 자발적으로 중앙집권적 교육체제(권력층)와 협력할지 의문이다. 교사들은 교육체제로부터 모욕감을 느꼈다. 즉, 교사들에게 부정행위의 여지가 있어서 신뢰할 수 없다고 여긴 교육체제는 시험 시간에 교사가 교실에 출입하지 못하도록 통제했다. 또 학생들이 알아야 할 내용에 대해 교사에게 정보를 제공하지 않았다. 그러나 결국 독해영역에 나타나는 다양한 문제점을 '바로잡기' 위해서는 교사에게 협력을 요청하게 될 것이다. 교육체제가 교사를 신뢰하지 않을 때 어떤 메시지가 학생들에게 전달될 수 있을까?

위협과 제지 행위

독해시험은 교육체제를 '뒤흔들기' 위해 도입되었다. 교육체제를 뒤흔들고자 하는 이런 목표는 새로운 교육과정이나 교사교육 프로그램의 도입이 아니라 시험의 도입을 통해 접근되었다.

교육부는 두려움을 가중시키고 시험 도입을 통해 교육체제가 확실히 변화할 수 있도록 다양한 방법을 사용했다. 시험이 시행되기 전에 교육부는 정보를 공개하지 않는 전략, 즉 교사나 학생이 시험에 관한 정보를 얻지 못하도록 하는 전략을 구사했다. 구체적으로 말하면 교육부는 시험, 시험 체제, 시험 문제, 시험 목적에 관한 일체의 정보 공개를 거부했다. 예상하지 못한 것은 아니지만 정보의 통제는 긴장, 분노, 불안을 낳았다. 시험시간에 교사의 교실 출입이 통제되는 이유 중 하나는 시험 문제를 공개하지 않음으로써 같은 시험을 이듬해에도 사용하기 위함이었다. 정보 통제는 교사들도 종종 사용하는 전략으로 교사는 학생들에게 시험 정보를 제공하지 않음으로써 권력과 통제를 행사한다. 결국 시험 정보의 비공개는 평가자가 권력과 통제를 행사하기 위한 장치이다.

결론

학부모에게 보내는 통신문에 나왔듯이 초기의 시험 목적은 매우 교육적이고 받아들일 만한 신뢰성과 윤리성의 규약으로 작동하지만, 실상은 이런 종류의 국가시험이 교육과 사회에 상당한 효과와 결과를 끼친다. 그 효과는 교육부의 공식 서한에 언급된 내용을 훨씬 벗어났고 분명히 시험을 도입한 사람들의 예상도 뛰어넘은 것이다. 독해시험이라는 고부담시험은 교재, 교과서, 수업시간 할당, 점수해석, 태도 등 교육체제 내부의 여러 영역에서 볼 때 시험결과의 영향을 받는 모든 이들의 행동을 변화시키는 효과가 있었다. 그런데 의도가 교육적일 때조차 의도한 바를 훨씬 뛰어넘는 행동 변화가 일어났다.

독해시험의 영향이 교수와 학습 이외의 영역에까지 나타났듯이 독해시험 내에서 푸코가 기술한 모든 권력 기제가 작용했다. 이는 교사가 모욕감을 느꼈을 뿐 아니라 기타 도덕적, 윤리적 위반의 원인으로 작용하는 등 여러 방향에서 발생했다. 시험의 권력적 속성 탓에 시험은 행동을 변화시킬 뿐만 아니라 여러 가지 비윤리적 행위로 이어지는 훈육도구가 되었다. 의도가 좋더라도 고부담시험은 교육체제 전반에 엄청난 영향을 미친다. 교육부나 시험 도입의 책임자는 그러한 영향을 고찰하지 않을 때가 많다. 결국 평가자가 시험의 다양한 영향에 대해 의문을 던지지 않거나 모르는 체한 것이 사실이다. 하지만 이 연구에서 드러났듯이 시험의 다양한 영향은 분명히 존재한다. 시험의 도덕적이고 윤리적인 결과 측면에서 평가자가 시험 도입의 대가를 가늠하는 것이 중요하다. 여기에서는 시험을 도입하는 정책입안자가 그런 효과를 의식하지 못한다고 가정했지만 시험을 도입하는 비공식적 의도에 대한 자료를 구하기 어렵다는 점을 고려할 때 이는 아직 해결되지 않은 문제이다. 이 연구 자료에 발표되지 않은 시험 도입의 근본적 이유는 포함되어 있지 않다. 그러므로 긍정적인 교육적 의도로 독해시험이 도입되었을 수도 있다. 하지만 동시에 이 장에서 언급한 비윤리적 결과가 발생하지 않도록 시험을 도입한 의사결정자가 예기치 않은 결과를 의식하고 연구해야 한다는 점이 명백해진다. 다음 장에서 논의할 연구에서는 행동에 변화를 일으킬 목적으로 시험을 도입하는 사례가 기술된다.

9장

아랍어시험

사회적 맥락

이 장에서는 제2언어로 아랍어시험을 시행하는 의도와 효과에 대해 살펴본다. 이스라엘에 살고 있는 아랍계 인구가 많고(대략 20퍼센트) 중동 지역에서 아랍어를 사용한다는 점을 고려하여 이스라엘의 히브리어 화자들은 아랍어를 제2언어로 배운다(쇼하미(Shohamy), 1993, 1997, 1998; 쇼하미 외, 1996 참조). 또한 이스라엘 인구의 절반 가량이 아랍권 국가에서 이스라엘로 이주해 온 이민자이기 때문에 그들의 모국어가 아랍어라는 사실도 아랍어를 제2언어로 배우는 이유이다. 현재 아랍어는 이스라엘에 사는 대다수의 히브리어 화자에게 필수과목이며 아랍어교육은 크게 장려되고 있다. 하지만 이스라엘과 아랍권 국가 간의 정치적 분쟁을 고려할 때 이스라엘에서 아랍어의 지위는 매우 낮고 히브리어 화자들이 아랍어를 배울 만한 동기는 매우 낮은 편이다(벤 라파엘(Ben-Rafael)과 브로쉬(Broash), 1991; 쇼하미와 도니챠-슈미트(Donitsa-Schmidt), 1998). 이스라엘에서 아랍어가 지닌 지위와 역할이라는 이와 같은 사회적 맥락 속에서 아랍어시험 도입을 이해하는 것이 중요하다.

아랍어시험의 도입 초기부터 책임을 맡은 이스라엘의 아랍어 장학사는 성명을 통해 아랍어 수준의 측정이 아랍어의 지위와 역할을 변화시키는 방법이라고 설명했다. 이러한 아랍어시험의 도입 사례는 해당 과목에 대한 관심을 높임으로써 위상이 낮고 학생들의 학습 동기가 저조한 과목의 지위를 향상시키기 위해 시험이 사용되는 전형적인 예가 될 수 있다. 시험을 통해서만 가치가 부여되고 관심을 높일 수 있다는 가정을 갖고, 가르치는 관행과 교수법의 변화를 유도하기 위해서 아랍어시험이 도입된 것이다.

배경

아랍어시험은 교육부에 의해 아랍어를 외국어로서 학습하는 7, 8, 9학년을 대상으로 도입되었다. 시행 초기인 1988년에는 7학년 학생만을 대상으로 시험이 시행되었으나 현재는 세 학년 모두에 걸쳐 각 학년 중반에 시행된다. 7학년을 위한 아랍어 교육과정에는 알파벳, 문법 구조, 300단어 가량의 어휘가 포함되며 8학년과 9학년 때 각각 약 300단어가 추가된다.

의도

교육부의 아랍어 장학사는 아랍어시험을 도입하는 구체적인 의도가 아랍어의 위상을 높이고, 교사에게 동기를 부여하여 아랍어교육에 박차를 가하고, 교사와 학생의 동기를 증가시키고, 전국 학교의 아랍어

수업 수준을 비교하는 것이라고 말했다(쇼하미, 도니챠-슈미트, 퍼먼(Ferman), 1996). 교육부가 아랍어학습에 추진력이 필요하며 그에 대해 아랍어시험이 유용한 도구가 되리라고 판단했음이 분명하다.

7학년을 대상으로 아랍어시험을 도입한 한 가지 구체적인 목표는 교사가 알파벳을 가르치기 위해 소비하는 시간을 줄이는 것이었다. 이스라엘의 아랍어 장학사는 알파벳 교육 기간이 너무 길기 때문에 그 기간을 6개월로 줄여야 한다고 생각했다. 따라서 시험 시행은 학년이 시작된 후 6개월 뒤(약 4월 중순)로 계획되었다. 7학년 시험에는 글자의 인식 · 어휘 · 문법 관련 문항이 포함되었다. 시험이 시행되고 초기 몇 년간은 장학사가 어휘 목록을 배포하였고 그 목록 내에서 어휘 문제가 출제되었다.

아랍어 장학사는 아랍어시험이 학생의 성취도를 측정하는 것 이외의 목적으로도 도입되었다고 공식 발표했다. 구체적으로 다음의 목적으로 시험이 도입되었다.

- 아랍어의 위상 향상
- 아랍어교육 수준 표준화
- 아랍어 알파벳 교육의 속도 증가
- 교사의 수업동기와 학생의 학습동기 향상

효과

아랍어시험의 효과는 세 시기에 걸쳐 진행된 개별적이지만 서로 관련된 세 차례의 연구를 통해 고찰되었다. 첫 연구는 시험 시행 이전의 효과와 시행 이후의 효과를 비교함으로써 시험의 도입이 교육에 미친 영향을 고찰하였다. 두 번째 연구는 시험이 도입된 지 3년 뒤에 나타난 효과를 고찰하였다. 마지막 연구는 시험이 도입되고 8년이 흐른 뒤 나타난 장기적 효과를 고찰하였다(쇼하미, 도니챠-슈미트, 퍼먼, 1996). 각 연구의 결과는 아래와 같다.

연구 1: 시험 도입의 효과

이 연구의 주제는 대체로 교수와 학습에 대한 구체적 역류효과에 관한 것이었다. 아랍어시험에 관해 다음 질문을 제시하였다.

- 아랍어시험의 도입이 교수활동에 어떤 영향을 미치는가?
- 아랍어시험의 도입이 학생의 행동에 어떤 영향을 미치는가?
- 아랍어시험의 장기적 영향은 무엇인가?

첫 질문에 답하기 위해 교실 관찰, 교재 검토, 교사 인터뷰, 학생을 대상으로 한 설문조사 등을 통해 자료를 수집하였다. 설문조사는 두 번에 걸쳐 진행했는데 시험 시행 4주 전에 한 번, 시험 시행 2주 후에 한 번 실시했다. 관찰은 각기 다른 교사가 가르치는 7, 8, 9학년 교실을 대상으로 이뤄졌으며 각 학급당 시험 전에 두 번, 시험 후에 한 번으로 총 세 번에 걸쳐 이루어졌다. 각 관찰에 뒤이어 교사 인터뷰를 실시하고 교수자료를 분석했다. 학급당 학생수는 39명에서 42명이었다. 관찰의 초점은 아랍어시험에 관련된 교수활동이었다.

시험 시행 *이전의* 교수활동

시험 시행 전에 실시한 관찰을 통해 수업시간과 교실활동이 시험의 지배를 받는다는 사실이 밝혀졌다. '아랍어시험' 이 끊임없이 언급되었고 모든 교실활동에서 시험이 주요 관심사이자 목표가 되었다. 시험결과라는 측면에서 명확한 목표를 갖고서 수업은 전형적으로 복습시간과 시험준비시간으로 구성되었다. 시험에 나온다는 내용에 대해서만 토의가 이뤄졌고, 여기서 벗어나면 기분전환이나 시간낭비로 간주되었다. 교사들은 이런 사실을 충분히 의식하고 있었고 '정규' 수업을 계속 진행하면 시험에 대비할 시간이 충분하지 않아 학생들이 불합격할 수도 있다고 설명했다. 복습 기간은 4주에서 6주 동안 이어졌다.

다음은 시험이 시행되기 전에 복습 기간 동안 이루어진 주요 활동이다. 우선 교사가 의식적으로 *새로운* 내용으로 넘어가지 않고 *복습* 내용으로 돌아가는 것이 복습 기간의 전형적인 모습이었다. 교과서에서 시험과 같은 내용을 다루지 않았기 때문에 교사들이 복습을 하는데 교과서가 적절하지 않다고 생각했고 따라서 교과서 사용을 중지했다. 교사들은 근본적으로 지난해 시험과 동일한 유형의 모의시험지를 만들었는데 복습 기간에는 그 모의시험을 사용했다. 거기엔 기본적으로 최대 300단어에 이르는 어휘 목록이 히브리어 해석과 함께 들어있었다. 어휘 목록은 모든 교실에서 사용되었으며 알파벳 목록은 7학년에서만 사용되었다.

교수자료뿐 아니라 교수활동도 모의고사 형식이었다. 히브리어로 해석이 달린 어휘 목록을 사용하는 비맥락적인 어휘교육이 이러한 교수활동에 해당한다. 반복, 암기 학습, 기계적 문법 연습 등이 많이 사용된 반면 새로운 내용은 시험을 보는 데 필요할 때만 학습되었으며 그나마 다급하게 진행되었다. 교사들은 오류를 고쳐주지 않았고 내용 설명은 아주 짧게 했으며 학생들이 새로운 내용을 내재화하거나 습득했는지 또는 학생들이 다른 상황에서 그 내용을 적용할 수 있는지 확인하지도 않았다. 즉, 거의 기계적인 암기식 학습으로 수업이 구성되었다. 짧은 시간에 비해 다룰 내용이 너무 많았던 탓에 한 주제에서 다른 주제로 급하게 넘어갔고 학습의 질보다는 학습의 양이 강조되었다. 수업활동의 대부분은 아랍어시험의 복제품이었으며 교사가 수업 중에 내용을 간략히 설명한 뒤에 진행되었다. 또한 이전에 다루지 않은 내용을 가르치는 데 시험이 널리 사용되었다.

학생들은 '이와 동일한' 활동을 숙제로 해야 했다. 수업시간에 다루지 못한 내용을 학생들이 집에서 끝내도록 계획되었다. 뿐만 아니라 주당 최대 2시간씩 복습시간이 있었는데 이는 정규 수업시간에 추가되었다.

교실에서 사용된 언어를 볼 때 교사들은 아랍어 사용이 시간낭비라고 주장하면서 히브리어를 주로 사용하였다. 교사, 학생 할 것 없이 교실에는 긴장감이 감돌았다. 그러나 학생들은 수업내용을 숙달해야겠다는 강한 동기가 있었고 분명한 학습목표가 생겼다고 생각했다. 규율의 측면에서 문제가 없었다.

시험 시행 *이후의* 교수활동

시험이 시행된 이후의 관찰로 '아랍어시험'에 대한 언급은 더 이상 없었고 정규 수업이 재개된 것을 알 수 있었다. 구체적으로 말하자면 주로 교과서를 통해 교사가 새로운 내용을 가르쳤다. 보통 이야기나 대화를 통해 맥락에 기반을 둔 어휘학습이 이루어졌고 교사의 개인적 일화, 토의, 그리고 사진에 기반을 둔 의사소통으로 아랍어를 가르쳤다. 숙제는 대폭 줄었지만 그 내용은 다양해졌고 상황적 맥락이 있었다. 관찰 기간 내내 어떤 교실에서도 시험이 사용되지 않았다. 교실에서는 히브리어보다 아랍어가 더 자주 사용되었으며 진도가 느려지면서 교실 분위기도 편안해졌다. 그러나 효율성은 좀 떨어진 듯했고 몇몇 규율적 문제가 눈에 띄었다.

표 9.1은 시험 시행 이전과 이후의 교수활동 차이점을 요약한 것

표 9.1 시험 시행 이전과 이후의 활동 비교

시험 시행 이전	시험 시행 이후
내용 복습	새로운 내용 학습
연습문제지 사용	교과서 사용
어휘 목록만 제시	이야기나 대화를 통한 맥락적 어휘
비맥락적 수업	의사소통적/맥락적 언어
반복 학습, 기계적 암기	맥락적이고 유의미한 활동
과도한 숙제	적은 숙제
제1언어 사용	제2언어 사용
수업에 시험을 자주 사용	수업에 시험을 사용하지 않음
긴장된 분위기	편안한 분위기
급한 진도	느린 진도
규율문제 없음	약간의 규율문제

이다.

다음 예는 시험을 시행하기 이전과 이후 어떤 교실의 분위기를 보여 준다. 총 세 번의 관찰에 기반해 기술하였다.

관찰 1(시험 시행 이전)

지난 수업시간에 교사가 히브리어로 뜻이 적힌 300단어의 어휘 목록을 학생들에게 나눠주었다. 시험용 어휘 목록에서 단어가 선택되었으며 학생들은 숙제로 단어를 집에서 암기해야 했다. 하지만 학생들은 다 외우지 않은 채 이날 수업에 임했다. 교사는 화가 났다. 학생들은 한 번에 학습하기에 분량이 너무 많다고 불평하였고 교사는 학생들이 게으르다고 불만을 표시했다. 교사는 학생들을 불러 개별적으로 구술시험을 실시했는데 학생들이 숙제로 내준 단어를 모른다는 사실을 입증하기 위해서였다. 예상대로 학생들은 단어를 다 외우고 있지 않았고 당황하고 긴장했다. 교사는 학생들에게 다음 시간에 동일한 단어에 대해 시험을 볼 테니 준비하라는 숙제를 내고 300단어 중 100단어를 시험 볼 것이라고 말했다. 학생들은 어휘수업 없이 스스로 단어를 외워야 했다.

관찰 2(시험 시행 이전, 첫 관찰로부터 닷새 후)

교사는 이전 수업(관찰하지 않음)에서 시행한 시험 얘기를 꺼내 학생 중 90퍼센트가 통과하지 못했다고 말했으며 열심히 공부하지 않는다고 학생들을 나무랐다. 교사는 학생들을 개별적으로 교실 앞으로 불러 시험에서 틀린 단어를 정정하게 함으로써 다시 구술 시험을 보았다. 교사는 학생들에게 단어를 받아쓰게 하고 수업의 일환으로 그 단어를 해석하라고 시켰다. 그동안 교실을 돌며 각 학생들이 잘 하고 있는지 점검했다.

관찰 3(시험 시행일로부터 일주일 뒤)

교실 분위기가 느슨했고 교사는 차분했다. 교사가 학생들에게 교과서의 새 이야기가 나온 부분을 보라고 했다. 교사는 새로운 어휘 목록과 해당 어휘가 들어간 지문을 읽고 그 어휘를 사용해서 학습 내용에 대해 토론하도록 했다. 수업이 끝날 때까지 이 활동이 계속되었다. 교사는 총 20개의 새로운 단어를 해석하지 않았고 수업하는 동안 아랍어가 자주 사용되었다. 하지만 학생 전원이 수업에 참여하지는 않았으며 지루해하는 학생도 있고 규율문제가 가끔 생겼다. 교사는 나중에 인터뷰에서 시험이 끝나고 나자 동기가 감소하고 주의력도 부족해졌음을 인정했다.

요약하자면 시험이 교수활동에 끼친 효과에 대한 고찰을 통해 가르치는 것과 시험 치는 것이 명확히 구분되고 있다는 사실이 드러났다. 즉, 가르치는 것이 중단되고 시험 복습이 시작되었다. 교사는 시험에 대해 끊임없이 언급했고 모든 활동은 시험에 맞춰 조정되었다. 복습 기간 중에는 시험에 필요한 부분을 제외한 새로운 내용을 가르치지 않았다. 시험을 대비해서 상당 분량의 연습문제, 숙제, 시험이 사용되었다. 목표는 시험을 잘 보는 것이었다. 시험이 시행된 이후에는 새로운 내용에 대한 학습이 재개되었다. 맥락적이고 의사소통적인 활동으로 수업이 구성되었고 제2언어가 사용되었다. 시험 이전의 기간과 비교하면 수업 집중도가 떨어졌고 효율도 떨어졌다.

시험이 학생들에게 끼친 효과

시험이 학생들에게 끼친 효과에 대한 자료는 45명의 학생에게 실시한 설문조사와 앞서 언급한 교실 관찰을 통해 수집되었다.

학생들 중 45퍼센트가 시험이 아무런 영향을 끼치지 않았다고 한 반면 55퍼센트는 시험으로부터 영향을 받았다고 말했다. 영향을 받았다고 답한 학생들은 시험 때문에 주의를 더욱 집중해서 수업을 듣게 되었고 아랍어 과목에 더 많은 관심을 가졌으며, 아랍어 공부를 좀 더 진지하게 받아들이게 되었다고 말했다. 학생들에게 학습동기와 수업에서 놓친 부분을 보충하기 위한 개인교습에 관한 동기를 새로운 아랍어시험이 제공한 셈이다.

영향의 유형을 보면 시험이 긍정적인 영향을 제공했다고 62퍼센트가 응답했으며 38퍼센트가 부정적인 영향이 있었다고 답했다. 긍정적인 영향을 받은 학생들은 시험 때문에 아랍어를 더 많이 공부하게 되었고, 아랍어 지식이 풍부해졌으며, 점수가 향상되었고, 새로운 어휘를 습득하는 데 도움이 되었고, 언어능력이 풍부해졌고, 학습 동기가 생겼다고 말했다.

부정적인 영향을 받은 학생들은 시험이 진정한 학습을 반영하지 못한다고 생각했기 때문에 시험으로 인해 두려움, 압박감, 불안감, 당혹감 등이 생겼다고 말했다. 이 학생들은 시험이 시간낭비이고 아랍어

능숙도 향상에 도움 되지 않는다는 느낌을 받았다.

결국 학생마다 다른 방식으로 시험의 영향을 받았다. 시험으로부터 도움을 받은 학생도 있었고 그렇지 않은 학생도 있었다. 하지만 학습 내용이 좀 더 집중적이었기 때문에 모든 학생이 더 많이 학습했다고 주장했다. 시험이 학습의 초점을 부여하면서 학생들은 아랍어 학습을 위해 무엇을 해야 하는지 좀 더 잘 알게 되었다고 생각했다.

결론적으로 위상이 낮다고 여겨지는 과목에 대해 시험결과가 어떤 제재력도 갖지 않았다는 점에서 아랍어시험은 저부담시험이었다. 하지만 아랍어시험은 전 교사와 학생 대부분의 행동을 변화시키기에 충분했다. 그렇지만 이 연구를 통해 시험 시행 이전에 일어난 교수와 학습에만 그런 효과가 있었다는 사실이 명확히 드러났다. 시험이 시행되기 전에는 교사가 정규수업을 진행하지 않고 교과서 대신 모의고사 형식의 연습문제지를 사용했으며 수업 중에 시험이나 퀴즈를 보는 경우가 증가했다. 하지만 시험이 끝나고 나자 교사는 '정규수업' 으로 돌아갔다. 이처럼 시험이 행동 변화를 가능케 하는 훈육도구라는 측면에서 볼 때 결국 시험의 권력과 관련된 효과는 시험이 확실히 눈앞에 보이는 기간에만 국한되어 나타난다.

연구 2: 3년 뒤 시험의 영향

시험이 시행되기 시작한 지 3년 뒤 시험의 효과를 7학년 학생을 대상으로 수집한 자료로 고찰했다. 7학년의 경우 아랍어 알파벳을 가르치는 데 소요되는 시간을 줄인다는 명확한 목표가 있었다. 그러한 목표를 얼마나 달성했는지도 고찰 대상이었지만 그 외에도 교사가 시험내용을 이용해서 가르쳤는가, 시험이 교수법에 영향을 미쳤는가, 시험으로 인해 교과목으로서의 아랍어에 대한 교사의 인식이 바뀌었는가, 시험이 교과목으로서의 아랍어의 지위를 변화시켰는가 등의 문제를 고찰하였다.

자료는 이스라엘 내 다양한 지역의 아랍어 교사 12명으로부터 수집되었다. 그들이 담당하는 7학년 학급은 모두 아랍어시험을 치렀다. 설문조사와 개인 인터뷰를 실시했고 그들이 맡은 학급을 관찰했다. 설문조사는 16문항으로 구성되었고 전체적으로 시험은 교수방식과 교과목으로서의 아랍어에 대한 인식에 끼친 영향에 관한 것이었다. 그중 4문항은 교사의 배경, 6문항은 교수 및 평가 방식, 나머지 6문항은 교과목으로서의 아랍어에 대한 인식을 조사하는 질문이었다. 그리고 설문조사를 통해 응답을 확인하는 차원에서 교사 인터뷰를 개별적으로 수행했다. 교실 관찰의 목표는 시험이 직·간접적으로 언급된 적이 있는지 확인하고 시험이 시행되기 전에 구체적으로 교사가 어떤 활동을 했는지 고찰하는 것이었다. 또한 학생의 공책도 검토했다.

설문조사 결과, 시험이 자신은 물론 가르치는 일에 영향을 끼쳤다고 답한 교사가 절반이었고 나머지 절반은 시험이 아무런 영향을 미치지 않았다고 답했다. 그러나 영향을 받지 않았다는 교사들은 전부 교사교육기관에서 아랍어 알파벳을 종전보다 짧은 시간 내에 가르치도록 교육받은 신임교사들이었다. 반면 영향을 받았다는 교사들은 5년 이상 교직에 종사했었다.

시험의 영향을 받았다는 교사들은 우선순위를 정하는 데 시험이 결정적이었다고 주장했다. 즉, 시험이 시간을 할당하는 데 영향을 미쳐 결국 아랍어 알파벳을 가르치는 시간을 줄여야 했다. 시험으로 인해 정규수업이 방해를 받으면서 교사들이 중압감과 긴장감을 느꼈다. 하지만 그와 동시에 아랍어에 대해 무엇을 어떻게 가르쳐야 할지 방향을 잡게 됐다고 느꼈다. 또한 시험으로 인해 교과목으로서의 아랍어의 지위가 향상되었음을 느꼈다.

새 교과서가 시험을 직접적으로 반영하고 있었기 때문에 교실을 관찰한 결과 특별히 시험에 대비하는 모습을 찾을 수 없었다. 시험의 확실한 영향은 새로운 알파벳 교수법에 기반을 두고 시험과 동일한 유형의 활동이 포함된 새 교과서의 개발이었다. 가르치는 것과 평가하는 것에 뚜렷한 차이가 있었던 아랍어시험 도입 초기와 달리 새 교과서가 시장에 등장하면서 시간이 갈수록 교수와 평가 간의 격차가 희미해졌다. 이 연구를 진행한 시기에는 아랍어 알파벳을 가르치는 데 소요되는 시간이 눈에 띄게 줄어 있었다. 어휘 측면에서 보면 주로 시험에 출제되는 단어로 수업이 구성되었다. 결국 해가 지나면서 교사들이 시험에 맞춰진 '새 방식'으로 아랍어를 가르치기 시작했다. 교수와 평가가 통합됨에 따라 교수와 평가 간의 격차는 점점 사라졌다. 새로운 교과서가 실질적인 새 교육과정이 되어 버린 것이다.

결론적으로 새로운 아랍어시험이 처음 도입되었을 당시 정규수업이 중단되고 시험 준비가 시작되었듯이 시험의 효과는 강력하고 즉각적이었다. 시험을 대비하는 데 필요한 교수자료가 곧 습득해야 할 지식이 되어 버렸다. 학생과 교사가 그들이 얻고자 하는 바를 알았기 때문에 그런 지식을 습득하기 위한 준비가 유용해졌다. 수업 중 시험에 출제될 내용만 다루면서 수업활동이 점점 집중적이고 효율적으로 바뀌었다. 그로 인해 학습의 폭이 좁아졌고 기계적이고 피상적인 학습이 되었다. 즉, 형식과 내용 면에서 시험을 그대로 옮긴 듯한 연습문제, 복습자료, 시험을 대비해 학생들의 부족한 부분을 보충하는 특별 수업, 상당량의 평가와 퀴즈 등 '모의고사식' 활동으로 학습이 이루어졌다. 이렇게 강력한 시험의 영향력이 4주에서 6주 가량 이어졌다. 그 후 수업은 비시험 형식(non-test format)으로 돌아갔다. 그러나 3년이라는 세월이 지나면서 교수와 평가는 동의어가 되어 버렸다. 이렇게 변한 주된 원인은 새로운 지식, 즉 시험 내용에 맞춘 새 교과서의 도입이었다. 새 교과서는 시험과 동일한 형식이었는데 특히 교과서에 실린 활동과 과업이 그러했다. 교과서가 새로운 교수자료가 되었다. 평가와 수업이 상당히 유사해졌고 복습 시간이 거의 없어졌으며 교사들은 수업 방향이나 지침에 대해 시험의 영향을 받았다고 인정했다. 결국 교육부는 시험이라는 장치를 통해 새로운 교수자료를 도입하는 데 성공했다. 결국 장기적으로 봤을 때 교과서, 교수법, 교수자료 등 교육체제의 다른 영역에까지 시험의 훈육적 권력이 확장되었고 결국 시험은 교육체제 전체에 영향을 미치는 힘을 갖게 되었다.

저부담시험인 아랍어시험이 이렇게 큰 영향력을 갖게 된 원인이 무엇일까? 주된 이유는 아랍어수업이 이제 막 시작되는 단계에 있다는 점이다. 최상의 교수법이 무엇이냐를 둘러싸고 여전히 혼란스러운 논의가 있다. 이처럼 교수법에 대한 지식이 부족한 상황에서는 해당 분야에 대한 방향 제시를 책임지는 장학단과 중앙 당국의 힘이 막강할 수밖에 없다. 그들이 아랍어교육 분야에 구체적인 우선순위(무엇을 가르치고, 얼마나 빨리 가르쳐야 하는가 등)를 전달하기 위해 시험을 사용했음이 분명하다. 교수법에 대한 지식이 극히 부족한 상황에서는 시험이 교육과정이나 연수교육 같은 여러 가지 전달 방식을 대체하게 된다.

연구 3: 시험의 장기적 영향

첫 시행 이후 아랍어시험이 이스라엘 교육체제에서 꾸준히 시행되었다. 따라서 아랍어시험의 장기적 효과와 선행연구에 나타난 시험의 영향이 여전히 유지되고 있는지의 여부를 고찰하는 것(쇼하미, 도니챠-슈미트, 퍼먼, 1996)은 흥미로운 일이다.

아랍어시험은 아랍어수업에서 없어서는 안 되는 부분이 되었다. 매년 4월경 전국의 모든 ASL(제2언어로서의 아랍어) 학생들을 대상으로 아랍어시험이 시행되었으며 해가 가면서 몇 가지 변화가 생겼다.

1. 시험 대상이 7~9학년에서 7~12학년으로 확대되었다.
2. 독해 부분이 추가되었다.
3. 선택적으로 청취력과 아랍문화에 관한 평가가 포함되었다.

아랍어 장학단에 따르면 이렇게 바뀐 근본적 이유는 전 학년에 걸쳐 기초적인 성취기준을 유지하고, 학생 성취도에 대해 최신의 진단정보를 제공하며, 문법에 대한 비중을 줄이고 기초능력으로서 독해력과 청취력을 결합하기 위함이다(Arabic as a Second Language, *Teachers' Journal,* August, 1994). 연구방법과 결과는 아래와 같다.

연구방법

연구대상은 교사, 학생, 장학사이다. 구체적으로 말하자면 7학년에서 11학년까지 총 9명의 ASL 교사와 총 62명의 ASL 학생을 열 개 학급에서 무작위로 선택했고, 국가 장학사와 지역 장학사를 각각 한 명씩 선정했다.

자료는 다음 세 가지 방법으로 수집되었다.

1. *설문조사:* 학생을 대상으로 설문조사를 시행했다. 시험에 대한 의식, 교수활동에 할당된 시간, 시험 준비에 쓰인 시간, 시험이 학습에 미치는 효과에 대한 태도, 시험의 질에 대한 입장 등 여러 변인을 다루었다. 약 24개 문항이 리커르트(Likert) 척도 문항(일부는 1등급에서 5등급, 나머지는 1등급에서 3등급)이었고 8개 문항이 개방형 질문이었다.

2. *조직적 인터뷰*: 교사와 장학사를 대상으로 조직적 인터뷰를 실시했다. 인터뷰에는 시험 준비, 시험에 대한 학생·교사·교장·부모의 의식, 교수와 평가 등에 끼친 시험의 영향, 사용 가능한 교과 교재, 학습과 아랍어시험에 대한 학생과 학교의 태도, 시험의 질에 대한 시각에 관한 질문이 포함되었다.
3. *문서 분석*: 시험과 관련해서 교육부 장학단이 이용한 교육부 장관 공보(Director General Bulletins, 1984-96)와 지침서를 분석했다. 또한 장학단으로부터 교사와 평가자가 받은 자료, 교수용 교재, ASL 교사 저널도 분석했다.

자료는 1995년 아랍어시험이 시행되기 석 달 전에 수집되었다. 설문조사는 ASL 학생을 대상으로 수업 중에 시행되었으며 15분 가량 소요되었다. 설문조사에 앞서 비밀이 보장된다는 점을 학생들에게 간략히 설명했다. 교사와 장학사 인터뷰는 일대일로 실시했다. 각 인터뷰는 한 시간 가량 소요되었다. 모든 인터뷰를 녹음하고 전사했다.

연구결과

아홉 가지 측면에서 아랍어시험의 효과에 대한 연구결과를 분석했다. (a) 시험이 교실활동과 시간 할당에 미친 효과 (b) 교수자료 (c) 시험에 대한 의식 (d) 시험결과의 효과에 대한 인식 (e) 평가된 과목과 능력의 지위 (f) 시험의 질에 대한 인식 (g) 시험의 중요성에 대한 인식 (h) 시험이 학습 증진에 미친 영향 (i) 관료가 인식한 시험의 영향

(a) 시험이 교실활동과 시간 할당에 미친 효과

교실활동과 시간 할당의 측면에서 볼 때 시험 준비가 거의 이뤄지지 않았음을 알 수 있었다. 아홉 명의 교사 모두 학생들에게 시험에 대해 통

지하지 않았으며 시험 준비에 따로 시간을 할애하지 않았다고 말했다.

구체적으로 살펴보면 예전과 달리 암기해야 할 어휘 목록을 학생들에게 나눠주지 않았으며 시험을 대비해 따로 연습 시간을 갖지도 않았다고 교사들이 진술했다. 게다가 그들은 시험 날짜를 사전에 공지하지도 않았고 시험을 대비해서 가르치거나 시험에 나올 만한 내용을 복습하지도 않았다. 교사들은 기본적으로 그 해 사용되던 교과서를 계속 사용했을 뿐 시험 형식을 익히고 연습하고 복습하기 위해 지난 시험을 사용하는 등 특별 교재를 준비하거나 복습 시간을 추가하지 않았다. 교실 분위기를 보면 시험에 따른 긴장감이 없었다.

교사 두 명은 아랍어시험을 단지 퀴즈 정도로 여겼다고 덧붙였다. 교사들은 시험이 시행된 지 9년이 지났기 때문에 아랍어시험과 시험문제 유형에 이미 익숙하다고 진술했다. 결과적으로 학생들이 시험에 익숙해질 수 있도록 교사들이 시험문제 유형을 한 학년 내내 수업에 포함시키는 편이었다. 또한 교사들은 시험 준비가 수업의 흐름을 끊고 교재를 차례대로 진행하는 데 방해가 되기 때문에 따로 시험을 준비하지 않았다고 덧붙였다.

학생 설문조사를 보면 아랍어시험 시행에 앞서 수업 중에 특별한 시험준비 활동이 없었다고 응답한 학생이 86퍼센트였다. 약 76퍼센트는 수업에서 시험을 위해 사용한 시간이 전혀 없었다고 응답했다. 개방형 질문에서 학생들은 수업이 평소대로 진행되었고 '시험을 대비한 특별 활동에 할애된 시간이 없다' 고 적었다.

(b) 교수자료

ASL 시험에 따라 수집된 교수자료 측면에서 볼 때 교사와 장학사를 인터뷰하고 문서를 분석한 결과, 1993년 이후 ASL 시험만을 위한 교재가 따로 출판되지 않았음을 알 수 있었다.

(c) 시험에 대한 의식

조사에 따르면 학생 또는 학부모 중에 시험이 있다는 사실이나 시험 내용을 알고 있는 경우가 별로 없었다. 구체적으로 학생 중 63퍼센트가 설문조사에서 시험이 있다는 사실을 모른다고 응답했다. 게다가 학생 중 90퍼센트가 시험에 나오는 내용을 모른다고 응답했다. 또한 학생 중 77퍼센트는 부모가 시험에 대해 모른다고 응답했다. 이런 결과는 학생들에게 시험에 대해 통고하지 않았다는 교사들의 진술과 맞아 떨어진다.

(d) 시험결과의 효과에 대한 인식

교사들이 시험에 아무런 중요성도 부여하지 않는 반면 대부분의 학생은 그렇지 않았다. 조사 결과 아홉 명의 아랍어 교사 모두가 마지막 학년에 아랍어시험 등급이 고려되리라는 견해를 받아들이지 않았다. 그러나 52퍼센트의 학생이 시험 등급이 최종 아랍어 과목의 점수에 상당한 영향을 주리라 생각했고, 62퍼센트 학생은 시험이 아랍어에 관한 지식과 향후 학업 성공에 영향을 미칠 것이라고 응답했다.

시험결과가 가져오는 효과가 없다는 사실과 관련해서 교사들은 시험을 통한 진단적 피드백이 없으며 다른 학급이나 학교와 비교할 때 학급의 수준이 어떤지 아무런 정보도 없다는 문제도 제기했다. 시험에 따른 결과가 없다고 여겨졌기 때문에 시험이 끝나면 금방 잊혀졌다.

(e) 평가된 과목과 능력의 위상

시험이 아랍어에 대한 학생의 태도를 변화시키지 못했고 아랍어 과목의 낮은 위상이 변화 없이 그대로 유지되었다는 점에 모든 교사가 동의했다. 아홉 명의 교사 중 일곱 명이 시험이 학교 내 아랍어의 지위를 향상시키지 못했다고 주장했다. 교사들은 시험이 그들의 태도나 행동을 바꾸지 못했다고 말했다. 아랍어시험뿐만 아니라 아랍어수업도 다른 수업활동에 비해 우위를 갖지 못했다.

시험이 아랍어 과목의 위상을 향상시켰느냐는 질문에 대한 응답으로 학생 중 67퍼센트가 '전혀 그렇지 않다' 고 대답했다. 약 65퍼센트는 '개인의 분석표가 아니라 국가 차원의 자료를 얻는 것이 아랍어시험의 목적이다', '교실에서 배운 내용이 평가되지 않으며 학년 말 최종점수에 아랍어시험의 등급이 포함되지 않는다' 등의 이유로 아랍어시험을 잘 보는 것이 중요하지 않다고 답변했다.

(f) 시험의 질에 대한 인식

교사와 학생 모두 시험의 질이 낮다고 불만을 드러냈다. 교사 아홉 명 모두는 다음의 이유로 시험의 타당도와 신뢰도가 낮다고 응답했다.

- 시험 내용이 반드시 수업 내용과 일치하지 않는다.
- 시험 내용에 독해가 별로 포함되지 않고 문법과 해석 능력이 많이 포함되었다.
- 시험결과가 학생의 아랍어 지식을 제대로 설명하지 못한다.

모든 아랍어 교사가 아랍어시험이 재평가되고 수정되어야 한다고 응답했으며 아랍어시험에 대한 부정적 시각을 표출했다. 교사의 불만과 마찬가지로 아랍어시험이 자신의 진정한 아랍어 지식을 반영하지 못한다고 응답한 학생이 64퍼센트였다.

(g) 아랍어시험의 중요성에 대한 인식

교사와 학생은 아랍어시험에 대해 부정적인 감정을 표출했고, 아랍어시험이 중요하지 않으며 모든 학년에서 필요한 것은 아니라고 불만을 드러냈다. 고학년 담당 교사들은 교육부가 고등학생의 성취도를 평가해야 한다고 판단한 것에 불만을 드러냈다. 한 교사는 "결국 학생들은 대학입학시험에 맞춰가게 됩니다. 그래서 수업도 생기고 학생들이 대입시험을 준비하도록 교사가 최선을 다하는 것은 분명한 일입니다. 굳이 외부시험을 시행해서 학생들에게 대입시험을 본다는 사실을 상기시켜 줄 필요는 없습니다"라고 말했다.

교사들은 고학년 학생을 대상으로 시행한 시험에는 동의하지 않았지만 저학년 대상의 시험 사용에는 동의했다. 왜냐하면 저학년 학생의 경우 아랍어수업이 의무적이었고 따라서 시험의 '위협과 권력'을 통해 학습이 더 효과적으로 이루어질 수 있기 때문이었다. 반면 고학년(고등학교)의 경우 아랍어가 선택과목이고 아랍어 공부를 강요하거나 압박을 주기 위해 시험을 사용할 필요가 없었다.

(h) 시험이 학습 증진에 미친 영향

모든 고학년 담당 교사는 아랍어시험이 고학년의 학습을 촉진시키지 않았다고 주장했다. 외부적 개입이 없어도 학생들은 아랍어 공부에 전념했기 때문이다. 이와 달리 저학년 담당 교사는 시험 사용에 긍정적인 입장을 취했으며 확신하지는 못했지만 아랍어시험이 학습을 촉진시켰을 것이라고 말했다.

교육부가 아랍어시험에 새로운 내용을 집어넣어 교사로 하여금 그 내용을 가르치게 함으로써 학습을 촉진시키려고 했다는 점에 대해 모든 교사가 불만을 표출했다. 교사들은 그런 방법이 학습을 효과적으로 증진시킬 수 있다는 가능성을 부인했다. 왜냐하면 새로운 내용의 교수법에 대해 아무런 교육도 받지 않았기 때문이었다.

(i) 관료가 인식한 시험의 영향

예전엔 학생과 교사 사이에서 시험불안이 컸으나 시험불안과 제재에 대한 두려움이 차츰 감소했다는 사실을 아랍어 장학사들은 의식했다.

그들은 일부 교사들이 아랍어시험을 전혀 시행하지 않았거나 아랍어시험을 준비가 필요 없는 퀴즈 정도로 여겼다는 사실도 알았다. 하지만 장학사들은 시험에 여전히 문제점이 있긴 하지만 시험을 속행해야 한다고 말했다. 왜냐하면 아랍어시험을 중단할 경우 자국 내 아랍어 능숙도가 떨어질 것이라고 생각했기 때문이다. 나아가 아랍어시험이 교사, 학생, 학부모가 인식하는 아랍어의 위상을 높였기 때문에 시험이 사라질 경우 아랍어를 공부하는 학생수가 감소할 것이라고 주장했다.

결론

세 차례의 연구를 바탕으로 아랍어시험의 결과를 고찰하는 동안 몇 가지 연구결과가 드러났다.

시험이 도입된 해에 수행한 첫 번째 연구를 보면 시험의 힘으로 교사와 학습자의 행동이 바뀌었으나 시험이 눈앞에 보이는 동안만, 즉 시험 시행 직전까지만 그 힘이 작용했다.

첫 연구로부터 삼 년 뒤에 실시한 두 번째 연구에서는 시험이 좀 더 광범위한 영향을 끼치고 있음을 발견했다. 즉, 시험내용이 교육과정, 교수, 학습 등 전 영역에 통합되었듯이 아랍어시험은 아랍어를 가르치는 모든 영역을 변화시키는 힘을 갖게 되었다. 그러나 이런 현상은 아마도 아랍어 교육에 대한 지식이 전무했던 탓일 가능성이 높다. 현장에서 유익함을 줄 수 있는 교사교육이나 개정된 교육과정 등을 대신해서 시험이 지식의 근원을 제공하였다. 이런 상황일 때 시험은 가장 강력한 힘을 발휘하고, 그 효과가 잘 드러나며, 교육 행위를 눈에 띄게 변화시킨다.

세 번째 연구는 시험 시행이 시작된 지 팔 년이 지나 시험이 일상처럼 되어버린 시기에 수행되었다. 시험 도입 당시 장학사가 가졌던 의도와 목표가 달성되었는지 고찰할 수 있는 연구였다. 연구자료를 분석한 결과 아랍어시험이 특정 교수법으로 변화시켰지만 교수법 이외엔 장학사의 당초 계획을 실현시키지 못했다. 시험이 아랍어 과목의 지위와 수준을 격상시키지 못했고, 아랍어를 학습하는 학생수(아랍어 위상의 지표)를 증가시키지도 못했다.

하지만 장학사는 종전대로 매년 아랍어시험이 시행돼야 한다고 주장했다. 그들은 아랍어시험으로 인해 교사, 학생, 학부모가 인식한 아랍어의 지위가 증진되었다고 판단했다. 시험이 사라질 경우 이스라엘의 아랍어 능숙도가 떨어지고 아랍어를 공부하는 학생수도 감소할 것이라고 우려했다. 시험이 장학사에게 훈육도구로 인식된 것이다. 이로써 장학사는 교육적 조치를 취하고 있다는 환상과 교육체제에 대한 관료적 힘과 통제력을 갖게 되었다. 무엇보다도 유의미한 교육적 조치를 취하지 않는 데 대한 변명거리가 제공되었을 가능성도 높다. 일각에서는 이런 사실이 당초 시험이 도입된 주 원인일지도 모른다고 주장한다.

10장

영어시험

사회적 맥락

학교와 사회에서 위상이 낮은 아랍어와 달리 영어는 사회적 위상이 매우 높다. 심지어 히브리어보다도 높은 지위나 위상을 지닌다고 주장되기도 한다. 현재 국제어(lingua franca)로서 타 언어 사용자 간의 의사소통 수단이라고 할 수 있는 영어는 성공적인 직업을 구하고 승진, 학업, 사업을 위해선 필수적인 언어이다. 능숙한 영어실력이 있다면 대부분의 직장이나 대학에 들어갈 수 있을 정도로 이스라엘에서도 영어 지식은 성공의 지표로 여겨진다. 모든 학생과 학부모가 이런 사실을 알고 있으며 영어공부에 대해 긍정적인 태도와 동기를 갖고 있다. 학생은 아주 어릴 적부터 영어 과외교습을 받기 시작하며 학교에서 영어 수업이 제공되는 학년이 점점 낮아지고 있다(1학년 때 영어를 가르치는 학교도 많지만 현재로선 대체로 3학년부터 시작한다). 그렇기 때문에 영어시험의 위상은 아랍어시험이나 독해시험의 위상과 매우 다르다. 높은 등급으로 영어시험을 통과하면 상류층에 편입할 가능성이 높아진다. 영어시험은 결국 고부담시험이다. 따라서 정책결정자가 어떤 기대와 의도로 영어시험을 도입하는지, 영어시험이 영어를 정의하고 배우고 가르치는 것에 어떤 효과를 미치는지 알아볼 필요가 있다. 영어과목의 위상과 영어에 능숙한 자가 가진 권력을 고려할 때 영어가 학습에 미치는 영향은 상당할 것으로 예상된다. 하지만 동시에 정책결정자는 교육과정에 관한 계획을 추진하기 위해 영어시험을 사용할 것이다.

이 장에서는 중등학교 졸업시험으로 사용되는 외국어로서의 영어(EFL) 구술 능숙도시험의 효과와 결과를 고찰한 두 연구를 살펴본다(다음을 참조할 것. 쇼하미(Shohamy), 1993, 1997, 1998; 쇼하미 외; 1996). 첫 연구는 이 시험이 처음 도입된 1986년에 나타난 구술시험의 효과를 고찰했다. 두 번째 연구는 십 년 뒤인 1996년에 도입된 개정된 구술시험의 효과를 고찰했다.

연구 1: EFL 구술시험의 의도와 효과

배경

EFL(English as a Foreign Language) 구술시험은 12학년말에 고등학교 졸업예정자를 대상으로 시행되는 대입 국가시험의 일환이다. 일련의 실험을 거쳐 1986년에 구술시험이 도입되었다(쇼하미, 레베스(Reves), 베하라노(Bejarano), 1986). 이 시험은 인터뷰, 역할극, 내용 전달하기, 사진묘사, 문학 등 말하기 상호작용을 대표하는 여러 가지 과업으로 구성되었다. 시험은 개인 학생을 대상으로 두 단계로 나뉘어 여러 평가자에 의해 시행되었다. 첫 단계는 인터뷰와 역할극으로 구성되었고 둘째 단계는 사진묘사와 문학 시험으로 이루어졌다. 각 단계는 약 7분간 진행되었다. 이 시험 이전에 시행된 구술시험은 대화와 유사한 비조직적인(unstructured) 구술시험으로 구성되었었다.

의도

1986년에 새로운 구술시험을 도입한 주된 의도는, 당시 수석 장학사가 설명했듯이, EFL 교실에서 구어를 좀 더 강조하고 교사가 구어를 가르치게끔 하여 결국 고등학교 졸업자의 영어 말하기 능숙도를 향상시키는 것이었다. 바그루트(Bagrut: 중등학교 졸업시험)를 사용하여 고등학교 교육과정에 영향력을 행사하는 일은 중등학교 교과과정의 다른 교과목뿐만 아니라 영어교육에서도 일관되게 사용되는 정책이었다. 그런 교육제도에서 바그루트 시험은 영어교육현장에 권력을 행사하는 방법이 되었다. 수석 장학사는 '교육과정이 목표대로 수행되게끔 하는 가장 효과적인 방법이 최종 졸업시험' 이라고 인정했다(게펜(Gefen), 1983). 그리하여 바그루트는 '비공식적인 교수요목' 이 되었다. '시험에 특정 내용을 집어넣음으로써 다음해에 그 내용을 가르치도록 할 수 있다' (호로비츠(Horovitz), 1986). 일년 동안 실험 단계를 거쳐 두 명의 외부 시험관이 평가하고 인터뷰, 독백, 역할극, 구술 문학시험(모두 등급 척도를 사용하여 채점)이 포함된 새로운 구술시험이 1986년에 시행되었다.

효과

연구방법

5년 이상의 경력교사 10명과 신임교사 5명을 포함한 총 15명을 대상으로 한 관찰과 인터뷰 자료를 통해 구술시험이 교실의 영어 말하기 교육에 끼친 효과를 고찰했다. 주요 결과는 다음과 같다.

구어 교육에 사용된 시간

모든 경력교사는 구술시험 도입 전보다 구어 교육에 사용한 시간이 늘었다는 점에서 시험의 도입이 그들의 행동에 영향을 끼쳤다고 말했다. 그중 다섯 명은 새 시험이 도입되기 전에는 구어 교육에 전혀 시간을 할애하지 않았다고 말했다. 교사경력이 최대 3년인 초보교사들은 시험의 영향을 받지 않았다고 주장했다. 교사교육기관에서 이미 구어 교육에 대한 교육을 받았기 때문이었다.

교실 활동

구어 교육에 사용된 구체적인 교실활동은 시험에 포함된 활동(인터뷰, 역할극, 사진묘사, 내용 전달하기)과 동일했다. 다른 활동이 관찰되거나 교사 인터뷰에서 보고되지 않았다. 학습주제와 역할극 목록을 교육부가 발행한 시험대비용 소책자에 담았기 때문에 이런 경향이 심화되었을 가능성이 있다. 이 책자는 이전 시험에서 새로운 구술평가 체제로 쉽게 이행시키기 위해 고안된 것이다. 교사는 책자를 통해 시험을 대비해서 연습할 구체적인 활동을 구성하였다.

교사들이 모의고사식 활동에만 입각해 구어를 인식하고 있다는 사실이 연구결과에서 드러났다. 이를테면 '구어 능숙도'를 정의해보라는 질문에 '언어로 역할극을 하는 능력' 또는 '인터뷰'라는 식으로 대답하는 교사가 많았다.

경력교사 대 초보교사

시험의 영향이란 측면에서 경력교사와 초보교사 사이에 큰 차이점이 발견되었다. 신임교사는 구어를 가르칠 때 다른 활동보다 모의고사식 활동을 자주 사용하는 편이었다. 예를 들어, 그들은 교실에서 토의, 토론, 재연, 강의, 놀이, 그룹 활동 등 다양한 의사소통 활동을 시도했다.

그들은 새 구술시험이 새로운 교수법을 제시했기 때문에 창조적인 상호작용 활동을 실험해볼 수 있었다고 말했다. 초보교사가 교사교육 프로그램을 통해 다양한 구어 교수법에 친숙하다는 사실로 초보교사와 경력교사 사이의 차이점을 설명할 수도 있다. 반면 그런 교육을 받지 않은 경력교사는 구어 교육을 위한 자료를 주로 시험에서 찾았다. 경력교사들은 새 구술시험을 학생들이 시험준비를 할 수 있도록 그들에게 떠맡겨진 짐처럼 여겼고 그 목표를 달성하기 위해 최단 경로를 택한 것이다.

새 구술시험은 영향력을 끼쳐 이전까지 가르쳐지지 않은 부분에 대한 관심을 분명 효과적으로 유도했다. 새로운 EFL 구술시험 때문에 실제로 교사들은 구어를 가르치는 데 들이는 시간을 늘리고 예전보다 그 중요성을 강조했다. 교육부에서 원하던 수업 방식 그대로는 아니었지만 시험 시행에 앞서 시험내용이 교과교육에 포함되었다는 점을 주목할 만하다. 이전까지는 다른 과목을 통해서만 영어 말하기가 가르쳐지고 있었기 때문이다. 결국 교육부는 새 구술시험 도입을 통해 교육부에서 중요시하는 특정 학습내용이 가르쳐지도록 유도하는 데 성공했다. 또한 학생은 목표를 확실히 잡고 학습의 과정 중에 시험이 유용하다는 점을 알게 되었다.

그러나 수업에서 제공되는 내용을 주목해서 보면 수업은 모의고사 방식이 되었다. 새로운 교수법과 교수자료 모두 모의고사 방식이었다. 교실에서 가르치는 것이 그대로 시험으로 연결되었다. 이전까지는 없던 수업 방식이었다.

모의고사식 활동을 하는 이유로 교사들이 구어 영역을 가르치도록 교육받은 적이 없기 때문일 가능성이 높다는 부분도 주목해야 한다. 말하기 교육에 대한 적절한 교수지식이 없던 교사들은 접근이 가장 용이한 수단인 시험에 의지했다. 즉, 교육당국이 경력교사에게 구어교육에 대한 연수교육을 제공하지 않았기 때문에 교사들은 교수법을 고안하기 위해 유일한 자료인 시험에 의존하게 되었다.

결론

EFL 장학사가 밝힌 구술시험 도입의 목적은 간과되고 있던 구어 교육에 대한 교사의 관심을 이끌어내는 것이었다. 연구결과를 검토해보면 그 목표는 달성되었다. 교사는 실제로 상당한 시간을 들여 구어를 가르쳤다. 그러나 수업에는 시험에 나오는 과업, 즉 인터뷰, 독백, 역할극 등만이 포함되었다. 그렇기 때문에 수업에서 가르치면서 실질적인 구어 지식이 된 것은 '구어' 라기보다 훨씬 좁은 의미의 '시험용 구어(oral test language)' 였다.

연구 2: 개정 구술시험의 의도와 효과

이 연구는 1996년에 이스라엘 교육제도에 도입된 개정 구술시험의 의도와 영향을 고찰한 것이다(쇼하미, 도니챠-슈미트(Donitsa-Schmidt), 퍼먼(Ferman), 1996).

배경

EFL 구어시험은 1986년 이후 영어교육의 일부가 되었다. 시간이 가면서 구술시험은 여러 부분에서 수정되었다. 1994년에 교육부가 두 명의 외부 시험관 대신에 외부 시험관 한 명과 학교 교사인 내부 시험관 한 명으로 학생을 평가하기로 규정하면서 첫 번째 변화가 생겼다. 그 외 다양한 변화가 1996년 여름에 이루어질 계획이었고 이는 교육부 공보에서 발표되었다. 변화 내용은 다음과 같다.

- 다독 영역이 추가되며 이 영역에서 학생은 시험 전에 읽은 두 권의 책에 대해 설명한다. 학생은 독서파일을 준비하여 구술시험 한 달 전까지 교사에게 제출한다.
- 기존 역할극은 '수정된' 역할극으로 대체된다. 이 영역에서 학생은 다양한 형식과 큐 카드를 바탕으로 평가자에게 일련의 질문을 하게 된다.
- 인터뷰와 독백 영역은 심층 인터뷰로 대체된다.
- 정확성과 유창성을 측정하는 등급 척도가 일부 수정되며 새롭게 과업 중심의 척도가 추가된다.
- 문학 영역은 변화 없이 유지된다.

의도

EFL 영어 장학단이 밝힌 개정 구술시험 도입의 근본적 이유와 의도는 '진정한 말하기와 의사소통의 기회를 제공하고 학생의 전반적인 구어 능숙도 수준을 측정하는 것' (스타이너(Steiner), 1995: 15)이었다. 목표는 학생의 독서를 장려하는 것이었다.

> '즐거운 독서(Reading for Pleasure)' 프로그램은 구술 졸업시험 날에 나오는 최종 결과물이 아니라 하나의 과정으로 생각하는 것이 중요하다. 이 프로그램은 초등학교 때 시작해서 고등학교 때까지 이어져야 하는 하나의 과정이다. (스타이너, 1995: 2)

따라서 '학생의 독서를 장려하고 진정한 말하기와 의사소통의 기회를 제공하고 학생의 전반적인 구어 능숙도 수준을 측정하는 것' (스타이너, 1995: 15)이 개정 시험의 전반적인 의도였다.

효과

연구방법

다음과 같은 방법으로 시험의 효과를 고찰했다. 연구 표본에는 교사, 학생, 장학사가 포함된다. 9~12학년 EFL 교사 16명, 10개 학급의 학생 200명 중 무작위로 선택한 9~12학년 학생 50명, 국가 EFL 장학사와 지역 EFL 장학사 4명을 대상으로 연구를 실시했다.

세 가지 절차를 거쳐 자료를 수집했으며 각 절차는 다음과 같다.

(a) 설문조사: 학생을 대상으로 설문조사를 시행했다. 시험에 대한 의식, 교수활동에 할당된 시간, 시험준비에 사용된 시간, 시험이 학습에 끼친 효과에 대한 태도, 시험의 질에 대한 시각 등의 변인에 역점을 두었다. 24개의 리커르트 척도 문항(일부는 1~5등급, 나머지는 1~3등급)과 8개 문항의 개방형 질문을 사용했다.

(b) 조직적 인터뷰: 교사와 장학사를 대상으로 조직적 인터뷰를 실시했다. 인터뷰에는 시험준비, 시험에 대한 학생 · 교사 · 교장 · 부모의 의식, 교수와 평가의 관행 등 여러 측면에 대한 시험의 영향, 사용 가능한 교재, 학습과 개정 구술시험에 대한 학생과 학교당국의 태도, 시험의 질에 대한 시각 등에 관한 질문도 포함되었다.

(c) 문서 분석: 시험과 관련해서 교육부 장학단이 발행한 교육부 장관 공보(Director General Bulletins, 1984-96)와 지침서를 분석했다. 또한 장학단으로부터 교사와 평가자가 받은 자료, 교수용 교재, ESL 교사 저널도 분석했다.

연구 결과

앞 장에서 살펴본 아랍어시험과 마찬가지로 구술시험의 효과에 대한 결과를 다음의 아홉 가지 측면에 따라 분석했다. (a) 시험이 교실활동과 시간 할당에 미친 효과 (b) 교수자료 (c) 시험에 대한 의식 (d) 시험 결과의 효과에 대한 인식 (e) 평가된 과목과 능력의 지위 (f) 시험의 질에 대한 인식 (g) 시험의 중요성에 대한 인식 (h) 시험이 학습 증진에 미친 영향 (i) 관료가 인식한 시험의 영향

(a) 시험이 교실활동과 시간 할당에 미친 효과

교사 인터뷰를 바탕으로 교수법뿐만 아니라 내용에도 구술시험이 가르치는 것에 영향을 끼쳤음을 알게 되었다. 교사들은 영어과 장학단이 교수법에 대해 아무런 교사교육도 제공하지 않았기 때문에 현 시험을 바탕으로 수업을 했다고 덧붙였다. 또한 교사들은 시험을 준비하기 위해 구체적인 교수활동을 이용한다고 말했다.

고학년 담당 교사 여덟 명(그들이 가르치던 학생들은 1996년에 구술시험을 치러야 했다)은 시험에 나오는 구술능력에만 집중해서 수업을 한다고 말했다. 즉, 인터뷰, 길게 말하기, 질문하기, 문학작품에 대해 토론하기, 읽은 책 설명하기, 독서파일 사용하기 등을 중심으로 수업을 진행했다는 뜻이다. 학생들은 교사나 급우와 함께 시험 상황을 재연하여 이런 능력을 연습하였다. 또한 교사들은 브레인스토밍, 짝활동, 집단 토론, 연설 등을 사용한다고 말했다. 그들은 구술시험에서 학생들의 성취도를 높이기 위해 이 같은 연습을 한다고 말했다. 시험이 교수법에 끼친 영향에 대해 고학년 담당 교사들은 공통적으로 다음과 같은 반응을 드러냈다. "물론 저는 시험을 준비하기 위한 과업을 가르칩니다", "모의시험 환경을 조성해서 수업을 합니다", "시험에 나온 대로 가르치는 방법 이외에 대안이 없습니다", "구술시험이 제 수업에 영향을 끼쳤냐고요? 물론이죠. 영향이 있어야 하고 말고요!"

반면에 저학년 담당 교사 네 명은 시험에 나오는 구술능력에 집중

하기보다 학급 토론, 게임, 학생 간 대화, 학생이 진행한 소강의, 토론 클럽, 소연극, 오디오 녹음, 비디오 녹화 등 좀 더 창의적인 구술활동을 진행했다. 저학년 담당 교사들은 공통적으로 다음과 같은 반응을 보였다. "아직 시험에 대한 압박이 없어서 좀 더 창의적인 수업을 할 수 있어요", "제 학생들이 구술시험에 대해 알고 있어서 시험에 나오는 활동을 하고 있지만 다른 활동도 합니다", "직접적으로 시험에 대비하고 있지 않기 때문에 다양한 구술 활동에 시간을 쓸 수 있습니다".

설문조사에 드러난 학생들의 응답을 통해 위의 사실을 확인할 수 있다. 고학년 학생 중 54.3퍼센트가 시험을 집중적으로 대비하고 있다고 응답한 반면 저학년 학생 중 13.3퍼센트만이 시험을 집중적으로 대비한다고 응답했다.

시간 할당을 보면 고학년 교사는 2년 동안 한 주에 1.5~2시간(총 영어 수업은 5시간)을 시험 대비에 할애했다고 응답했다. 그들의 응답을 인용하면 다음과 같다. "물론 구술능력을 다루기 위해 시간을 냅니다. 그렇지 않았다면 [즉, 구술시험이 없었다면] 그렇게 시간을 내지 않겠죠." 그들은 학생을 개별적으로 지도한다고 응답했는데 주된 이유는 학급 앞에서 말하는 데 서툰 학생들이 몇몇 있었고 학생들의 시험불안을 줄이기 위해서였다. 시험 날짜가 다가오면서 수업 강도를 상당히 높혔다고 교사들은 응답했다. 응답을 인용하면 다음과 같다. "시험 한 달 전쯤부터 구술 활동에 들이는 시간을 늘릴 것입니다", "구술활동에 들인 시간이 부족한 것 같습니다. 그래서 구술활동에 집중하는 시간을 늘려야 합니다". 또한 교사들은 시험 이틀 전부터 학생들이 시험준비로부터 벗어나게 되리라고 응답했다. 반면에 저학년 담당 교사는 평균 일주일에 한 시간씩 구술 활동에 할애한다고 응답했다. 응답을 인용하면 다음과 같다. "매 수업의 20퍼센트를 구술 활동으로 보냅니다", "주 평균 한 시간을 구술 능숙도를 높이는 데 사용합니다".

시간 할당에 대해 학생들은 설문조사에서 다음과 같이 응답했다. 고학년 학생 중 74.3퍼센트가 일주일에 한 시간 이상 구술시험에 대비한다고 응답했다. 반면 저학년 학생 중 20퍼센트만이 구술활동을 한다고 응답했다.

교사는 구술시험의 시행이 중지되었다면 교수법에 영향을 미쳐서 구어를 가르치는 시간이 줄어들고 다른 언어 능력을 가르치는 시간이 늘어났을 것이라고 말했다. 교사 응답을 인용하면 다음과 같다. "시험이 없다면 다시 문어교육만 할 것입니다", "말하기를 가르칠 의도가 사라질 것입니다", "교사들은 교육부에서 평가하는 능력에 집중하게 될 테고 구술 능력은 단지 그 부산물이 될 것입니다".

(b) 교수자료

구술시험의 개정이 공표된 후 상당량의 새 교재가 출간·판매되었다. 교과서, 오디오/비디오 테이프, 신문 등 교수자료는 충분했다. 영어과 장학단은 시험을 대비하기 위해 교사에게 시중에 판매되는 교수자료를 사용하도록 장려했다. 교재는 시험을 잘 보기 위한 기술에 초점이 맞춰져 있기도 했지만 시험에 출제되는 구술능력에 맞춰 고안된 것도 있었다. 이를테면 문학을 가르치기 위한 비디오테이프나 책, 길게 말하기를 위한 TV 시리즈, 개정된 역할극에 대비해 학생의 질문능력을 키우기 위한 큐 카드, 구술시험에 나오는 문학 관련 청취자료, 심층 인터뷰를 위한 신문 등이 있었다.

(c) 시험에 대한 의식

교사 인터뷰에 따르면 각 교사는 1996년도 구술시험의 개정사항을 학년 초에 학생들에게 공지했다. 새 시험의 형식과 내용 그리고 등급 척도에 대해 상세한 정보가 학생에게 제공되었다. 실제로 학생들의 설문조사 결과 고학년 중 97.1퍼센트와 그 부모 중 60퍼센트가 새로운 EFL 시험의 수정사항을 알고 있었다.

(d) 시험결과의 효과에 대한 인식

새 시험 탓에 교사와 학생 사이에서 시험결과에 대한 불안과 두려움이 고조되었다고 교사 대부분이 응답했다. 교사들은 학생의 성패에 따라 그들에 대한 인식이 좌우되며 시험을 대비한 교재를 전부 다뤄야 한다는 압박감을 언급했다. 응답한 교사 중 한 명은 다음과 같이 말했다. "장학사들이 압박감을 조성했고 우리를 점검하기 위해 언제든 올 수 있다고 통고했습니다."

학생 설문조사도 그 양상이 비슷했다. 시험불안 측면을 볼 때 학생 중 96퍼센트가 시험에 대해 상당히 불안감을 느낀다고 응답했다. 설문조사에 참여한 전체 학생 중 86퍼센트가 시험결과가 졸업시험 총점에 상당 부분 영향을 끼칠 것이라고 믿었고 70퍼센트가 시험결과가 향후 학업 성공에 영향을 끼칠 것이라고 생각했다.

(e) 평가된 과목과 능력의 위상

교사는 EFL 구술시험의 지위를 인식했다. 응답을 인용하면 다음과 같다. "구술시험으로 구술 능숙도에 공식적 위상이 생겼습니다." 인터뷰한 교사 16명 중 10명은 학교장이 구어의 위상이 향상된 원인을 구술시험에서 찾는다고 응답했는데 그런 사실은 다음과 같은 변화를 통해 드러났다.

- 구술시험을 대비한 연수 프로그램의 일환으로 영어과 장학단이 회의와 워크숍을 마련했다. 이곳에 참가할 수 있도록 해당 교사가 수업을 면제받았다.

- 학교에서 시험 대비에 필요한 복사물에 대해 특별 예산을 할당했다.
- 학교에서 추가적으로 다독에 관한 시험용 도서를 구매해 학교 도서관에 비치했다.
- 학교장이 학생에게 추가로 도서 구매를 지시했다.

(f) 시험의 질에 대한 인식

EFL 교사 모두 시험의 질에 대해 부정적인 태도를 보였다. 그들 모두는 시험의 타당도와 신뢰도가 낮다고 평가했으며 인터뷰에서 다음과 같은 이유를 나열했다.

- 개별적인 구술평가는 학생 점수에 영향을 미치는 여러 요소의 영향을 받는다. 이를테면 시험에 앞서 평가자에 의해 조성되는 시험불안이나 선입견 등이 있다.
- 시험 시간이 너무 짧아서 학생의 구술 능숙도를 제대로 반영하기 어렵다.
- 교사교육이 충분히 제공되지 않은 만큼 평자가는 전문가가 아니다. 이를테면 평가자는 영어과 장학단이 제공한 객관적인 등급 척도를 무시하는 경우가 자주 있다.
- 시험 절차가 진정성이 떨어지는 평가 상황에 기반을 두고 있다.

교사들은 시험의 현재 형식을 비판하고 시행 절차가 매우 난해하다는 점을 인식했다. 그러나 이들은 장학단에 의한 몇 가지 개정에 동의했다. 이를테면 교사를 내부 시험관으로 정하고 역할극과 독백을 시험에서 제외하는 등의 개정에는 찬성했다.

(g) 시험의 중요성에 대한 인식

교사들은 구술시험의 중요성을 깨닫고 교육부가 시험을 중지하지 않기를 원했다. 의사소통을 위한 구술 능력을 강조하게 되고 그 결과 학생들이 구어를 배우게 되는 점 때문에 그들은 구술시험을 중요하게 생각했다. 그중 한 교사는 나중에 학생들에게 이런 능력이 필요할 것이라는 점을 다음과 같이 지적했다. “학업 수행을 위해 모든 학생에게 영어가 필요하지는 않지만 서구 세계에 편입하고 현대 기술을 활용하기 위해 학생 모두 영어로 말하는 능력이 필요할 것입니다.”

학생들은 자신의 영어능력을 평가하는 데 구술시험이 가장 중요한 준거라고 생각했으며 교사는 그런 사실을 인식했다. 학생들 대상의 설문조사를 통해 이 점을 확인할 수 있었다. 응답자 중 82퍼센트가 구술시험을 매우 중요하게 여겼고 84퍼센트가 구술시험을 잘 보는 것이 자신에게 상당히 중요하다고 답변했다. 개방형 질문에서 학생들은 다음과 같은 이유를 언급했다. “구술시험은 공식적인 졸업시험의 일부입니다”, “구술시험은 교육부에서 주관하는 필수시험입니다”, “구술시험을 보지 않고선 영어 과목에서 졸업시험 점수를 받을 수가 없어요”, “이 시험은 자신의 진짜 영어 능력을 보여줘요”.

(h) 시험이 학습 증진에 미친 영향

교사들은 구술시험을 시행함으로써 학생과 교사의 관심을 구술 능숙도에 집중시키는 데 상당한 효과가 있었다고 말했다. 구술능력에 대해 자주 가르치고 배우게 된 것은 구술시험 시행의 직접적인 결과 때문이었다. 하지만 교사들은 구술시험의 전 영역이 학습증진에 직접적인 효과가 있었던 건 아니라고 응답했다. 다독의 중요성을 인정하긴 했지만 교사가 학생이 읽는 책을 관리하기 어려웠고(학생이 직접 책을 선택하기 때문에) 학생이 실제로 읽었는지 여부를 파악하기도 어려웠다면서 구술시험에 출제되는 다독 분야의 현재 형식을 비판했다. 교사 응답을 인용하면 이렇다. "전부 엉터리 같습니다", "제가 여기서 평가하고 있는 것이 뭔지 모르겠습니다", "도대체 자신도 읽지 않은 책으로 어떻게 학생을 평가하겠습니까?!", "이 영역은 정말 무의미한 것 같습니다" 시험에 출제된 읽기 문제가 독서능력 증진에 도움이 안 됐기 때문에 이들은 현재 형식을 유지할 때 다독이 정말 독서를 장려할 수 있을지 의구심을 가졌다. 게다가 교사는 영어과 장학단이 제공하는 구술시험에 대한 교사교육이 불충분하다고 불만을 드러냈다.

구술시험이 학습 증진에 미치는 영향력과 관련해서 학생 설문조사가 다음 내용을 밝혔다. 시험이 학습을 증진시킨다는 질문에는 학생 중 68퍼센트가 '꽤 그렇다', '매우 그렇다' 고 응답했다. 그리고 학생 중 92퍼센트가 구술시험의 목표가 학습 수준의 증진이라고 답변했다. 구술시험이 학생의 영어능력에 미치는 효과와 관련해서 34퍼센트가 영어능력은 시험의 영향을 많이 받는다고 응답했으며 46퍼센트가 거의 영향을 받지 않는다고 응답했다.

(i) 관료가 인식한 시험의 영향

영어과 장학단은 구술시험의 도입이 교육에 매우 긍정적인 영향력을 발휘했으며 가르치는 일에 역류효과도 컸다고 말했다. 이들은 교육적 관점에서 보면 구술시험이 대단히 성공적이었고, 시험이 고학년을 대상으로 치러지기는 했지만, 고학년뿐만 아니라 저학년 학생의 구술능력도 확장시켰고 구술능력의 중요성이 부각될 수 있었다고 인식했다. 장학사는 다독 영역이 역류효과를 가져오기 위해 추가되었다고 설명했으며 이미 그 역류효과가 드러났다고 생각했다. 즉, 학생이 구술시험을 대비해서 준비한 독서파일을 통해 고학년은 물론 저학년 학생도 영어를 읽게 되었다는 것이다. 영어과 장학단은 구술시험의 중요성을 믿었고 구술시험이 폐지되면 더 이상 교사가 구술능력을 가르치지 않을 수도 있다고 주장했다. 이들은 또 시험방법에 대한 연수 프로그램이 별로 없었으며 구술시험을 위한 교수법 관련 프로그램도 전혀 없었음을 인정했다. 영어과 장학단은 영어교사가 구술시험을 주 지침서로 활용한 교수지식을 적용하여 구술영어에 관한 목표를 달성하리라 기대했다.

결론

EFL 시험은 분명 교실활동, 시간 할당, 수업내용과 교수법에 큰 영향을 주었다. 비디오 자료, 텔레비전 시리즈, 큐 카드, 오디오 자료 등 구술시험을 위해 새 교재가 충분히 제작되어 시중에 출간되었다. 교사는 시험에 출제되는 구술능력만 집중해서 가르친다고 말하며 다음과 같이 언급했다. "물론 시험에 나오는 과업을 가르칩니다. 시험에 나온 대로 가르치는 것 말고 다른 대안은 없습니다". 하지만 저학년 담당 교사는 학생들이 구술시험을 보지 않기 때문에 다양한 구술 과업을 사용해서 좀 더 창의적으로 수업을 진행했다. 또한 고학년 담당 교사 중 대다수가 학생의 성패가 그들에 대한 인식을 좌우한다고 여겨 교재를 전부 다뤄야 한다는 강한 불안감, 두려움, 압박감을 느낀다고 말했다. 교사들은 시험의 질에 대해 매우 비판적이었던 반면 '시험이 구술능력에 공식적인 지위를 부여한다'는 등 시험이 지닌 지위를 높이 평가해 교육부가 시험을 폐지하지 않기를 희망했다.

주목할 점은 교육과정, 교사교육, 수업내용이 전혀 개정되지 않았다는 것이다. 구술시험이 이 모든 역할을 수행해야 했고 시험은 실질적인 새 교육과정, 새 교수법 모형, 새 교수자료가 되었다. 그런데 이는 공식적인 교육과정의 내용과 사뭇 달랐다. 결국 구술시험이 교육당국에게 제공한 것은 다른 교육 영역에 대한 투자가 필요 없는 저비용 장치였다. 이는 실질적인 새 정책을 부과하고 실행할 수 있는 힘이 시험에 있었기에 가능한 일이다.

(구술시험의 실제 영향은 조사도 안 한 채) 영어과 장학단은 압도적으로 다음과 같은 반응을 보였다. "고학년은 물론 저학년 학생에게도 구술시험의 도입은 대단히 성공적이었고 교육적으로 매우 긍정적인 영향력을 발휘했다." 구술시험이 다가올 EFL의 미래에 대해 상당한 희망을 장학단에게 심어 준 것이다.

> 우리는 구술시험의 개정을 통해 학생들이 영어를 좀 더 가까이 하고 자신의 읽기와 쓰기능력에 자신감을 갖게 될 것이며 무엇보다도 졸업시험을 위한 학습이 아니라 영어 자체에 대한 학습이 가능해지리라 확신합니다. (스타이너, 1995: 15)

지금까지 살펴본 사례에서 언어능력을 측정하는 것이 시험을 도입한 목적이 아니었다는 점을 주목해야 한다. 개정 전이든 개정 후든 언어 능숙도라는 측면에서 시험결과에 주목한 경우는 없었다. 어떤 사례에서도 학생이나 교사가 언어수행에 도움이 되었을 만한 피드백이나 진단을 받지 못했다. 오히려 EFL 시험은 교육 관련 계획을 시행하기 위한 방아쇠이자 수단으로만 사용되었다.

11장

시험 사용의 사례

8장에서 10장까지 시험을 사용하는 의도와 그 효과를 고찰한 경험적 연구를 살펴보았다. 이 장에서는 시험 사용 사례를 좀 더 살펴보고자 한다. 일부 사례는 연구를 바탕으로 한 사례이며 나머지는 대체로 교육계와 정치계 내에서 이루어진 시험에 대한 보고와 논평이다.

배경

정책 시행을 위해 시험을 사용하는 것은 교육에만 국한된 일이 아니다. 특히 정치가는 통상적인 정책입안을 통해 해결하기 어려운 복잡한 정치적 쟁점을 해결하는 데 시험이 유용한 도구라는 사실을 알고 있다. 4장에서 지적했듯이 정치가의 관심을 끄는 시험의 특성 중 하나는 시험을 사용하여 임의로 커트라인 점수를 결정하고 유동적으로 할당 인원을 정할 수 있다는 점이다.

시험은 특수학급, 고등교육, 전문조직(예를 들어 의료업, 교직, 공군), 국가 등에 출입할 수 있는 허가증을 부여하기 위해 흔히 사용된다. 이런 목적으로 시험을 사용하는 근거는 (학생이든 졸업생이든) 어떤 집단에 효과적으로 참여하려면 시험에 나오는 지식을 알아야 된다는 것이다. 시험을 이런 식으로 사용하면 지식의 측정이라기보다는 정부 계획을 실행하는 데 시험이 사용될 뿐이다. 이를테면 정부에서 배제하고자 하는 자들을 차단하는 데 시험이 사용되기도 한다. 이런 경우에 시험은 알리바이가 된다. 즉, 선택과 배제를 정당화하는 합법적 도구가 되는 것이다.

앞으로 소개할 여러 사례에서 시험은 주로 정치가에 의해 정책의 입안, 인력 선발과 게이트키핑의 수단으로 사용된다.

게이트키핑을 위한 시험 사용

호주의 이민자 대상 언어시험이 선발과 게이트키핑 목적으로 사용된 시험 사례 중 하나이다. 오랫동안 호주는 정치적 목적으로 이민자에게 시험을 부과했다. 20세기 초에 사용된 '받아쓰기 시험'을 시작으로 1960년대까지 이민자를 제재하기 위한 시험 사용의 역사가 이어진다. 데이비스(Davies, 1996)는 이 모든 시험이 명백히 인종 차별을 위해 사용됐다고 지적한다. 연방 이민관의 재량으로 사용된 '받아쓰기 시험'은 시행 초기에 임의의 유럽어 50단어를 받아쓰는 식이었으나 후일에 시험출제 언어가 유럽어로 규정된 모든 언어로 확장되었다. 호손(Hawthorne, 1997)에 따르면, 받아쓰기 시험의 적용으로 1902년부터 1946년 사이 백인 이외의 '타 인종' 중 약 125,000명만 호주 입국이 허락되었다.

최근에는 두 시험이 이민자 수 감축과 망명자 문제 해결에 효율적이고 실용적인 해결책으로 호주 정부에 의해 사용되었다. ACCESS와 STEP이라는 시험으로 이민자를 선별하고 이미 호주에 거주 중인 망명

자의 수용문제를 해결하기 위해 도입되었다.

ACCESS 시험은 이민 허용인원 감축에 대한 중압감이 상당하고 심각한 경기침체를 겪고 있는 상황에서 도입되었다. 또한 영어능력이 부족한 이민자들 탓에 자국의 노동시장이 피해를 입고 있다는 근거도 나타나고 있었다. 영어능력이 부족한 이민자에 따른 영향과 업무능력에 대해 비판이 있었다. 그 결과 특정 직업을 갖기 위해 ACCESS가 요구되었음은 물론 전문직 종사자라도 이민을 하거나 호주 내에서 직업 등록을 하기 위해 이 시험을 준비해야 했다(ACCESS 시험에 대한 세부사항은 다음을 참조할 것: 호손, 1996; 맥나마라(McNamara), 1999). 1992년 이래 구직이나 이민에 필요한 점수를 획득하거나 성인가족 동반을 원하는 이민자 집단에게 ACCESS는 의무시험이 되었다. 시험의 질을 높이고 편파성을 최소화하기 위해 ACCESS는 전문가에 의해 개발되었으며 광범위하게 시행되었다.

정책 결정을 돕고 관료적 난관을 해결하기 위해 시험을 사용하는 또 다른 예로 STEP이 있다. 호손(1997)은 복잡한 정치적 맥락 내에서 STEP 시험이 개발된 상황을 자세히 기술했다. 당시 호주에는 지위가 불명확하거나 영주권을 바라는 외국인들이 있었다. 호주 정부는 영주권을 부여할 외국인을 정하기 위해 영어능숙도 시험을 시행하기로 결정했다. 시험 정보, 시험 준비용 교재, 수업, 준비기간 정보가 제공되었지만 영주권 희망자들은 탈락에 대한 두려움을 나타내며 강하게 반발했다. 이들은 망명 지위를 결정하는 데 언어 준거와 자격 준거를 사용한다는 점에 이의를 제기했다. 이런 방식이 타당하지 않고 비인간적이라고 여겨졌던 것이다. 시험을 시행한 결과 수험자 중 78퍼센트가 통과하긴 했지만, 이런 사실로 STEP 시험이 정책을 결정하고 복잡한 관료적 문제를 해결하기 위해 언어시험이 사용된 대표적인 사례라는 점을 부정하기 어렵다. 이에 대해 호손(1997)은 다음과 같이 정리한다.

> 게이트키핑 장치처럼 보이도록 고안된 STEP 시험은 사실 호주 정부가 대다수의 망명 희망자를 손쉽게 수용할 수 있도록 구성되었다. 즉, 호주 정부는 관리하기 어렵고 비용이 많이 들고 외교적으로 곤란할 수 있는 상황을 시험을 통해 겉으로 보기에 적절한 방식으로 통제한 것이다. (p. 253)

호손은 다음과 같이 주장하며 이와 같은 시험 사용을 비판한다.

> STEP 시험은 호주당국이 정치적 목적을 달성하기 위해 언어시험을 사용하는 사례가 증가하고 있음을 보여준다. …… STEP 시험은 (자격평가기구와 연합하여) 시의적절하고 비용이 낮고 행정절차상 간단한 해결책(거의 전적으로 사용자 부담 원칙에 기반하고 있다)을 호주정부에 제공할 수 있었다. 그 외에 STEP 시험에는 세 가지 이점이 내재한다. 즉, 호주연방정부는 정치적으로 변동이 심한 상황을 통제할 수 있게 되었고 호주의 사법제도는 상당량의 망명 신청서를 처리하는 문제로부터 벗어나게 되었다. 또한 중국, 파키스탄, 스리랑카의 젊은이들이나 기타 망명 희망자들은 영어시험에 힘입어 상대적으로 교육받고, 사회적으로 적응됐으며, 숙련된 이민자로 둔갑하여 호주에서 합법적으로 거주하기 시작했다. (pp. 257-58)

그런 다음 호손은 이런 목적으로 시험을 사용하는 것에 대해 전문가들에게 충고한다.

> 거시정치적 쟁점이 시험설계와 시행 그리고 그 결과에 상당한 영향을 미칠 가능성이 크다. (STEP처럼) 의도가 온건했든 그렇지 않든 간에 시험이란 응용언어학자의 상세한 윤리적 고찰을 요한다고 생각한다. 위와 같은 경우, 즉 언어능숙도 측정이 의심할 여지 없

> 이 광범위한 정치적 목적 달성의 구실이 될 때, 시험을 통해 무엇이 측정되는가와 관련된 구인타당도 검증절차만으로는 시험의 윤리성을 확보하는 데 불충분할 수도 있다. (p. 258)

인종 차별을 위한 시험 사용

1991년에 라트비아가 독립국이 되면서 국민 단결을 위해 라트비아 정부는 라트비아민족과 구소련에 의한 합병 이전부터 거주하던 사람들만 시민권을 갖도록 했다. 그런데 구소련이 1940년에 라트비아를 침공하여 합병한 이래 이미 적지 않은 러시아인이 라트비아로 이주하여 살고 있었다. 이런 상황에서 라트비아어 시험은 라트비아 거주민의 50퍼센트가 넘는 러시아민족의 시민권을 박탈하는 데 효율적인 도구가 되었다. 시민권을 받지 못한 러시아민족 중엔 평생을 라트비아에서 살아온 이들도 있었다. 어쨌든 러시아인이 시민권을 획득하고 일자리를 구하려면 엄격한 라트비아어 시험을 통과해야 했다. 하지만 라트비아어를 구사하는 러시아인이 많지 않았기 때문에 이들이 시험에 통과하기란 거의 불가능에 가까웠다. 결국 상당수의 러시아인이 라트비아를 떠나 타지에 정착해야 했다. 1996년에 발표된 보고서에 의하면 라트비아의 러시아인 거주자 수가 4년 만에 52퍼센트에서 35퍼센트로 극감했다. 라트비아어 시험이 러시아인 감소의 유일한 원인은 아니겠지만 이 시험은 분명히 인종 정화에 상당히 기여했다.

국민투표에서 53퍼센트가 귀화법 수정에 찬성하여 러시아민족이 라트비아 시민권을 획득하기 수월해지면서, 1998년 10월 러시아인이 라트비아 시민권을 획득할 수 있게 될 것이라는 발표가 나왔다. 그러나 귀화법은 여전히 시민권을 희망하는 성인에게 라트비아어 능력을 요구했다. 라트비아 내 러시아공동체에서 자란 수많은 러시아어 화자는 이를 불합리하다고 여겼다.

교육 수준 향상을 위한 시험 사용

클린턴 전 미국대통령은 1997년 2월 4일 있었던 국정연설에서 미국 교육제도의 문제점을 해결하는 데 가장 실용적인 해결책으로서 시험을 제시했다. 당시 그는 다음과 같이 제안했다.

> 학교가 교육기준을 달성하도록 돕고 그 진척상황을 측정하기 위해 우리는 향후 2년간 학생의 읽기와 수학 성취도 측정을 위한 국가시험 개발 노력을 주도할 것입니다. 미국의 모든 주가 연방정부의 높은 교육기준을 채택해야 합니다. 그리하여 1999년에 국가 기준 달성을 확인하기 위해 모든 4학년 학생이 읽기시험을 보고 모든 8학년 학생이 수학시험을 보게 될 것입니다.

국가시험 관련 법안이 공화당에 의해 부결돼 시험의 최종 행선지가 불투명해지긴 했으나 국가시험에 관련된 수사학을 고찰하는 것은 매우 흥미로운 일이다. 왜냐하면 모든 개별 학생을 대상으로 한 시험 개발에 미국 정부가 상당한 재원을 할당했고 날로 악화되는 미국의 교육제도를 그 시험이 개선해 줄 것이라 여겼기 때문이다. 클린턴 전 대통령은 국정연설에서 이렇게 결론을 내렸다. "우리가 목표를 높게 잡고 학생들에게 노력을 촉구한다면 그들은 세계 최고가 될 것입니다."

등록률 향상을 위한 시험 사용

미국 대학 내 외국어학습 강좌의 등록률 감소는 이미 잘 알려져 있다. 또한 대학에 필수언어 규정이 있을 경우 학생의 언어강좌 등록률이 엄청나다는 점에서 신입생을 대상으로 한 언어강좌가 대학의 언어 프로그램에 최고의 수입을 안겨 준다는 점도 잘 알려져 있는 사실이다. 그렇지만 최근 중등학교에서 외국어학습의 필요성을 강조하면서 대학의 언어강좌 등록률이 하락했다. 상당수의 학생이 고등학교에서 외국어를 배운 탓에 대학에서 언어강좌 수강을 면제받았기 때문이다. 요즘 고등학교에서는 주로 의사소통을 위한 언어활동을 강조하고 문법에 대한 관심은 실질적으로 줄어들었다. 이와 관련해서 한 동료 연구자가 자신의 대학교에서 시험을 사용하여 등록률을 높이는 방법을 알려 주었다. 그 동료가 재직 중인 학과는 문법이 학생에게 취약한 분야라는 점을 파악하여 문법만을 평가하는 시험을 개발한 것이다. 당연히 학생들이 시험에서 탈락했고 결국 이들은 필수 언어강좌에 등록하기로 결정하였다.

이중언어 수업에서도 비슷한 양상이 관찰되었다. 강제로 등록시키기 위해 시험이 사용된다. 그런데 등록 기준이 시험을 만드는 평가자의 손에 달려 있으며 학생은 아무것도 할 수 없다. 워싱턴 D.C.에서 안식년을 보내게 된 나는 딸을 버지니아주에 있는 학교에 등록시켰다. 딸은 영어시험에서 완벽한 점수를 받지 못했기 때문에 이중언어 수업을 신청해야 했다. 미국과 캐나다에서 수년간 학교를 다닌 딸의 언어능숙도는 거의 '원어민' 수준이다. 그러나 딸은 '낙제' 판정을 받았다. 철자 오류가 많다는 이유로 딸아이의 의지와 상관없이 강제로 이중언어 수업에 등록시키는 일이 정당화되었다.

이렇게 다양한 상황에서 평가자만이 권한을 갖는다. 따라서 이들이 시험 내용은 물론 통과 기준을 결정하며 수험자는 아무런 힘도 없다. 철자 오류가 학업 성취에 중요하지 않으니까 딸아이를 '정규' 수업에 넣어달라고 요청했을 때 나는 관료체제의 복잡성에 직면했다. 내가 법적 절차를 밟겠다고 으름장을 놓고서야 딸아이가 정규 수업을 들을 수 있게 된 것이다. 딸아이와 함께 이중언어 수업을 듣던 학급친구들(이들의 부모가 언어평가자일 가능성은 적다)은 내 딸과 같은 혜택을 받지 못했는데 다들 이중언어 수업에서 벗어나고 싶어했다. 여기서 주목할 만한 점은 시험을 통해 수험자로부터 아무런 원성도 듣지 않고 평가자가 원하는 대로 시험내용을 결정할 수 있게 되면서 이중언어 등록 여부를 정하는 데 시험이 편리한 도구가 되었다는 것이다. 게다가 3장에서 언급했듯이 시험을 통해 커트라인 점수를 유동적으로 변경할 수 있고, 따라서 시험 통과자 수를 학교에서 아주 임의적으로 통제할 수 있다. 결국 시험내용에 대한 감독이 전혀 이루어지지 않고 평가자가 마음대로 시험내용과 평가 기준을 정해서 자신이 바라던 대로 결정을 내리게 되었다. 이에 대해 수험자는 분명 무기력하고 속수무책이다. 즉, 수험자는 평가자에 의해 좌지우지되며 평가자가 정한 규칙에 따라야 한다.

결국 위의 두 사례에서 시험이 사용된 이유는 재정적인 문제였다. 즉, 학생 수가 할당되는 자금과 직결되기 때문에 언어수업과 이중언어 수업에 등록한 학생 수가 충분해지도록 시험이 사용되었다.

위협을 위한 시험 사용

다음에 인용한 것은 1998년 9월 4일 뉴욕타임스에 보도된 기사이다.

이 기사는 교육감이 교육 수준을 통제할 수 있도록 시험을 사용하는 예를 보여준다. 교육감은 학교가 성적 향상에 실패한 원인에 관심이 없을뿐더러, 교육기금이나 교사교육 등의 측면에서 이 상황을 타개하기 위해 어떤 조치를 취할지 구체적으로 제시하지 않는다. 오히려 시험은 단지 학교를 평가하는 유일한 기준이자 교육감의 권위를 세우는 수단으로서만 사용된다. 또한 교육감은 학교의 질에 대해서 전혀 언급하지 않은 채 점수를 향상시키도록 학교에 경고한다. 이처럼 시험은 교육감에게 통제와 권위의 수단이자 제재를 정당화하는 도구이다.

교장 30명 시험점수 관련 최후통첩 수령
로스엔젤레스, 9월 3일(AP 통신)

미국 내에서 두 번째로 큰 학군인 LA의 교육감이 교장 30명에게 학교 시험점수를 향상시키지 않을 시 직권을 박탈하겠다고 경고했다.

루벤 자카리아스 LA 통합학군 교육감은 학년 말까지 성적이 향상되지 않을 경우 직접 학교 운영에 관여할 것이라고 말했다.

자카리아스 교육감은 수요일 일부 학교에 최후통첩을 보냈다고 발표하면서 지난해 학군 내 하위 100위권에 이름을 올린 이래 해당 학교가 성적 향상에 실패했기 때문이라고 이유를 설명했다.

그는 해당 교장들을 사임시키겠다고까지 말하진 않았지만 점수가 향상되지 않을 경우 최후통첩을 받은 학교에 '인사 교체'가 있을 수 있다고 말했다.

지식과 출입 통제를 위한 시험 사용

이번에는 매사추세츠 주에서 도입한 교원자격시험 사례를 소개한다. 예비교사에게 어떤 지식이 필요한지, 즉 교사로서 적격한 자가 누군지에 대해서 지금까지 교사교육기관에서 고려되긴 했다. 하지만 매사추세츠 주가 자격시험 도입을 통해 교사에게 요구되는 지식과 교사로서 적격한 자를 판단하기로 결정하면서 이런 판단에 대해 논쟁이 일었다. 이 논쟁은 교육적 조치를 취했다는 구실이나 다음 선거를 위한 도구로서 시험이 사용되는 데 대한 정치적 논쟁과 결합되면서 더욱 복잡해졌다. 그 결과 교사에게 필요한 지식에 대한 정의는 정치와 정책입안자에 의해, 그리고 자격시험의 커트라인 점수가 결정되는 과정 중에 결정되었다.

수험자인 예비교사가 분명 이 논쟁의 희생자였다. 이런 견지에서 매사추세츠 주의 교원자격시험은 주 규모의 시험이 주정부의 계획에 일조하는 방식, 즉 시험점수가 조종되고 권력과 통제의 도구가 되는 방식을 보여주는 좋은 예이다.

매사추세츠 교육위원회가 교원자격의 통과 등급을 상향 조정하기로 표결했고 그로 인해 첫 시험에 응시한 예비교사 중 60퍼센트 가량이 탈락했다고 1998년 7월 1일자 뉴욕타임스에 보도되었다.

> 지적 풍요를 자랑하는 매사추세츠 주는 학생 대비 대학 수가 미국 내에서 최고라는 사실에 자부심을 갖고 있다. 게다가 주지사 선거운동이 한창인 매사추세츠 주에서 교육 개혁이 선거운동의 주요 쟁점이 된 지 오래다. 그래서 지난 6월 중순 8시간에 걸친 시험에서 약 1800명의 응시자 중 겨우 40퍼센트가 D등급을 받았다는 소식이 전해지자 주하원부터 교사 지망생을 양성하는 대학에 이르기

까지 일제히 시험을 비판하기 시작했다.

> 프랑크 W. 하이두 3세 매사추세츠 주 교육위원장 서리가 합격 기준을 낮춰 41퍼센트가 아닌 56퍼센트를 합격시키기로 제안하고, 교육위원회가 불합격한 응시자로부터 소송을 피하려는 뜻을 일부 내비치자 시험을 비판하는 상황이 훨씬 격렬해졌다. …… 지난 금요일에는 셀루치 주지사가 이를 되받아쳤다. 그는 결정을 번복하고 합격 등급을 C로 상향 조정(즉, 263명의 추가 불합격자가 발생)하도록 교육위원회(위원 9명은 대체로 주지사가 임명)에 요청하겠다고 발표했다. 또한 주지사는 교사 지망생은 물론 현직교사에게도 능력평가를 요구하는 법안을 제의했다.

여기서 주목할 만한 점은 주지사와 교육위원장의 시각이 다르다는 것이다. 주지사는 시험을 정치적 도구로 이용한다. 즉, 그의 발언을 보면 시험이 정치적 조치, 양질의 교육, 결단과 의지와 연결되고 있다. 주지사는 시험이 있다는 사실만으로도 충분히 양질의 교육이 보장된다고 여기는 것이다.

> "대화를 나눠본 학부모 모두 '교육기준이 더 높았으면 좋겠다' 고 얘기하더군요"라고 그는 오늘 전화 인터뷰에서 말했다. 또한 "교육위원회 미팅에서 했던 말입니다만 케네디 전 대통령이 36년 전에 이렇게 말했었죠. '우리는 달에 가기로 결정했고 다른 일들도 해내기로 했습니다. 쉬운 일이라서가 아니라 어렵기 때문에 내린 결정입니다' 라고 말입니다. 그 누구도 공립학교 개선이 쉬울 거라고 말하지 않았습니다. 공립학교 개선은 어려운 문제입니다. 논쟁도 있고 마찰도 생길 겁니다. 하지만 끝까지 노력하면 결국 이루게 될 것입니다. 그러기 위한 최선의 방법은 교육기준을 지키는 것입니다"라고 덧붙였다.

하지만 자신의 전문가적 견해가 고려되지 않았다는 사실을 깨달은 위원장은 정치적 목적으로 이용되기를 거부했고 결국 위원장직을 사임했다.

> 기준의 하향화를 지지했던 하이두 교육위원장 서리는 월요일 사임을 발표했으며 선거운동 시즌은 자신에게 맞지 않는다고 말했다. 하이두 위원장은 오늘 "주지사 경선에 대해 제 생각이 짧았습니다"라며 교육위원회에서 나와 긴 휴가를 떠난다고 말했다.

정치계와 교육계에서 교사를 배제한 채 논쟁이 진행되고 있으며 교사는 그 논쟁에 끼지도 못한 채 주된 희생자가 되고 있다는 점에 주목할 필요가 있다.

> 이번에 시험을 치르고 다른 응시자들처럼 결과를 기다리고 있는 프레드 발보니는 위원회의 표결, 재표결이 정치적 변화에 따른 결정일 뿐이라고 비난했다. 학교에서 한 학급 전체의 시험결과가 좋지 않을 경우 교사가 시험 자체에 문제가 있다고 판단하여 상대평가를 실시한다는 점을 그가 지적했다. 일부 응시자는 시험 당일로부터 겨우 일주일을 남겨놓고 이 시험이 단순한 모의시험이 아니라 실제 교원자격시험이라는 사실을 알게 됐다는 등 몇 가지 중대한 문제점을 언급했다. 이 시험을 통해 교사의 교수능력을 정확히 예측할 수 있는지 의문을 던진 응시자도 있었다. 뿐만 아니라 백인 응시자에 비해 일부 소수민족의 점수가 낮다는 사실도 소송의 근거가 될 수 있었다. (뉴욕타임스, 1998년 7월 1일)

제3부

시험의 사용: 결론과 해석

이 책의 3부에서는 8장부터 10장까지 살펴본 연구와 사례로부터 결론을 도출하여 권력 행사와 통제를 위해 시험이 사용되는 과정을 설명하기 위한 모형을 제시하고자 한다. 나아가 권력적인 시험 사용을 보다 넓은 시각에서 해석하고 시험 사용이 교육과 사회에 미치는 부정적인 결과를 보여주려 한다. 마지막으로 시험이 상징과 이데올로기로 작동하는 방식을 보여줌으로써 3부가 마무리된다.

12장

결론

2부에서 살펴본 시험 사용에 대한 연구와 사례는 시험이 정책 결정, 권력 행사나 통제를 위한 수단으로 사용되었음을 보여주었다. 8장부터 11장까지 논의한 각각의 연구와 사례에서 각 당국은 다양한 정책을 수행 · 이행 · 조종하기 위해 시험을 사용했다.

의도라는 측면에서 보면, 권력을 가진 사람들이 중요시하는 대로 다른 사람들이 행동하게 하고자 시험이 사용된 것을 알 수 있다. 시험이 정책과 계획을 부과하기 위한 수단이 되었다. 의도와 효과 간의 관계 측면에서 볼 때 의도가 실현된 경우도 있고, 의도하지 않은 효과가 나타나 의도와 실제 효과 간에 차이가 발생한 경우도 있다. 예컨대 독해시험의 경우 강력한 효과가 발생했는데 그중 어떤 효과도 의도한 바가 아니었다. 지금부터 앞선 연구와 사례를 통해 나온 결론을 상세히 제시하고자 한다.

의도

아랍어시험과 영어시험(각각 9장과 10장)에서 정책입안자가 현행 교수활동을 변화시키기 위해 시험을 도입한다고 의도를 분명히 언급하지만 독해시험의 경우 의도가 명시적으로 드러나지 않았다.

아랍어시험 사례에서 시험을 훈육도구로 사용하여 가르치는 방식을 변화시키고 아랍어의 위상을 향상시키는 것이 시험을 도입하는 이유라고 정책입안을 관장하는 이스라엘의 언어담당관이 언급했다. 처음에 언어담당관은 시험을 시행함으로써 교사가 아랍어 알파벳 수업에 박차를 가하기를 바랐다. 또한 국가시험을 도입한다는 사실만으로 비인기 과목의 위상과 지위가 향상되고 교사의 수업 동기와 학생의 학습 동기가 높아질 것으로 기대했다.

이와 마찬가지로 두 차례에 걸쳐 개정된 영어구술시험의 경우에도 교수 · 학습법 및 교수 · 학습전략의 변화가 시험을 도입하는 목적이라고 명시되었다. 정책입안자가 시험을 교사로 하여금 구술영어를 가르치도록 하기 위한 수단으로 인식했음이 분명하다. 두 번째로 개정된 구술시험이 도입될 당시 시험이 읽기 교수법에도 영향을 미칠 것으로 기대되었다.

이와 같이 두 가지 사례 모두에서 새로운 교육목표와 실천을 도입할 목적으로 중앙집권기구가 시험을 사용했다. 교육체제의 모든 요소(교사, 학생, 교육과정, 교재, 교실수업)를 시험도입자의 계획에 부합하게끔 만드는 것이 시험도입의 의도라고 공표되었다. 하지만 독해시험(8장)처럼 의도가 명시적으로 드러나지 않은 경우조차 사실상 시험이 예상하지 못한 여러 가지 효과와 결과를 초래했다. 결국 시험도입자가 바라던 방향으로 특정한 의도가 달성된다는 보장이 없다.

또한 11장에서 살펴본 사례를 보면 정책 도입과 부과의 목적으로 시험이 도입되었음을 알 수 있다. 11장에서 살펴본 시험은 다양한 정부계획을 실현하기 위한 방편으로 사용되었고 '일반적인' 방식으로 이행할 수 없는 정책을 도입하는 데 기여했다.

클린턴 전 대통령이 내세운 계획의 이면에는 국가시험을 도입함으로써 교육을 통제하고, 성취도를 향상시킴은 물론 정부가 미국의 교육에 대해 뭔가 조치를 취하고 있다는 가시성을 확보하려는 의도가 깔려 있다. 정책 변화가 새 교육과정 개발이나 교사교육에 대한 투자 등 다양한 방법을 통해 이루어질 수 있긴 하지만 시험도입은 대단히 가시적이며 행동의 증거를 제공한다. 그리하여 일반 대중은 시험도입을 교육에 대한 진지한 접근이라고 해석하게 된다.

또한 호주에서 이민자를 대상으로 도입한 영어시험의 경우, 이민자 과잉이라는 복잡한 정부 문제를 해결하려는 의도로 시험이 도입되었다. 영어지식이 바람직한 시민의 자격에 직결되지 않음에도 영어시험이 이민자 관련 국가정책을 이행하기 위한 준거로 사용된 것이다.

라트비아의 사례에서는 러시아어 화자를 대상으로 라트비아어시험이 도입되었는데 러시아인을 달가워하지 않는 라트비아 사회에서 러시아어 화자를 차단하고 주변화시키려는 의도가 있었다. 결국 라트비아어시험은 정치적 · 이데올로기적 도구로 사용됐고, 차별법을 공식적으로 정당화하는 역할을 하였다.

매사추세츠 주에서 시행된 교원자격시험은 교사라는 직업이 좀 더 존중을 받고 엘리트적으로 보이게끔 하려는 의도로 도입되었다. 시험 점수 커트라인 점수를 높이거나 낮추는 데 전문가적 차원의 정당성이 없었기 때문이다. 즉, 교원자격시험의 목적은 시험을 통해 교사의 지식을 향상시키는 것이 아니라 엄격한 선발을 통해 교사의 자격이 부여되는 매우 선택적인 분야라는 인상을 만드는 것이었다.

이와 같은 연구와 사례를 통해 볼 수 있듯이 시험은 교육적 · 정치적 맥락에서 정책입안도구로서 도입된다. 시험점수에 영향을 받는 사람들에게 영향력을 행사해서 시험도입자가 중요시하는 방향으로 이들의 행동을 변화시키는 능력이 시험에 있기 때문이다. 각 시험은 힘이 있는 사람들이 정책을 강행하고 수행하기 위한 훈육도구, 즉 채찍 역할을 한다.

마다우스(Madaus, 1990: 29)는 미국에서 나타나는 시험 사용의 변화와 현재의 시험 사용을 규명함으로써 이 연구결과를 뒷받침했다.

> 처음에는 정책입안자에게 학교에 대한 정보를 제공하기 위해 시험결과가 사용되었다. 1970년이 되면서 시험은 학교를 개혁하기 위한 행정도구가 되었다. 정책입안자들은 교육을 향상시키기 위해 자신이 직접적으로 할 수 있는 일이 별로 없음을 깨달았다. 즉, 그들은 마음대로 수업에 관여할 수 없었다. 하지만 정책입안자들은 시험점수에 따라 적절히 보상하고 제재할 경우 시험이 교수·학습내용 및 교수법과 학습법에 영향력을 행사할 수 있는 위압적 도구가 될 수 있다는 사실 또한 깨달았다. 평가는 이제 개인과 제도에 관련된 여러 가지 고부담 결정을 내리기 위한 관료적 도구로서 널리 사용된다.

효과

시험 도입과 사용의 효과를 연구한 결과, 사실상 시험은 교육 행위를 변화시키는 능력을 갖고 있었다. 하지만 그 효과의 양상은 복잡했다. 다양한 방향으로 효과가 발생했고 시험내용뿐만 아니라 사회적 맥락, 시험의 특성 등에 의해 상당한 영향을 받았다. 그러한 사례의 효과에 대해 정보를 찾기가 어려웠다.

앞서 살펴본 세 가지 사례 모두에서 이전까지 가르쳐지지 않았던 부분이 시험을 통해 교육적으로 주목받게 되었다. 아랍어시험의 경우,

수업에서 강조되는 부분에 변화가 생겼다. 즉, 알파벳 교육에 투자하는 시간이 줄고 특정 어휘를 가르치는 데 초점이 맞춰졌다. 마찬가지로 영어구술시험의 경우, 교사가 수업에서 구어의 비중을 늘리고 구어를 강조하기 시작했다. 비슷한 양상이 독해시험에도 나타났다. 독해시험을 통해 지금까지 주목받지 못했던 부분에 수업의 초점이 맞춰지기 시작했다. 교사들은 '평가되는' 부분을 집중적으로 가르쳤음을 인정했다.

좀 더 구체적으로 살펴보자. 시험을 시행하기 전부터 아랍어문자와 어휘를 가르쳤지만 진도는 느렸다. 구어 역시 수업에서 다뤄지긴 했지만 구체적인 구어 의사소통이 덜 강조되었다. 마찬가지로 독해도 분명히 가르쳤지만 독해 과목이 아닌 다른 과목을 통해서였다. 결국 시험을 도입함으로써 교육부가 비중을 두는 부분에 수업을 집중시키는 데 성공했다. 즉, 시험의 도입을 통해 교육부는 교사와 학생이 교실에서 연습하고 공부해야 할 목표를 정할 수 있었다. 나아가 세 가지 사례 모두에서 교사와 학생은 교수와 학습에 대한 명확한 목표를 갖는 데 시험이 유용하다고 느꼈다. 결국 시험은 당국이 결정한 구체적인 교육적 우선순위를 교육체제에 전달하는 수단이 되었다.

연구결과는 세 가지 사례 전부에서 교수와 학습이 기본적으로 '모의고사' 식으로 바뀌었음을 보여주며, 이것은 교수법과 교수자료를 통해 드러났다. 아랍어시험의 도입 사례에서 살펴보았듯이 평가내용 및 방법이 '정규' 수업에 통합되었다. 즉, 시험이 도입되자마자 교수활동은 모의고사식이 되었고 시험내용의 영향을 받은 새로운 교과서도 마찬가지였다. 구술시험 역시 시험에 출제된 것과 동일한 활동과 시험체제를 통해 수업이 진행됐다는 점에서 말하기교육이 모의고사식으로 변했다고 할 수 있다. 세 가지 사례 모두에서 교과서 및 기타 교수자료가 시험내용과 동일한 활동으로 구성되었다.

하지만 시험이 시험도입자의 본래 의도와는 다른 목적으로 사용되는 경향을 보이면서 시험의 효과가 그 이상이었다는 사실도 발견되었다. 독해시험의 결과를 보면 그 사실을 확인할 수 있다. 시험결과가 위협, 저지, 책망, 처벌, 표준화, 분류, 범주화라는 목적으로 사용되었다. 학교장들은 시험점수를 사용해 학생을 판단하고, 처벌하고, 보상하였다. 시험을 도입한 사람들이나 시험이 교육체제에 부작용을 일으키지 않는 중립적인 척도로 사용되기를 바랐던 사람들의 의도와 상관없이 이 모든 효과가 발생한 것이다.

효과의 양상

앞선 세 가지 연구에서 일어난 여러 가지 효과의 양상에 주목해야 한다. 독해시험의 도입자가 발표한 성명에 입각할 때 훈육도구로서의 독해시험이 도입되었다는 근거는 없었다. 하지만 독해시험은 강한 훈육적 효과를 가져왔고, 시험을 훈육도구로 인식한 교사와 학생은 행동을 바꿨다. 한편 아랍어시험은 교사와 학습자의 행동을 바꾸고자 하는 의도로 도입되었다. 하지만 이처럼 의도된 효과는 매우 제한적으로 발생했다. 반면 영어시험의 목적은 교사의 행동변화였는데 의사결정자의 예상보다 훨씬 강력한 효과가 있었다.

영어시험과 아랍어시험의 역류효과 양상이 달랐다는 점에서 두 시험의 장기적인 효과를 비교하는 것은 시사하는 바가 있다. 아랍어시험은 해가 갈수록 아무런 효과가 없다고 할 정도까지 영향력이 감소했다. 구체적으로 말해서 시험을 대비해 특별한 교수활동이 도입되지 않았고 별도로 시간이 할당되지도 않았다. 또한 교수자료도 개발되지 않았으며 시험에 대한 의식도 최소화되었다. 이렇듯 아랍어수업의 낮은 위상과 지위는 그대로 유지됐다. 게다가 교사와 학생이 아랍어시험에 대해 부정적인 태도를 드러냈고, 중요한 시험이 아니며 시험의 질도 낮다고 인식하였다. 하지만 일부 교사는 아랍어시험이 학습을 돕기 때문에 시험이 계속 시행되어야 한다고 생각했다.

입증되지 않았지만 아랍어시험이 미래의 성공에 영향을 미칠 가능성이 있다고 일부 학생들은 생각했다. 반면 관료 쪽에서는 시험의 내용과 효과에 만족했고, 시험이 없다면 학생들의 아랍어 능숙도, 학업 진도, 아랍어를 공부하는 학생 수, 아랍어의 위상 등이 상당히 떨어질 것이라는 두려움이 있었기 때문에 시험을 유지하기를 원했다. 그러한 이유로 그들은 예상했던 역류효과를 달성하기 위해 몇 년마다 시험을 조금씩 수정했다.

영어시험의 개정은 상대적으로 약했으나 아랍어시험과는 상반된 효과를 가져와 결국 시험의 역류효과가 상당히 증가했다. 구어와 관련된 다양한 교수활동이 교실에 도입되었고 구어수업에 할당된 시간도 증가했다. 새 교재도 많이 늘어났고 시험에 대한 의식도 확연히 높아졌다. 뿐만 아니라 교과목의 지위도 상당히 높아졌다. 시험의 질에 대해 교사들이 부정적인 태도를 드러내긴 했으나 대부분의 교사가 시험이 유지되길 희망했다. 이들은 시험이 유지되지 않을 경우 구어를 가르치고 연습하지 않게 될 것이며 다른 언어능력을 가르치는 방향으로 수업이 전환되리라고 주장했다. 학생들의 시험불안은 상당히 컸으며 이들은 시험결과가 향후 학업에 영향을 미칠 것이라고 생각했다. 관료 측은 영어구술시험이 교육적으로 매우 긍정적인 영향을 끼치고 있고 긍정적인 역류효과를 가져왔다고 자평했다. 관료들은 구술시험에 읽기영역을 추가함으로써 읽기에 대한 관심도 증가시켰다고 생각했다.

두 시험 모두 각 시험에 대한 첫 연구에서 나타난 시험의 영향과 후속연구에서 나타난 영향이 달랐다. 즉, 두 시험의 장기적 영향이 상이

했다는 점이 확인되었다. 아랍어시험의 역류효과는 해가 가면서 대폭 감소한 반면 영어시험의 효과는 증가했다. 역류효과는 시간의 추이에 따라 변할 수 있으며 시험의 영향이 반드시 고정적이지 않다는 것을 확인했다.

결국 언어시험의 효과는 복잡하고 여러 요소의 영향을 받는다고 여겨진다. 이제 시험의 효과에 원인이 되는 여러 요소를 다뤄보겠다.

효과의 원인이 되는 요소

저부담 대 고부담

시험의 효과를 잘 설명해주는 요소 중 하나는 시험에 입각한 결정이 수험자에게 중요한가의 여부이다. 3장에서 (시험결과가 수험자에게 유해한 영향을 미치든 아니든 간에) 중요한 결정으로 이어지는 시험을 고부담시험, 유의미한 영향이 없는 시험을 저부담시험이라고 정의했다. 아랍어시험의 효과가 작았던 이유 중 하나는 시험결과가 의사결정이나 배치를 위해 사용되지 않았다는 점에서 아랍어시험이 저부담시험이었기 때문이다. 아랍어시험을 시행한 첫 해에 교사는 아랍어시험 결과에 따라 제재를 받을 수 있다고 위협감을 느꼈다. 예를 들어, 이들은 시험에서 학생들이 만족스러운 수준에 도달하지 못할 경우 자신이 면직될 수 있다는 두려움을 가졌다. 하지만 몇 년간 시험이 시행되고 시험결과가 개인적인 혹은 즉각적인 영향을 미치지 않는다는 사실을 깨닫자 교사들은 아랍어시험에 무관심해졌고 아랍어시험은 저부담시험이 되었다.

반면 영어구술시험은 고부담시험이다. 시험결과가 고등학교 졸업이나 대학교 입학에 영향을 끼칠 가능성이 있고 그 외에도 수험자의 미래에 영향을 미칠지도 모르기 때문이다. 이런 사실은 영어구술시험에 가해진 작은 변화가 어떻게 불안감, 다량의 새 교재 출간, 교실 속 교수와 학습행위에 드러나는 역류효과 등의 강력한 효과를 낳았는지를 설명해주는 원인이 될 수 있다.

언어의 위상

언어시험이 사용되고 있는 맥락에서 해당 언어가 어떤 위상을 가지고 있는가는 언어시험의 효과를 설명해주는 또 다른 요소이다. 언어의 위상이 높을수록 그 효과는 더욱 크다. 이스라엘에서 영어와 아랍어의 위상이 다르다는 점을 통해 영어시험이 아랍어시험보다 효과가 강력하였던 이유를 설명할 수 있다. 아랍어는 이스라엘에서 언어자원으로서의 가치가 떨어진다. 즉, 이스라엘 내에서 지위가 낮은 집단이 아랍어를 사용하기 때문에 아랍어는 하위계급의 상징이다. 따라서 아랍어 능력은 고용 가능성, 학업성취, 사회적 지위 등에 어떤 긍정적인 영향도 미치지 않는다(크래머(Kraemer), 1993; 벤-라파엘(Ben-Rafael), 브로쉬(Brosh), 1991).

반면 영어는 이스라엘에서 상당히 중시되는 언어이다. 영어는 국어인 히브리어 다음으로 가치 있는 언어자원이며 심지어 일부 이스라엘 국민에게 영어의 가치는 히브리어보다 높다. 영어는 수요가 높은 언어로서 권력의 자산이자 남들과 구분 짓기 위한 표지로 여겨진다. 영어의 중요성은 이스라엘 사회가 영어습득에 투자하는 노력을 통해 측정할 수 있다. 이스라엘에서 영어의 중요성은 갈수록 높아지고 있으며 국민 대다수에게 영어습득은 사회경제적 지위의 획득으로 인식된다(벤-라파엘, 1994; 쇼하미(Shohamy), 도니챠-슈미트(Donitsa-Schmidt), 1998). 따라서 전 세계 언어시장에서 영어가 차지하는 지위까지 고려하면 영어시험의 효과는 더욱 커지리라 예상된다.

시험의 목적

두 시험의 목적이 다르다는 점도 시험에 따른 효과의 차이를 설명하는 데 도움이 된다. 아랍어시험은 조사를 위한 시험(survey test)으로 학생 개인에게 미치는 영향은 없으나 교사나 학교에는 영향을 미칠 수 있다. 영어구술시험은 성취도 · 능숙도 시험으로 개별 학생을 대상으로 시행되고 각 학생에게 직접적인 영향을 미치며 그 영향이 유해한 경우가 많다.

시험체제

시험체제 역시 불안 수준에 영향을 미치며 그 결과 시험의 영향력은 달라진다. 아랍어시험은 이스라엘의 모든 학생을 대상으로 동시에 시행되는 지필고사이다. 반면 영어구술시험은 면대면 상황에서 개별적으로 시행되며 불안 수준을 높여서 결과적으로 시험의 영향력이 커질 수 있다.

평가되는 능력

아랍어시험은 읽기, 듣기, 쓰기 등 다양한 언어능력을 측정한다. 하지만 영어구술시험은 말하기능력만을 측정한다. 다양한 능력을 평가하는 시험에서 수험자의 자신감이 높을 가능성이 매우 크다. 능숙도가 낮은 능력이 능숙도가 높은 능력을 통해 보완될 수 있다고 느끼기 때문이다.

결론

이 장에서는 앞서 소개한 사례에 대한 결론을 도출해 봄으로써 힘을 가진 사람들에 의해 시험이 정책 입안과 계획 도입에 사용될 때 그 효과의 양상이 복잡해진다는 사실을 알게 되었다. 결과가 의도대로 나타날 때도 있고 시험의 효과가 본래 의도를 상당히 벗어나는 경우도 있다. 이런 사실을 통해 시험이 하나의 독립된 사건이 아니며 그 효과를 통제하기 어렵다는 점을 알 수 있다. 또한 시험의 효과가 시험의 본질적 특징, 목적, 기타 특성 등 다양한 요소의 영향을 받고 시간이 흐름에 따라 바뀔 수 있기 때문에 효과의 양상이 복잡하다는 사실도 알게 되었다. 다음 장에서는 시험 사용에 따른 주요 결과를 알아보도록 하겠다.

13장

권력 행사의 과정

앞서 살펴본 연구와 사례에 대한 결론을 통해 정책을 입안하고 권력층의 다양한 계획을 부과하기 위한 훈육도구로서 시험이 도입되었음이 명확히 드러났다. 시험도입이 시험에 종속된 사람들의 행동변화로 이어졌듯이 그런 의도가 실현되었다는 사실도 알게 되었다. 하지만 시험의 효과는 양상이 복잡하고 여러 가지 요소의 영향을 크게 받기 때문에 이를 예측하기란 쉬운 일이 아니다. 이 장에서는 시험의 권력이 행사되는 과정을 보여주는 도식을 제시함으로써 지금까지 언급한 내용을 종합하고자 한다.

구성요소

권력 행사의 과정은 크게 두 가지 구성요소로 이루어진다.

(a) 시험의 유해한 힘

이 구성요소는 3장에 기술했듯이 시험의 유해한 효과를 뜻한다. 이런 효과는 시험이 고부담인 탓에 시험결과에 입각한 결정이 수험자 개인이나 부모, 교사, 교장 등에게 큰 영향을 미치는 경우에 나타난다. 앞서 살펴보았듯이 시험, 수험자의 유형, 시험의 목적이나 사용 방식에 따라 효과의 양상이 다르기 때문에 모든 효과가 동일하게 유해하진 않다.

(b) 시험의 권력이 지닌 특성

이 구성요소는 4장에 기술된 시험의 권력이 지닌 구체적 특성을 말한다. 권력기관에 의한 시험 시행, 과학 및 숫자의 사용, 지필형식 사용, 문서화, 객관식 문항의 채택 등이 여기에 속한다.

행동 변화를 일으키는 시험

위에 언급한 두 구성요소에는 행동을 변화시키는 힘이 있다. 따라서 시험의 권력은 시험이 지닌 행동 변화 능력에 기인한다. 행동 변화는 다음과 같이 일어난다. 수험자가 시험의 요구에 부응함으로써 시험의 유해한 효과와 시험의 권력적 특성에 의해 수험자의 행동은 변한다. 즉, 시험의 유해한 효과로 인해 시험의 영향을 받는 사람들이 시험점수를 극대화하기 위해 특정 행동을 취한다는 주장이다. 시험의 요구에 따라 행동을 변화시킴으로써 수험자는 좋은 성적을 취함으로써 득을 보거나 나쁜 성적으로 인한 결과를 피할 수 있다. 다시 말해 고득점에 따른 이득(또는 낮은 점수에 따른 처벌)을 의식한 수험자는 시험을 잘 보기 위해 뭐든지 할 것이며, 시험, 특히 고부담시험을 잘 봐야겠다는 동기가 수험자의 행동 변화를 초래하게 된다. 행동 변화가 비단 수험자에게만 일어나는 것은 아니다. 간접적으로 시험결과의 영향을 받는 사람들도 행동을 바꾼다는 점에 유념해야 한다. 이를테면 교사가 교수법을 바꿀 가능성이 있다. 교수능력이 학생의 성적에 반영된다고 여겨질 때가 많기 때문이다. 마찬가지로 자녀의 성적을 통해 양육 능력이 드러난다고 여겨질 수 있고, 따라서 부모가 자녀의 개인교습을 위해 돈을 지출할 가능성도 있다.

8장부터 10장까지 제시한 연구에서 시험의 권력이 초래한 행동 변화에 관한 다양한 예를 찾아볼 수 있다. 이를테면 더 높은 점수를 얻기 위해 교사가 교수전략과 학습전략을 바꾼 예가 있다. 2장(11~12쪽)으로 다시 돌아가면 교장이 일부 학생에게 시험 볼 권리를 주지 않는 등 비윤리적으로 행동할 때가 있다. 해당 학생들의 점수가 낮게 나와 학교의 평균점수가 떨어지고 그로 인해 학교에 유해한 영향이 미칠까 두려웠던 탓이다. 또한 2장에서 시험이 임박하자 시험에 출제될 내용으로 교사가 수업 방향을 바꾼 예도 볼 수 있다.

이렇듯 시험의 권력적 특성과 유해한 영향은 시험결과에 영향을 받는 사람들이 자신의 행동을 바꾸게 하는 능력이 있다. 시험점수를 극대화시켜 고득점에 따른 이득을 얻기 위해 시험이 요구하는 대로 따르게 하는 능력이 있다. 따라서 시험의 권력과 권위는 시험의 영향을 받는 사람들의 행동을 변화시키는 시험의 능력에 기인한다.

시험과 시험에 영향을 받는 이들의 이 같은 관계는 생산자와 소비자가 이익 극대화를 위해 행동하는 경제모형에서 관찰되는 생산자 · 소비자 관계와 유사하다. 그러한 경제모형에서 소비자는 이익을 위해서라면 기꺼이 행동을 달리한다. 이런 모습은 부르디외(Bourdieu, 1991)가 '실천 경제(economy of practice)' 라고 명명하여 소개한 모형과 동일선상에 있다. 부르디외는 엄격한 의미에서 경제논리에 지배받지 않을지도 모르는(즉, 재정적 이익이 목적이 아닐 수 있는) 다양한 재화가 *일종의* '자본' (즉, 문화자본과 상징자본) 증대 또는 *일종의* 상징적 '이익' (즉, 명예와 위신)의 극대화를 목적으로 한다면 그러한 재화 역시 넓은 의미에서 경제논리를 따른다고 주장했다. 평가의 상황에서 수험자는 시험점수를 극대화하고 싶어할 가능성이 있다. 시험점수가 더 좋은 직업이나 입학·입사 자격을 갖게 할 뿐 아니라 급여 인상, 좋은 직업, 경제적 기회의 확대 등 경제적 이익으로 해석될 여지가 있기 때문이다. 높은 시험점수는 즉각적인 재정적 이익으로 이어지지 않더라도 교사, 학부모, 급우의 인정이나 집단 내에서 최고라는 위신과 명예의 획득으로 해석되기도 한다. 그리하여 시험점수 극대화는 재정적·물질적 이익이라는 좁은 의미에서 경제성은 갖지 못하더라도 상징자본과 상징적 이익을 획득한다는 넓은 의미에서 경제논리와 수익 극대화 모형을 따르고 있다.

권력과 통제의 행사

시험의 권력이 행사되는 과정의 다음 단계에서는 권력층에 의해 시험이 정책 집행의 수단으로 사용된다. 8장부터 10장까지에서 논의한 대로 행동 변화를 일으키는 시험의 힘을 의사결정자가 이용하는 단계이다. 의사결정자는 시험에 영향을 받는 사람들의 행동을 바꿔 자신이 도입하고자 하는 계획에 부합시키고자 시험을 이용한다.

이 과정이 그림 13.1에 제시되어 있다. (A)는 시험결과에 영향을 받는 이들의 행동을 변화시키는 시험의 권력을 나타낸다. (B)는 의사결정자와 권력층에 의해 시험이 계획 도입과 정책 집행의 도구로 사용되는 현상을 보여준다. (C)는 예상한 변화가 여러 요소에 따라 매우 복잡하게 나타나는 정책의 효과와 영향을 나타낸다. (D)는 이 같은 시험 사용에 따른 사회적·교육적 결과를 보여준다.

그림 13.1은 이런 과정이 이루어지는 방식의 한 예이다. 정책입안자는 특정 언어영역, 이를테면 독해를 가르쳐야 한다고 생각한다. 대

중이나 언론의 요구, 장학사가 참석한 회의, 교육을 관리하고 관련 조치를 취하고 있음을 보여주려는 바람 등에 대한 반응으로 그렇게 결정하는 경우가 많다. 그런 뒤 시험이 도입되고 개인에게 시험이 강제된다. 이렇게 해서 시험은 정책입안자가 결정한 우선순위를 교육체제에 전달하는 수단이 된다. 고부담 상황(즉, 시험결과를 가지고 개인이나

(A) *시험이 지닌 권력의 유래*

시험의 유해한 힘과 권력의 특성 때문에 시험결과에 영향을 받는 자들이 점수를 극대화하고 고득점에 따른 이익을 취하기 위해 행동을 바꾸고 시험의 요구에 따르게 된다.

↓

(B) *조종*

행동에 영향을 미칠 수 있다는 시험의 능력을 알게 된 권력층이 특정 계획에 부합하도록 행동을 변화시키기 위한 수단으로 시험을 도입한다.

↓

(C) *효과*

이러한 시험의 사용은 여러 효과를 가져오는데 유형과 규모가 복잡하며 시험에서 다뤄지는 과목의 지위, 시험의 목적, 평가하는 능력, 시험의 고부담·저부담 여부 등 다양한 요소에 의해 좌우된다.

↓

(D) *결과**

이와 같은 시험 사용이 교육과 사회에 미치는 결과는 특정 주제에 대한 집중, 지식의 협소화, 비윤리적 행위, 지식의 재정의, 처벌, 게이트키핑, 교육통제 등이다.

*결과는 14장에서 제시한 내용에 입각해 설명했다.

그림 13.1 시험의 권력 — 유래, 조종, 효과, 결과

교육 프로그램에 대해 중요한 결정을 내리는 상황)에서 교사는 시험에 출제되는 내용을 가르치게 된다. 학생, 교장, 학부모가 고부담시험에 대비할 것을 요구하므로 그들은 두려움과 불안을 경험한다. 교육에 필요한 구체적인 지식이 축적되지 않았기 때문에 교사는 가장 가까이에서 접할 수 있는 교수자료, 즉 시험을 통해 새로운 교육적 질서에 부응하고 이를 실행하는 방법을 배운다. 결국 시험은 단 하나의 가장 영향력이 큰 교수자료이자 실질적인 지식이 되어 버린다. 교사는 교육적 질서에 순응하는 신세로 전락한다. 교사로선 책임만 증가하고 권위는 떨어지는 매우 실망스러운 상황이다. 그런 뒤에 시험은 권위적으로 권력과 통제를 행사하는 장치가 되어 관료와 기타 엘리트 집단의 권력을 합법화한다. 이런 과정이 비윤리적인 정책입안 방식이라고 할 수 있지만 대개는 시험에 영향을 받는 이들로부터 어떤 분노도 사지 않는다.

앞으로 살펴보겠지만 대다수 시험이 교사를 배제한 채 도입된다. 하지만 수업을 책임지는 교사를 배제하는 것은 교사의 역할이 교육적 질서를 주도·형성하고 그 질서에 기여하는 게 아니라 이미 만들어진 교육적 질서를 단지 실천할 뿐이라는 시각에 입각한 비윤리적이며 교사에게 굴욕감을 주는 행위이다.

14장

결과

지금까지 시험 사용에 대해 기술하고, 시험 사용의 의도와 효과를 분석했으며 통제를 행사하는 과정을 보여주기 위한 도식을 제안했다. 이 장에서는 앞선 시험과 사례의 즉각적인 효과를 넘어서 좀 더 광범위한 맥락에서 시험 사용의 결과가 어떻게 나타나는지 알아본다. 그리하여 권력과 통제를 위해 시험이 사용됨으로써 교육과 사회에 부정적인 결과가 초래된다는 사실을 논하고자 한다.

지식의 협소화

교육기준과 평가를 개혁의 수단으로 사용하는 것을 반대하는 주장(코레츠(Koretz), 마다우스(Madaus), 해르탈(Haertal), 비에튼(Veaton), 1992)이 반복적으로 여러 문헌에 나타났다(하우스(House), 1998). 유사한 시도가 과거에 어떻게 실패했는지, 시험만을 위해 가르침으로써 수업의 폭이 좁아지고, 타당도에 문제가 될 정도로 시험점수가 인위적으로 부풀려졌다는 내용이 반복적으로 주장되었다.

1877년 레이덤(Latham)(스폴스키(Spolsky)에서 재인용, 1995,

1998)은 시험의 특성을 다음과 같이 기술하였다.

> …… (시험은) 교육에 영향을 끼치고, 교양교육과 기술교육 간의 구분을 흐리고, 학생들을 학원 등의 기관에서 주입식으로 공부하도록 만들어 학습의 폭을 좁히는 '잠식적 권력(encroaching power)' 이다. 영국의 수업은 점점 교사의 지배가 아닌 시험의 지배를 받고 있다. (1998: 2)

하우스는 시험을 통해 수집한 자료가 '교육 향상에 박차를 가할' 것이라는 생각이 일반적이긴 하지만 과연 그럴지 상당히 의심스럽다고 말했다. 그러한 생각은 학습이 작동하는 방식과 상당히 거리가 멀어 보이기 때문이다. 마치 체온을 재는 것으로 병이 치료되리라 생각하는 것과 비슷하다.

교육기준과 평가를 사용하는 계획의 밑바탕에는 교사와 학생이 열심히 노력하지 않으며 학생에게 성취에 대한 동기가 부족하다는 생각이 깔려 있다. 그리하여 위협이나 탈락으로써 압박을 가하면 교사와 학생이 더욱 노력하고 더 많이 성취하리라고 생각한다. 하지만 특별수업을 통해 몇 년간 수업을 더 받고도 교육기준에 미치지 못하는 학생이 많다. 사실상 일부 학생은 규정된 교육기준에 결코 도달하지 못할 것이다. 여기서 보고한 연구에도 나타난 것처럼, 시험의 도입은 대부분 '시험용 언어' 를 발생시켰다.

시험이 변화의 수단이나 계획추진의 도구로 변모하면 교육의 폭은 협소해진다. 교육적인 초점이 달라지고 의식이 향상된다는 측면에서 시험도입에 따른 영향이 있을 가능성도 있지만 이렇게 도입된 시험의 교육적 효과는 그다지 높지 않을 수 있다. 시험을 통해 교육에 접근함으로써 교육의 폭이 좁아지고, 교육이 단순한 도구로 전락하며 무의미해지기 때문이다.

작문시험의 효과를 연구한 프리드먼(Freedman, 1993)은 고부담시험으로 인해 미묘하지만 분명하게 학생의 학업과 태도가 침식됐고, 수업 향상이 이루어지지 않았음을 보여준다. 그녀는 미국과 영국의 작문수업을 비교했는데 시험이 교육체제의 일부분으로 존재하는 영국에서는 일관적인 교육과정 확립을 위해 수업에서 각 교사의 역량이 제한되어야 했다는 사실을 발견했다. 또 학생이 쓰는 글의 양과 종류도 제한되었다. 요컨대 시험에 대한 압박감이 교실을 지배했다. 시험을 보지 않는 학생은 스스로 결정을 한다거나 함께 일하는 협력공동체에 소속되면서 동기를 부여받는다. 그러나 시험을 대비해서 작문을 할 때는 이런 일이 거의 발생하지 않았다. 오류를 지적받고 이를 수정하면서 학습을 진행하는 이중언어 쓰기학습의 현장에서는 문제가 더욱 심각했다. 미국의 교사들은 고부담시험은 학생의 작문능력 향상에 유해할 수 있다는 결론에 도달했다. 따라서 프리드먼은 '설사 잘 설계된 수행능력 기반의 시험일지라도, 고부담시험은 국가 차원의 교육개혁운동을 확립하기 위한 기반으로서 결함이 많으며, 사실 우리 모두가 도달하고자 하는 목표로부터 가까워지는 것이 아니라 멀어질 가능성이 있다' 고 주장한다(1993: 26). 시험은 교육개혁을 따라가야지 이끌고 가서는 안 된다. 그녀는 글쓰기처럼 개인적인 것을 국가시험이 통제할 때 결국 교사와 학생 같은 당사자가 아닌 먼 거리의 채점자가 글을 소유하게 된다고 주장한다. 게다가 그 시험이 고부담시험이라면 시험이 학생의 미래와 경력에 영향을 미칠 때처럼 교사나 학생이 받는 압박이 굉장하며 특히 교육과정에 부정적인 효과를 미칠 가능성이 크다.

이런 연구결과가 객관식시험의 유형에 국한되는 것이 아니라는 사실에 유념해야 한다. 3장에서 언급했듯이 개방형 문항이나 수행평가에 입각한 시험이라도 학습의 폭은 좁아질 수 있다. 시험의 특성상 객관적인 진술로 답안을 유도하기 때문이다. 프리드먼(1993)이 관찰한 작문

시험은 대규모 직접평가인 작문시험이 어떻게 그 본질에서 벗어나 시간, 내용, 주제, 채점기준, 그리고 정해진 기준을 벗어날 수 없는 채점자에 의해 제약되고 통제되는 객관식 특성을 갖게 되는지 보여준다.

이처럼 시험을 통해 교육개혁이 이루어질 때, 시험은 해당 교과에 대한 유의미한 이해와 깊은 통찰의 필요성을 간과한 미봉책에 불과하다. 특히 교과에 대한 제한적인 지식만을 대변하는 외부 시험의 경우 더욱 그렇다. 프리드먼은 '시험을 통해 교과과정을 개혁하는 방법이 매력적으로 보이긴 하나 이루기 어렵다' (p. 29)고 결론을 내린다.

8장에서 10장까지 살펴본 연구는 대체로 시험의 결과로서 생긴 지식이 '시험용 언어' 라고 정의될 수 있음을 보여줬다. 시험도입을 통해 영어와 아랍어 교육에 변화를 일으키려는 의도가 유의미한 수준까지 보장하지 못했음이 드러났다. 교육적인 변화는 거의 일어나지 않았다. 게다가 의사결정자들은 시험을 통해서 변화를 이끌 수준만큼 넉넉히 지원하지도 않았다. 교실당 학생 수 감축, 교사의 업무 부담 축소, 교사교육 제공 등 기본적인 환경도 보장하지 않은 채 오직 시험에만 의존해서 변화를 일으키려 하는 경우가 많았다. 압박과 제재만으로는 분명 변화를 가져올 수 없다.

메트(Met)(사적 서신 교환)는 주 단위의 시험도입에 관해서도 비슷한 경향을 관찰했다.

> 본래는 네 과목 각각에 대한 진취적인 학업목표를 가진 수행평가로 계획된다. 그러나 비용이나 심리측정학적인 문제로 시험부터 결과 확인까지 소요시간이 짧아야 하는 (이는 졸업하는 학생에게 중요한 문제이다) 실행상의 제약 때문에 폐쇄형 · 선다형 문항으로 시험이 구성되어야 할 것이다. 그렇게 되면 이런 시험은 질이 떨어지는 교육과정이나 수업으로 귀결되기 십상이다. 그리하여 구성주

> 의와 이에 관련된 수행기반 교수법을 통해 교육을 향상시키고자 했던 지난 십 년간의 성공적인 노력에도 불구하고 교사가 시험을 대비해 가르치게 되며 시험 출제 내용으로 교육과정을 한정시키게 된다.

8장에서 10장까지 살펴본 연구를 통해 도구로 사용된 시험이 결국 미봉책에 불과했음이 분명해졌다. 시험 내용에 대한 진지한 토론이 전혀 이루어지지 않았으며 세 시험 모두 문제해결책으로서 도입되었을 뿐이다. 독해시험의 경우, 학교에서 독해를 다른 과목에 통합시키지 않고 지리나 역사 등 다른 수업을 뺀 뒤 독해 수업을 별도로 배정했다. 이는 단순하고 도구적인 해결방안이라 할 수 있다. 마찬가지로 아랍어 시험의 경우, 아랍어를 가르친다는 복잡한 문제가 알파벳과 일부 어휘를 가르치는 등 구체적이고 제한적인 요소로 축소되었다. 이는 시험도입자가 유의미한 변화보다 즉각적인 성과가 드러나는 단순한 해결책에 지대한 관심을 보인다는 사실을 증명해준다.

이런 식으로 시험을 사용함으로써 모의고사식 교재나 교수법 등 시험 관련 콘텐츠가 재생산되었으며 학습의 폭이 좁아졌다. 시험을 통해 생산되는 지식은 흔히 '제도화된(institutionalized) 지식'이라 일컬어진다. 폭이 좁고 단순하다는 점이 제도화된 지식의 주요 특징이다. 이는 전문지식과 상반될 때가 많다. 요컨대 시험에 포함된 정보는 단지 진짜 지식의 모방일 뿐이다. 즉, 한 번 치러지는 하나의 도구(시험)에 입각한 일방적인 지식으로서 유의미한 맥락에서 동떨어져 있고 대개 학습 향상을 위한 아무런 피드백도 주지 않는다.

시험을 실질적인 지식으로 사용함으로써 제공되는 것은 단지 '미봉책' 일 뿐이다. 즉, 교과목의 복잡성을 간과하고 학습 향상에 도움되지 않는 즉각적인 해결방안인 것이다. 바이스(Weiss, 1977)는 좁은 범위와 목표지향성이 특징인 시험의 *도구적* 영향과 넓은 범위와 유의미성이 특징인 시험의 *개념적* 영향을 구분한다. 후자의 경우 시험의 특성이나 교수법에 대한 논의가 뒤따르고 시험의 질적 기준에 대한 동의가 이루어진다. 앞서 살펴본 사례 중 어느 경우에도 평가된 내용의 학습가능성이나 측정가능성 여부에 대해 교사나 학생이 참여한 진지한 논의가 없었다. 관료에게 이렇게 단순하고 즉각적인 해결책은 꽤 매력적이다. 짧은 임기가 끝나기 전에 시험의 영향에 따른 즉각적인 결과물이 제공되기 때문이다. 이에 대해 프레이리(Freire, 1985: 23-4)는 다음과 같이 말한다.

> 단지 행정적 관점이 아니라 무엇보다도 지적인 관점에서 보면, 평가자가 관료적일수록 평가는 협소해지고 검열적 양상을 띨 것이다.

그에 따라 마다우스(1990: 30)는 다음과 같이 주장한다.

> 평가는 규정기술(defining technology)이 되어 특정 가치를 장려하고 다른 가치를 폄하한다. 또한 평가는 사람들이 자신과 타인을 설명하는 수단이 되었다. 나아가 평가는 학교가 달성해야 하는 바가 무엇인지 알려주는 수단이자 심지어 전 세계에서 미국의 교육이 자리 잡은 상대적 위치를 설명하는 데 사용되기까지 한다.

기존의 지식에 모순되는 실질적인 지식 재정의

위와 같이 시험을 사용할 때 발생하는 부정적인 결과는 시험을 통해 지식을 재정의할 수 있고 이렇게 생산된 새 지식이 교육과정에 따른 기존의 지식에 모순된다는 사실이다. 시험의 권력이 실질적인 새 지식으로 여겨지는 것이다. 그런데 대부분의 사회에서 시험을 통한 지식 재정의는 두 가지 시스템을 만들어낸다. 하나는 교육과정이나 정책문서를 통해 나타나며 다른 하나는 시험을 통해 이루고자 하는 관료적 목표를 반영한다. 이 두 시스템은 완전히 상반될 때가 많으며 그런 예가 적지 않다. 다언어 정책을 표방하지만 오직 한 언어, 이를테면 영어만이 평가되는 사회를 생각해 볼 수 있다. 두 개의 공식어가 있지만 그 중 권력이 있는 언어만 평가되는 국가도 있다. 또한 마리시(Marisi)(1994)의 연구는 ACTFL 평가지침에 따를 때 퀘백식 프랑스어 화자가 원어민으로 여겨지지 않는다는 사실을 보여준다.

번스타인(Bernstein, 1986)은 위의 두 시스템을 일차적 체계와 이차적 체계로 언급한다. 일차적 체계는 공론이며 이차적 체계는 집행인데 후자는 강제력이 있기 때문에 실질적이고 현실적이다. 결국 '공식적인' 이야기와 '진짜' 이야기가 있다. '진짜' 이야기는 시험을 통해 시행되고 관료에 의해 강요되며 대중에게 알려지지 않는 경우가 많다. '시험이 바람직한 교육과 사회에 대한 각자의 비전을 유지 · 확립하고자 하는 이해관계자들(contending parties)의 표적이 되면서' (노아(Noah), 엑스타인(Eckstein), 1992: 14) 실질적인 교육정책이 되는 것은 바로 평가정책이다.

새로운 권력의 창출은 언어시험과 관련해서 훨씬 명백하게 나타난다. 시험으로 평가되는 것이 중요하다는 통상적인 믿음이 생겼을 정도로 시험의 권력은 극에 달했다. 단지 평가되고 있다는 사실만으로도 그 교과목이 중요하다는 믿음이 생기는 것이다. 즉, 시험이 지위의 지표가 된 것이다.

이런 현상은 졸업시험이든 입국이든 간에 시험이 의무적일 때 특히 잘 나타난다. 국가시험에 포함되지 않은 '중등학교 졸업' 용 교과목이 있는 국가에서는 그 과목을 시험에 포함시킬 것을 요구하는 노력이 상당하다. 예를 들어, 미국의 외국어교사는 미국 학업 성취도 평가(NAEP)에 외국어 과목이 포함되기를 학수고대한다. 옴스비(Ormsby, 1998)는 특정 언어가 고등학교졸업시험에 포함되지 않는다는 사실에 해당 언어를 토착어로 사용하는 주민들이 매우 불쾌해 하고 있음을 보여준다. 정책적으로 그들의 언어가 중요시되지 않고 있다고 여기는 것이 분명하다. 국가시험에 포함될 경우 자국에서 그들의 언어가 차지하는 지위가 높아지리라 여긴 토착어 화자들이 그들의 언어가 국가시험에 포함되도록 강력한 로비 활동을 펼쳤음을 알 수 있다.

이런 현상의 부정적 결과는 명백하다. 즉, 교과목 자체가 중요한 게 아니라 특정 집단과 정책입안자가 그 교과목을 어떻게 생각하는지가 중요한 것이다. 이는 이데올로기적이고 인위적으로 교육을 향상시키고 교육적 우선선위를 결정하는 방식이다. 특정 교과목의 지위를 높이기 위해 시험 사용을 결정하는 자와 시험이 권력을 쥐고 있는 셈이다.

의심할 여지 없이, 10장에서 살펴본 영어시험의 영향력이 그토록 강력한 이유는 바로 영어의 힘 때문이다. 영어와 오늘날 세계 속 영어의 역할을 생각해 볼 때 영어시험은 영어가 지닌 기존의 권력을 영속시키고 더욱더 확장시키기 위한 증폭장치 역할을 한다.

시험이 특정 언어의 위상을 올리고 다른 언어의 위상을 낮추는 방식에도 주목할 필요가 있다. 세계 여러 국가에서 고등학교 졸업시험과 대학교 입학시험에 영어시험은 포함시키고 있지만 다른 언어의 시험은 포함시키지 않는다. 이처럼 시험이 있을 때 해당 언어는 이미 가진 권력보다 더 큰 권력을 부여받게 된다. 반대로 시험이 없을 경우 그 언어의 힘은 상당히 줄어든다. 분명한 것은 교과목에 권력을 부여할 권한이 있는 관료나 기타 정책입안자가 원하는 대로 평가하고자 하는 언어를 결정한다는 점이다. 그렇지만 많은 국가에서 중등학교 졸업 때 실시하는 영어시험에 대해서는 아무런 이의가 제기되지 않는다. 따라서 영어시험을 통해 학교체제 내에서 영어의 지속적인 지배권이 보장되며 이런 현상은 사회 전체에까지 영향을 미칠 때가 많다.

다음은 지식의 재정의라는 측면에서 시험을 통해 통제를 행사하는 예이다. 현재 수업이 진행되고 있지 않으나 교육계 지도층에 의해 학습이 필요하다고 여겨지는 과목이나 영역이 있다. 대중이나 언론의 행동 촉구에 대한 대응으로 이렇게 결정되는 경우가 많다. 그리하여 새로운 교과목이 수업에서 가르쳐지도록 시험이 도입된다. 정책입안자가 교육적 조치를 취하고, 권위를 드러내고, 행동 변화를 보장하는 데 시험이 가장 손쉽고 신속한 방법이기 때문이다. 도입된 시험이 고부담인 경우 그 시험은 교사와 학생의 행동을 변화시키는 데 효율적인 역할을 한다. 학생, 교장, 학부모 모두 교사에게 고부담시험에 대비해 줄 것을 요구하고, 두려움과 불안을 느낀 교사는 자신의 행동을 바꿔 시험을 대비한 교육을 시작한다. 시험이 새로운 지식모형이자 쉽게 접할 수 있는 교수자료이기 때문이다. (시험내용에 대한 별다른 정보가 없을 때는 시험에 대한 소문이 비슷한 역할을 한다.) 해가 가면서 교사가 시험에 대비할 수 있도록 새로운 교수자료가 출간되고 워크숍이 마련된다. 그리하여 별도로 의미 있는 교사교육이 이뤄지지 않을 경우 시험이 실질적인 교육과정이 된다. 중앙집권화된 '권위적인' 교육체제에서 지도층이 교육적 우선순위를 교사들에게 전달하고 지도층의 계획을 도입하게 하는 주요 장치로 시험이 사용된다. 가르침이 변한다는 측면에서 시험도입에 따른 영향은 크다. 하지만 워크숍, 교사연수, 새로운 교과서 등 다른 수단을 통해 교육부가 교육을 변화시키고자 했을 경우 어떤 영향이 나타났을지는 알려지지 않는다.

시험을 통해 계획을 전달하는 경향은 교실에도 적용된다는 점을 유념해야 한다. 교육당국으로부터 행동 변화를 위해 시험이 사용되리라는 메시지를 교사가 전달받을 때 비슷한 양상이 나타난다. 즉, 교사들은 시험을 더 많이 사용함으로써 교육부의 방법을 학생에게 적용하는 경향을 보인다.

비윤리적이고 비민주적인 정책입안 방법

실질적인 정책을 만들기 위해 시험을 사용하는 것은 비민주적이고 비윤리적인 절차로 생각될 수 있다. 이 같은 시험 사용은 권력층을 대변하며, 공표되지 않거나 시험 과목에 대한 공개토론도 없이 시험이 사용되기 때문이다. 교사나 수험자 등 시험의 영향을 받는 사람들을 배제한 채 위로부터 시험이 지시되는 탓도 있다.

이런 정책은 위협, 두려움, 신화, 권력 등을 기반으로 시험이 없다면 학습도 이루어지지 않는다고 사람들을 설득함으로써 이행된다. 이것은 비윤리적인 정책입안 방식이다. 민주주의 사회에서 개인을 강요하는 것은 부적절하기 때문이다. 하지만 이처럼 시험은 교육을 조종하고 통제하는 데 사용되며 교육적 우선순위를 교장, 교사, 학생에게 전달하기 위한 장치가 된다. 푸코(Foucault, 1979)의 범주를 적용하면 앞서 논의한 독해시험의 사용도 비윤리적인 행위로 이어졌음이 분명히 드러난다. 즉, 독해시험이 수량화, 관찰, 정상화, 표준화, 분류, 처벌, 판단, 감시의 목적으로 사용되었다.

정책을 입안하고 교육체제의 틀을 잡는 데 시험을 사용하는 행위는 수험자가 그런 평가를 통해 얻을 것이 없기 때문에 비윤리적이다. 시험이 수험자에게 진단정보를 제공하지 않는다면 그 시험은 수험자에게 유익함을 주지 못한다. 사실 시험을 통해 득을 보는 것은 권력을 가진 사람들이며 그 값을 치르는 쪽은 바로 수험자이다. 관료 측에서 교육을 조종하는 과정에서 수험자는 도구처럼 이용되고 있다. 수험자는 압박감, 긴장감, 행동 변화, 불안감을 비롯해서 2장에서 알아본 여러 부정적인 경험을 겪음으로써 대가를 지불한다. 시험을 잘 보지 못하는 수험자에게 부정적인 피드백이 끊임없이 이어진다면 더욱 해로울 수 있다.

> 특정 과목을 어려워하는 어린 학생(창조적일 수도, 생각이 다를 수도 있는 학생)이 공부 못한다는 소리를 계속 듣는 것은 꽤 충격적인 경험이다. 이런 시험들 대부분이 어른이 되고 나면 중요하게 여겨지지 않을 시험이다. (피터 쿡슨(Peter Cookson), 스타인버그(Steinberg)에서 재인용, 1999: 18)

따라서 권력행사와 통제 그리고 정책입안을 위한 시험 사용은 시험의 또 다른 비윤리적 측면이다. 학생에게 유의미한 정보를 제공하지 않는 것은 시험이 학습에 미치는 효과에 대한 책임을 회피하는 것으로 간주된다. 수험자에게 알려지지 않은 목적으로 시험이 사용될 때 정보의 부당한 사용으로 여겨질 수 있다.

시험이 지식을 평가하는 것이라고 할 때 이 책에서 살펴본 어느 사례에서도 이런 시험의 역할이 분명하게 드러나지 않았다. 사실 시험은 다른 목적으로, 즉 다양한 상황에서 정치적·관료적 계획을 보조하는 데 사용되었다. 정책입안자는 시험을 통해 교육체제를 조종하고, 교과과정을 통제하고, 새로운 지식을 만들어내고, 새로운 교과서와 교수법을 강요했다. 관료는 언어지식을 정의하고, 표준화했으며, 언어능숙도를 높이고, 교육계획을 전달하는 데 시험을 사용한다. 또한 교육적 조치를 취하고 있다는 환상을 대중에게 심어줌으로써 시험을 구실로 실제로는 아무런 행동도 취하지 않는다. 학교 차원에서 보면 교장은 교내 시험을 시행해 교사로 하여금 특정 내용을 가르치게 하고 기타 시험이나 퀴즈를 통해 학생들에게 학습 동기를 심어주고 훈육한다. 정치적 차원에서 실질적인 언어정책을 만들고, 특정 언어의 지위를 높이거나 다른 언어의 지위를 낮추고, 시민권을 통제하고, 포용하거나 배제하고, 부적격자를 차단하고, 엘리트층의 권력을 유지하고, 복잡한 문제를 단순한 해결방안으로 대처하고, '세계 최고'가 되도록 국가권력을 향상시키는 데 시험이 사용되는 것이다.

결론

이 장에서는 시험을 권력행사와 통제의 수단으로 사용할 때 사회와 교육에 어떤 부정적인 결과가 초래되는지 살펴보았다. 그렇게 시험을 사용할 때 학습 증진이나 성취도 향상으로 이어지지 않으며 시험이 실질적인 지식이 되는 동종의 시스템이 나타났다. 그리고 이것은 훨씬 복잡한 사회체제와 모순된다는 사실이 드러났다. 또한 이런 시험 사용은 권력을 부여하는 인위적인 방식이라고 할 수 있다. 마지막으로 권력행사와 통제를 위한 시험 사용이 비윤리적이며 비민주적인 정책입안 방식임을 논의했다.

15장

상징과 이데올로기

앞서 드러났듯이 시험은 권력적인 도구로서 권력층의 계획에 들어맞도록 교육체제를 조종하는 데 사용되고 있다. 이런 식으로 시험이 사용될 때 학습에 부정적인 결과가 초래되며 나아가 이와 같은 시험 사용이 비윤리적이며 비민주적임을 함께 논의했다. 그런데 시험의 권력에 이의가 제기되지 않는다. 감시를 받지도, 통제를 받지도 않으며 대중과 기관은 시험을 대단히 신뢰하고 지지할 뿐이다. 톨레프슨(Tollefson, 1995)은 권력을 세 가지 측면으로 구분한다. 국가, 담론, 이데올로기가 그것인데 시험은 이 세 가지 측면을 모두 드러낸다. 즉, 관료적이라는 점에서 국가권력을 대변하며 동등하지 않은 개인(평가자와 수험자) 간에 시험이 부과된다는 점에서 담론적 권력이 나타난다. 또한 옳고 그름, 좋은 지식과 나쁜 지식, 경제적으로 가치 있는 것과 그렇지 않은 것에 대한 믿음을 조종한다는 점에서 이데올로기적 권력을 드러낸다. 시험의 영향을 받는 이들 모두가 쉽사리 시험을 수용하고 존중한다는 사실은 주목할 만하다. 시험은 어떻게 이처럼 권력적이고, 영향력이 있고, 횡포를 부리며 존속할 수 있을까? 또한 시험은 어떻게 우리 사회에서 이처럼 엄청난 역할을 맡고 있을까?

개인과 사회 모두가 시험을 권력의 상징으로 받아들인다는 점이 이 질문에 대한 한 가지 대답이 될 수 있다. 이 장에서는 부르디외(Bourdieu, 1991)의 상징권력 개념을 바탕으로 시험의 상징권력과 이데올로기, 나아가 상징권력을 강화하기 위해 사회가 만들어낸 메커니즘에 대해 고찰하고자 한다.

상징권력

부르디외(1991: 192)가 말하는 상징권력이란 다음과 같다.

> 상징권력이란 피지배자가 지배자에게 부여하는 권력이자 신뢰이다. 또한 지배자를 믿음으로써 피지배자가 지배자에게 위임하는 신념과 권위이다. 상징권력은 피지배자가 존재한다고 믿기 때문에 존재하는 권력이다. …… 정치가는 자신을 믿는 집단으로부터 정치적 권력을 얻는다. 정치가는 그 집단은 물론 그 집단과 타 집단 간의 관계를 대변한다는 대표성에 대한 신념을 바탕으로 그 집단에 대해 마법과도 같은 권력을 행사한다. 일종의 합리적 계약을 통해 거짓으로 대표성을 가지며 정치가는 동일화라는 마법적 관계를 통해 옛말처럼 '모든 희망을 그에게 거는' 사람들과 하나가 된다.

시험을 도입하는 사람들의 권력은 시험의 영향을 받는 사람들이 그들을 믿음으로써 생긴다. 부르디외의 지적처럼 이는 지배하기를 원하는 권력층과 지배받기를 원해 권력층에게 지배 권한을 부여하는 사람들 간에 이루어지는 일종의 합리적 계약이다. 요컨대 권력층이 통제하고 지배하고 싶은 만큼 피지배자는 기존의 사회구조가 영속될 수 있도록 지배와 통제를 받기 원한다.

지배를 받고자 하는 마음가짐은 시험이나 기타 권력도구(돈이나 지위 등)가 기존의 권력을 영속시키고 유지시킬 수 있기 때문에 가능하다. 그렇다면 시험은 사회적 권력과 역할을 확인하는 도구이며 결국 시험이 현 사회질서를 유지시킨다. 부르디외가 말했듯이 시험이 양측 모두에게 상징권력이자 사회질서를 유지하는 수단으로 작용하면서 시험을 도입하는 권력층과 시험을 통해 가치가 평가되는 이들 간에 무언의 계약이 존재하게 된다. 그리하여 시험은 시험의 가치를 끊임없이 인식시킴으로써 수험자에게 유익하다고 인식되었다. 시험은 공인된 정치적 제도로서 기득권층의 목적을 뒷받침해 주며 결국 기득권층의 상징적 지배를 돕는다. 정부관료, 행정가, 엘리트 집단에게 시험은 사회질서의 상징이다. 학교나 교사를 믿기 어려운 학부모에게 시험은 통제의 지표이자 상징을 제공하며, 다양한 엘리트 집단에게 시험은 지배를 영속시키는 수단을 제공한다.

상징권력을 강화하기 위한 메커니즘

상징권력을 강화하고 발전시키기 위해 다양한 전략이 사용되는데 기존의 사회적 지위와 역할을 영속시키고 보장하고자 하는 지배자와 피지배자 양측 모두가 이러한 메커니즘을 수용한다.

기득권층 간의 무언의 계약

사회질서를 유지하고 기존의 지식을 영속시키기 위해 다양한 집단이 협력한다는 사실로부터 시험의 상징권력이 비롯되고 강화된다는 관념이 이러한 메커니즘의 기반이다. 이 무언의 계약은 흔히 암묵적 동의이다. 이민자 수용, 시민권 지급, 출입자격 부여 등 어떤 문제가 되었든 간에 정책을 결정하기 위해 관료 측에서 문제의 여지가 있는 시험

점수를 그대로 받아들이는 경우가 하나의 예이다. 슈완트(Schwandt, 1989: 12)는 평가자에 의해 생긴 자료를 관료들이 어떤 식으로 사용하는지 관찰했다.

> 과학적 분석도구에 정통한 이 전문가들은 관료가 지위와 통제를 강화하는 데 사용할 경험적 근거—과학에 근거한 지식—를 만들어 낸다.

상징권력은 권력기관과의 협력을 통해 강화된다. 이를테면 교육기관은 학생 선발의 주된 준거이자 빈번하게 '유일한' 준거로 시험을 사용함으로써 결국 해당 기관에 상징권력을 부여한다. SAT 같은 입학시험을 예로 들 수 있다. 그와 관련해서 슈워츠(Schwartz, 1999: 51)는 다음과 같이 말한다.

> 그렇다면 SAT 점수를 높이기 위해 상당한 시간과 돈을 들이도록 강요받고 있다고 생각하는 미국 고등학생들의 수가 증가하는 이유는 무엇일까? 대학 입학사정관, 미국 대학위원회(College Board), 시험준비업체 간의 암묵적이고 자기영속적인 결탁에 그 답이 있다. 이들 집단의 계획이 간혹 상충되기도 하지만 각 집단은 SAT를 지탱하고 나아가 학생들 간의 비교적 작은 점수 차이에 중요성을 부여하는 데 일익을 담당한다.

행여나 고등교육기관이 시험을 사용하지 않기로 결정한다면 시험의 경제적 가치는 분명 엄청나게 감소할 것이다.

기관과 학부모 사이에도 무언의 계약이 존재한다. 기관이 시험을 사용하는 데 관심을 보이는 이유는 권위 때문이다. 그에 대해 학부모는 권력과 권위를 기관에 부여한다. 시험을 통해 자신의 사회적 지위를 유지하고 영속시킬 수 있기 때문이다. 하우스(House, 1998)는 평가를 통한 교육기준 향상 정책을 중산층이 지지하는 경우를 쉽게 볼 수 있는데, 그 이유는 자녀가 더 좋은 직업을 구할 수 있으면서, 소수자의 접근을 제한할 수도 있는 제도이기 때문이라고 말한다. 이처럼 시험은 기관과 학부모 양측에게 지위를 정당화하고 재확인하는 도구이며 기존의 사회질서를 유지하는 역할을 한다.

'통과의례' 결정하기

시험의 상징권력을 강화하는 또 다른 메커니즘은 계급차이를 영속시키는 방법과 권력층이 원하지 않는 이들을 배제하기 위한 선별의 방법으로 시험을 이용하는 것이다. 이런 경우에 시험은 출입을 통제하는 데 유용한 절차가 되며 게이트키핑 역할을 한다. 결국 엘리트계층이 오직 '자기' 편만으로 채울 수 있도록 보장해 준다. 슈워츠(1999)는 흑인 수험자가 받는 낮은 점수는 미국의 인종평등을 막는 최대 단일장벽이라고 지적한다.

4장과 6장에서 논의한 커트라인 점수는 통과의례를 통제하고 인위적인 경계선을 긋는 데 효과적인 메커니즘을 제공한다. 부르디외(199: 120)는 이렇게 말한다.

> 하지만 마법 같은 사회는 항상 연속적인 것을 잘라 비연속적으로 만든다. 이에 대한 전형적인 예이자 내 논의의 시작점인 경쟁적인 대학시험(콩쿠르)이다. 이 시험에서 통과자 중 최저 점수와 탈락자 중 최고 점수 사이에는 전부 혹은 제로라는 엄청난 차이가 발생한다. 이렇게 생겨난 차이는 평생 그들을 따라다닐 수 있다. 전자는 '에콜 폴리테크닉' 같은 엘리트 교육기관을 졸업하고 그에 따른 모든 이득과 특권을 누릴 것이며 그에 반해 후자는 별볼일 없는 사

람이 될 것이다.

또한 스폴스키(Spolsky, 1998: 12)는 이렇게 지적한다.

> 시험점수가 맥락 없이도 즉각적으로 해석이 가능한 절대적 측정치이고, 597점을 받은 학생과 601점을 받은 학생 간에 실질적인 차이가 있다는 듯이 대다수의 시험 사용자가 처신하는 것은 매우 슬픈 사실이다.

이렇게 시험은 사회질서를 만들고, 계급차이를 영속시키고, 원치 않는 이들의 출입을 차단하는 수단으로 사용된다.

그런데 흥미로운 사실은 엘리트 집단에 속하지 않고 시험을 통해 끊임없이 배제되고 거부되는 사회적 하층집단, 소수자, 이민자조차도 시험을 대단히 중시하며 이들이 시험 폐지에 반대하는 모습을 심심찮게 볼 수 있다는 점이다. 이들의 행동은 스스로를 하찮게 여기는 희생자의 행동과 유사하다. 이런 행동은 대개 시험을 상징에서 이데올로기로 전환시키는 효과적인 선전 결과물인데 이에 대해서는 이데올로기를 다룰 때 좀 더 자세히 설명하겠다.

전 세계 인구에서 영어 화자가 소수임에도 불구하고 권력층은 영어가 국제어이자 고등교육을 받기 위한 보증수표로 선언하고 있다. 그러면서 오늘날 세계 각국에서 영어의 지위는 올라가고 자국어의 지위는 낮아진다.

또한 세계 각국에서 '특권자' 만이 시험을 볼 권리를 가지는 상황도 생겨난다. 적절한 학교를 다니거나 졸업장을 받거나 시험이 시행되는 국가에서 태어나는 등의 방법으로 이러한 특권을 획득할 수 있다. 이민자가 평가명단에서 제외되는 경우가 극명한 예이다. 2장에서 살펴본 바로는 학교당국에 의해 '수준 낮은 학생' 으로 분류된 일부 학생이 시험을 볼 수 없는 경우도 있었다. 하지만 이와 동시에 모든 학생이 시험을 봐야 하는 대규모 평가도 있으며 이런 평가로 학생들이 분류되고 있으며 나아가 등급 판정에 종속되는 상황이 생긴다. 특권자만이 시험을 볼 수 있도록 각국의 교육체제에 따라 등장한 다양한 통과의례적 시험이 5장에서 논의되었다.

지식의 통제와 영속화

시험에 포함되는 내용과 지식을 통제하는 것은 시험의 상징권력을 강화하기 위해 널리 사용되는 방법이다. 그리하여 시험에는 부르디외의 주장처럼 권력층에 의해 적절하다고 공인된 지식만이 포함된다. 시험 출제자는 자신만의 지식을 시험에 출제하여 같은 편이 아닌 사람들로 하여금 시험이 어렵도록 만들 수 있다. 이는 그들을 권력 집단으로부터 떨어지게 한다. 다른 지식을 인정하지 않음으로써 '타자' 의 접근 제한이 용이해지며 동시에 이미 힘을 가지고 있는 계층만의 지식을 유지할 수 있다. '다른 지식' 의 대변자가 시험위원회에 포함되어 있지 않을 때 이런 전략이 쉽게 시행된다.

상징권력을 강화하는 수단이 되는 이런 메커니즘의 발달과정을 규명하는 일은 흥미롭다. 지난 몇 년간 대중은 시험의 공정성에 관심을 가졌다. 객관식 문항을 사용하면서 시험도 객관적이라 여겨졌고 시험의 신뢰도가 높아졌다. 하지만 이런 객관식 시험의 기반이 되는 지식은 그대로였다. 즉, 그 지식은 여전히 권력층을 대변했다. 게다가 그 지식은 '과학적' 절차에 따라 평가되어 이제 대중이 비판조차 할 수 없게 되었다. 과학적 절차라는 것이 일반인이 접근하기 어려운 전문용어와 통계를 사용하여 전문가에 의해서만 다뤄지는 탓이다. 이처럼 엘리트 집단이 계속해서 지식을 통제하고 시험의 도움에 힘입어 그 지식을 통제하는 것이 현재 상황이다. 뿐만 아니라 엘리트 집단은 이제 통제하기 위한 적법한 메커니즘을 갖게 되었다.

시험에 입각한 결정이 결국 선발, 이민 통제, 구직, 고교 졸업, 대학교 입학, 고위직 획득, 엘리트 교육기관 입학 등 고부담 결정으로 이어지기 때문에 시험내용과 영속적인 권력 간에 연결고리를 찾기란 어렵지 않다.

뱅크스(Banks, 1998)는 아프리카계 미국인 아이들을 대상으로 백인 문화만을 평가함으로써 어떻게 그 아이들의 앞길을 막는지 보여주었다. 백인 미국인은 아무도 그러한 실태에 이의를 제기하지 않는다. 히브리어와 아랍어가 공식어인 이스라엘은 히브리어 시험을 통과해야만 고등교육기관에 진학할 수 있는 권한을 받도록 정책을 펼쳤다. 그리하여 수많은 아랍어 화자가 고등교육의 기회를 박탈당했다. 말할 것도 없이 이런 정책에 대항하는 유태계 수험자는 없었다.

하지만 좀 더 공정하고 객관적인 시험개발을 시도하는 과정에서 시험의 바탕이 되는 지식은 별로 주목받지 않았다. 즉, 지식 자체는 바뀌지 않았다. 객관식 문항을 사용하고 과학적인 분석 준거를 적용하는 등 기술적인 면에서는 시험이 더욱 민주화되었지만 다른 한편으로 시험에 출제되는 지식이 예전과 크게 달라지지 않았기 때문에 시험은 계속해서 전통적인 선발체제를 대변했다. 그리하여 다양한 교육체제에 노출되었던 엘리트 집단은 개인이 습득해야 하는 지식을 결정하고, 시험이 하위계층 사람들의 선발을 막던 과거와 마찬가지로, 지금과 같은 대량시험의 시대에도 지식은 아무런 변화가 없다. 유일한 차이점은 모든 사람에게 시험을 볼 권리와 기회가 생겼다는 점이다. 하지만 다양한 배경이나 전통을 갖고 상이한 교육체제를 거친 사람들 모두가 요구되는 지식을 똑같이 습득할 수 없다는 점은 분명하다. 결국 선발방법은 바뀌었지만 수험자가 알아야 하는 지식은 바뀌지 않았다. 즉 시험 출제자가 자신만의 지식을 사회 엘리트 집단으로 편입하기 위한 준거로 사용하는 상황이 지속되고 있는 것이다. 시험을 도입함으로써 사회가 민주화되리라는 희망은 실제로 이루어지지 않았다. 어떤 면에서 상황은 더 악화되었다. 즉, 시험 내용을 결정하는 엘리트 집단은 이제 대중의 신뢰에 힘입어 엘리트 집단을 영속시키고 그들의 지배를 공고히 하는 데 사용할 수 있는 객관적인 시험이라는 게이트키핑 메커니즘을 소유한 것이다.

시험 의존성 생성하기

이 메커니즘은 아이들이 어릴 적부터 시험을 본다는 사실을 말한다. 아이들과 학부모는 시험을 통해 각자의 가치를 측정하는 데 익숙하다. 감춰진 재능을 발견하고, 이름난 유치원에 들어가고, 지능을 측정하고, 성장의 문제를 확인하고, 초등학교에 입학하고, 영재반에 들어가기 위해 서너 살 된 아이들이 시험을 보는 일은 드물지 않다. 대중은 시험에 의존하고 사로잡혀 아무런 문제 제기도 없이 시험결과와 시험의 상징 권력을 신뢰하게 된다. 어릴 때부터 사람들은 시험이 사회적 가치를 드러내는 최고의 지표라고 생각하게끔 사회화된다. 스타인버그(Steinberg, 1999: 18)는 '시험강박' 을 언급하며 이를 한 학군에서 다른 학군으로 퍼져가는 '전염병' 으로 묘사한다. 그는 다음과 같은 사실을 언급한다.

> 지난 6월 6학년을 마칠 때까지 뉴욕시 5학년 학생들은 14달 동안 8개의 표준화 시험을 치렀다. 또한 다음주에 주 전체에서 시행될 4학년 대상의 독해시험은 시행에만 3일이 걸린다. 시카고 학생들은 3학년 겨울을 시작으로 4학년 봄까지 독해시험을 거쳐 8학년 때 치르는 수학시험까지 12번의 표준화 시험을 치렀다.

이처럼 어릴 적부터 이루어지는 시험에 대한 사회화를 부르디외식으로 말하자면 어린 시절부터 몸에 익혀진 습관이라는 의미의 '아비투스(habitus)' 라고 할 수 있다. 평가의 측면에서 이는 인생에서 성공하는 데 시험이 중요하다는 시각이다. 매우 어린 시절부터 시험이 권위이자 상징권력이 되어, 결국 시험은 습관이 되고 시험 의존성이 커지게 된다. 그리하여 시험은 신뢰를 이끌어 내는 도구이자 지시, 지침, 사회적 관습의 상징이 된다.

시험점수에 경제적 가치 부여하기

이 메커니즘은 권력을 강화하는 데 널리 사용되는 메커니즘으로서 시험 합격과 탈락을 금전적 개념, 즉 사람의 가치를 평가하는 경제적 잣대로 바꾸어 해석하는 것을 의미한다. 시험 합격과 탈락은 금전적 개념으로 해석될 뿐만 아니라 자격증, 진급, 혹은 사회적 보상으로 여겨지거나 전환될 수 있는 기타 형식으로 나타나기도 한다. 이를테면 부모가 시험점수에 따라 자녀의 '가치' 를 판단함으로써 어린 수험자는 부모의 인정이나 불인정의 형태로 보상이 주어진다.

따라서 상징권력을 강화하기 위한 효과적인 방법은 결과물에 시장가치를 부여하는 것이다. 시장가치는 유명한 교육기관에 '합격' 되기, 이민비자(호주), 시민권(라트비아), 교원자격증(매사추세츠), 고교졸업장 등의 형태로 나타날 수 있다. 또한 진급, 직장, 돈의 형태일 수도 있다. 이 메커니즘을 작동하기 위해 평가기관, 정부 엘리트 계층은 무언의 계약방식으로 협력하여 서로를 지원한다.

시험에 부여된 높은 경제적 가치는 수험자가 시험대비 강좌를 수강하려고 상당한 금액을 기꺼이 지불하여 결국 부자들의 배를 채워줄 뿐인 이 성장산업이 유지되는 이유도 설명해 준다. 이런 상황에서 시험은 권력을 영속시키고 엘리트층의 시장가치를 높여준다.

언어와 시험의 결합

언어, 특히 영어의 권력은 다양한 문헌에서 논의되었다(필립슨(Phillipson), 1992; 페니쿡(Pennycook), 1994). 권력의 두 가지 원천인 언어와 시험의 결합은 상징권력을 강화시키는 아주 효과적인 메커니즘이다. 두 개의 막강한 제도를 결합한 언어시험을 보면 그 사실을 알 수 있는데 언어와 시험이 결합됨으로써 훨씬 도전하기 어려운 새로운 권력형 제도가 생성된다. 고등교육기관에서 입학자격으로서 언어가 평가될 때 시험과 언어의 상징권력은 크게 강화되며 극도로 권력적인 도구를 지닌 사회가 나타난다. 옴스비(Ormsby, 1998)는 자신들의 권력이 강화되도록 자신들의 언어를 시험으로 시행하라고 요구한 멕시코 토착민의 예를 보여준다. 9장에 기술한 아랍어시험에도 비슷한 원인이 작용했다. 아랍어시험을 실시하면 아랍어의 힘이 강화되리라 여겨진 것이다. 토플의 상징권력이 지닌 엄청난 가치는 토플이 시험의 상징이자 영어의 상징이라는 점에 기인함은 말할 것도 없다.

나아가 대부분의 미국 교육기관은 주류 교육을 받고자 하는 이민자를 대상으로 영어수업의 수강뿐 아니라 고등교육기관 입학을 결정하는 준거로서 영어시험을 사용한다. 이러한 권력형 언어시험이 사회에서 '올바른' 선별장치로 받아들여진다는 점은 놀랄 만한 일이다. 그렇지만 고등교육기관이든 학교든 이민자가 학업을 수행하기 위해 갖춰야 하는 언어 수준을 진정으로 아는 언어학자나 평가자는 없다. 학업성취에 언어지식이 얼마나 중요한가는 아직도 경험적 연구를 통해 해결되어야 할 문제이다. 그러나 언어평가자가 커트라인 점수를 결정함으로써 그 해답을 안다는 듯이 행동하고 입학담당자에게 얼마만큼의 점수가 필요한지 알려 주는 경우도 빈번하다. 앞서 언급했듯이 정책입안자는 평가자가 이런 정보를 제공함에 따라 직접 결정을 내릴 필요가 없다는 사실에 기뻐한다. 일부 평가자가 말하듯이 이것은 분명 사용자의 정치적 계산에 따라 어떤 방식으로든 시험점수가 이용될 수 있음을 보여주는 사례이다.

이처럼 언어지식과 시험에 의지하면 상징권력을 만들기가 용이하다. 힘이 있는 사람(원어민화자)들이 믿는 것보다 훨씬 가치 있는 영역을 감당하는 자가 언어평가자라는 사실로도 언어평가의 상징적 권력은 훨씬 더 강화될 수 있다.

텍스트의 권력

렘케(Lemke, 1995)는 텍스트의 정치적 권력을 언급한다. 그는 텍스트를 통해 드러나는 언어가 권력적이라고 주장한다. 시험은 텍스트로 구성되어 있으며 텍스트는 의미를 담고 있는데 그 의미가 권력으로 해석될 수 있다는 것이다.

필모어(Fillmore, 1981)는 시험에 사용되는 텍스트의 유형이 시험 이외의 상황에서 사람들이 일반적으로 읽는 텍스트와 매우 다른 점을 주목한다. 그는 수험자가 텍스트와 장르를 본의와 다르게 재해석하여, 평가자가 소유한 '진리'를 수용하기 위해 노력하게 된다고 주장한다. 또한 대부분 시험의 교훈적 담화는 권력적 메시지를 전달하는 측면도 있다. 시험은 냉정한 언어로 매우 권위적으로 쓰여지며 예외를 전혀 인정하지 않는 한 종류의 행동만을 지시한다. 시험의 교훈이 의미하는 바는 수험자가 부정직하고, 나쁜 의도를 지녔으며, 바른 행동을 하지 않을 방법만 찾는다는 것이다. 이처럼 텍스트와 시험의 교훈이 권위적이고 오만하며 수험자를 단지 시키는 대로 할 뿐인 힘없는 존재로 격하시킴으로써 시험의 상징권력은 강화된다.

제식적 시험 관행

시험을 볼 때 적용되는 규정과 행동인 다양한 의식(rituals)적 · 제식

(ceremony)적 특성을 사용하는 것은 상징권력을 강화하는 중요한 메커니즘이다. 이 메커니즘은 푸코(Foucault)가 말한 '권력의 제식' 이라고 할 수 있다. 상징권력을 만들어 내기 위한 것 말고는 이런 규정을 딱히 논리적으로 설명할 방법이 없다. 시험출제자와 수험자 간에 일정 거리를 유지할 것, 수험자는 지정된 공책에 지정된 연필로 답을 기입할 것, 최소한의 소지품만 지참할 것, 시험감독이 시험장에서 감독할 것, 수험자는 누구하고도 이야기를 주고받지 않을 것, 이해하지 못한 부분은 넘어갈 것, 질문하지 말 것, 이의 없이 엄격하게 정해진 시간 내에 시험을 마칠 것 등이 시험의 일부 규정이다. 비밀스러움과 신비스러움이 시험의 주위를 감돈다. 대중이 이해할 수 없는 난해한 통계 공식은 물론 복잡한 평가기술이 상징권력에 더해진다. 시험 상황은 '일상 생활' 과 다른 일련의 규정을 생성하여 이것을 지시하는 자가 두려움, 경의, 권위를 이끌어 낼 수 있게 된다. 이 같은 시험의 제식적 특성이 일상 생활과 얼마나 다른지 최근 시험대비에 대한 저서를 출간한 조슈아 핼버스탬(Joshua Halberstam)을 상대로 스타인버그가 진행한 인터뷰를 통해 알 수 있다. 스타인버그(1999: 18)는 핼버스탬의 발언을 다음과 같이 인용한다.

> 이런 시험을 전혀 치러본 적이 없는 아이들, 어린 아이들은 이 시험이 지금껏 치른 어떤 시험과도 다르다는 사실을 알아야 해요. 그 아이들이 좋아하는, 아주 친절하고 부드러운 교사는 '연필 내려 놔!' 라고 말하겠죠. 진심으로 말이에요. 그 어린 학생들은 손을 들고 '시간 조금만 더 주세요. 아직 다 못했어요' 라는 말을 못하게 될 거에요. 표준화 시험이란 어떤 것인지 그 아이들에게 설명해줘야 해요.

이데올로기

교육은 이데올로기로 인식되지만 시험은 과학으로 인식된다. 하지만 과학이란 미명하에 시험이 이데올로기로서 도입되는 사실을 사회는 깨닫지 못한다. 시험은 이데올로기가 되었고 그런 상황에서 시험이 점차 발전되었다.

어떤 생각이 힘을 갖고 고려되기 위해서는 전문가 집단 밖에서 인정을 받고 그 분야 밖의 집단이 지닌 전략과 생각이 결합되어야 한다. 마찬가지로 시험이 권력을 가지려면 평가전문가 혹은 관료집단 외부에서 시험을 인정해야 한다. 시험의 상징권력이 이데올로기가 되는 것은 바로 이때다. 명확히 말해서 여기에서 이데올로기란 선전을 통해 퍼지는데, 시험이 잘 살기 위한 조건이라고 믿게 되는 일종의 시험에 관한 신화이다. 시험의 수사학이 그릇된 정보와 선전을 퍼뜨리는 데 사용되는 바로 이 시점에서 시험은 이데올로기가 된다.

스폴스키(1998: 1)는 다음과 같이 지적한다.

> 20세기 내내 일반 대중은 시험결과의 무과실성(infallibility), 공정성, 유의미성을 믿도록 세뇌되었다. 그리고 아주 자연스럽게도 시험과 시험대비용 교재를 팔아 이런 믿음을 이용하는 거대산업이 성장했다.

상징권력으로서의 시험이 어떻게 이데올로기로 변하는지 보여주는 근거는 충분하다. 시험의 수사학은 시험에 관한 다양한 신화를 퍼뜨리는 슬로건과 선전을 바탕으로 이루어진다. 숫자를 사용하는 것은 평가의 수사학 중 일부분이다. 숫자는 이데올로기를 퍼뜨리고 강화하는 데 매우 강력한 힘을 발휘하며 언어의 힘보다 앞서는 때도 많다. 이로써 시험은 도전받지 않는 권위를 지니게 된다. 대중이 감히 비판하고 이의를 제기하지 못하는 전문가의 영역으로 여겨진다. 하지만 실제로 숫자는 주관적이고, 과학적인 접근은 상대적이며, 시험의 합격과 탈락이 임의적인 커트라인 점수에 따라 결정되기 때문에 다양한 해석이 가능하고 이의가 제기될 수 있다는 사실에 대해 대중은 알지 못한다. 통계와 숫자를 다루는 자들은 숫자를 마냥 믿을 수만은 없다는 점을 알고 있다. 그러나 숫자의 영향을 받는 이들은 숫자의 권력과 권위를 신뢰한다.

그리하여 시험의 수사학은 시험에 관한 미신을 퍼뜨리며 시험의 지배를 받는 이들은 이것을 진실로 여긴다. 하우스(1998)는 시험의 권력에 관해 권력층이 퍼뜨리는 신화를 지적한다. 그는 시험이 교육체제 내의 모든 것을 바꾸고 개선시킬 능력이 있는 거의 마법 수준의 도구라고 묘사한다. 시험은 자동적으로 뛰어난 성취를 생성시키며 교육기준을 높일 수 있다. 하우스는 미 정부에서 발행된 『세계적 수준의 미국 교육기준』을 언급하는데 그 내용은 교육기준이 부모에게 안겨주는 이점과 이득에 대한 근거이다. 시험과 교육기준이 *모든*(이탤릭체는 쇼하미가 표시한 것임) 학생의 성취도를 향상시킬 것이며, 기대감을 증가시키고, 학교와 집에서 이루어지는 학습을 확대시킬 것이고, 효율성은 물론 공평성을 가져올 것이라는 내용이다. 다음은 시험과 교육기준에 관련된 몇 가지 예시이다.

> 교육기준의 목적은 모든 학생의 성취도를 향상시키고 모든 학생에게 동등한 기회를 주는 것에 있다.
>
> 바람직한 교육기준 확보는 학생에 대한 기대감을 높게 설정한다는 뜻이다. 주위에서 기대가 클수록 학생은 학교와 집에서 더 많이 공부해야 할 것이다. …… 국가 교육기준이 없을 때 국가 교육

> 과정은 표준화 선다형시험과 시장에 나온 교과서를 기반으로 계획 없이 전개되었다. …… 학생들이 무엇을 배워야 하는지 동의가 이루어지지 않는다면 교육체제의 각 분야에서 상이하고 때로는 상충된 목표를 추구할 것이다. 그 결과 교육체제 전반이 불평등, 모순, 비효율성으로 가득 차게 된다. (하우스, 1998: 27-8)

위 내용에서 시험에 얼마나 큰 무게가 실리는지, 교육 전반에 강력하고 즉각적인 대규모 변화를 가져올 도구로 시험이 포장되어 어떻게 교육전문가에 의해 순진한 부모에게 '판매' 되고 있는지 주목해야 한다. 또한 시험이 교과서와 이해력에 영향을 주고, 문제해결능력과 논리력을 개발시키고, 교사의 질을 향상시키고, 교육기준을 높일 뿐 아니라 신기술을 도입시킬 것이라고 언급된다.

> • 이해력을 강조하는 방향으로 교과서가 바뀔 것이다.
> • 학습한 내용을 학생들이 이해했는지 평가하도록 학생 평가가 바뀔 것이다.
> • 논리력과 문제해결능력을 강조하는 방향으로 교수법이 바뀔 것이다.
> • 모든 교사가 높은 교육기준에 맞춰 가르칠 수 있도록 교사교육과 전문능력개발이 바뀔 것이다.
> • 새 교육기준을 달성시키는 학습 증진을 목표로 신기술이 사용될 것이다. (하우스, 1998: 28)

서구사회에서 쓰이는 다른 상품들이 이와 같은 식으로 판촉되고, 판매되고, 광고되었다면, 그 상품은 주요한 소송대상이었을 것이라고 하우스는 말한다. 위의 주장 중 어떤 항목도 경험적 근거가 없기 때문이다. 하지만 시험과 관련해서 누구도 이런 주장에 대해 의문을 제기하지 않는다. 이러한 사실은 시험이 순진한 대중에 의해 받아들여지는 이유를 명확하게 설명해 준다. 말할 것도 없이 시험의 부정확성, 위험성, 오용에 대한 자료는 전혀 제시되지 않고 있다.

클린턴 전 대통령의 사례를 보면 평가의 이데올로기가 선거운동의 허위공약처럼 선전되고 있다. 결국 대중은 교육에 대한 단순화된 관념을 수용하기에 이른다. 성공에 필요한 유일한 조건이 높은 목표를 설정하는 것이라고 분명히 언급되었지만 정작 그 목표를 어떻게 달성할지 아무런 언급이 없었다.

> 우리가 목표를 높게 잡고 학생들에게 노력을 촉구한다면 그들은 세계 최고가 될 것입니다.

마찬가지로 11장 131~132쪽에 기술했듯이 교원자격증과 관련해서 매사추세츠 주지사는 그릇된 기대감을 높여 놓았다.

> "대화를 나눠본 학부모 모두 교육기준이 더 높았으면 좋겠다고 얘기하더군요"라고 그는 오늘 전화 인터뷰에서 말했다. 또한 "교육위원회 미팅에서 했던 말입니다만 케네디 전 대통령이 36년 전에 이렇게 말했었죠. '우리는 달에 가기로 결정했고 다른 일들도 해내기로 했습니다. 쉬운 일이라서가 아니라 어렵기 때문에 내린 결정입니다' 라고 말입니다. 그 누구도 공립학교 개선이 쉬울 거라 말하지 않았습니다. 공립학교 개선은 어려운 문제입니다. 논쟁도 있고 마찰도 생길 겁니다. 하지만 끝까지 노력하면 결국 이루게 될 것입니다. 그러기 위한 최선의 방법은 교육기준을 지키는 것입니다"라고 덧붙였다.

또 다른 예로 8장 73쪽에 제시한 국가규모의 시험이 지닌 교육적 가치에 대해 이스라엘 교육부가 학부모에게 발송한 통신문이 있다.

또한 학교는 내년도 업무를 계획하는 데 도움을 받을 수 있을 것입니다. 저희 교육부는 오직 교육적 목적, 후속 조치, 연구, 정책 수립을 위해서만 시험결과를 사용하겠습니다. 결과 자료는 기밀에 부치고 교육부 데이터베이스에 보관할 것입니다.

결론

시험은 상징권력과 이데올로기를 대변한다. 상징으로서의 시험은 권력층에게는 물론 시험의 지배를 받고 권력층에게 권력을 부여하는 모두에 의해 강화된다. 바로 이 두 집단 간의 무언의 계약이 현 사회질서를 영속시키는 데 사용된다. 시험을 사용하여 통과의례를 결정하고, 어렸을 때부터 아이들을 사회화하고, 그로써 자기가치의 지표가 된 시험에 의존하게 만들고, 시험에 경제적 가치를 부여하고, 제식적 특성을 사용하고, 시험내용과 텍스트를 통제하는 등 다양한 메커니즘을 통해 시험의 상징권력이 강화된다. 좀 더 극단적으로는 신화와 허위의 가정이 퍼져서 보다 강력한 지배가 형성될 때 시험이 상징에서 이데올로기가 된다.

제4부

평가의 민주적 관점

이 책에 기술된 시험의 권력적 사용을 제한하고, 최소화하고, 제어하기 위해 사회가 어떤 조치를 취해야 할까? 이 책의 마지막인 4부에서는 시험의 권력적 사용과 남용을 감시 · 제어하고 좀 더 민주적인 평가를 실행하기 위한 전략, 해결책, 대안을 제안한다.

16장에서는 비평적 평가 개념을 소개하여, 시험 사용 및 결과를 고찰하고 권력적 시험 사용을 제한 · 통제해야 함을 언급한다. 민주적 평가를 도입하는 것이 비평적 평가에서 중요한 부분이다. 17장에서는 대안적 평가와 쌍방향적/대화적 전략을 사용하는 민주적 원칙과 실천을 제안한다. 18장에서는 평가자의 사회적 책임을 논의한다. 19장에서는 수험자 자신의 권리를 지키기 위한 방법을 제공한다. 에필로그인 20장에서는 사회 속의 대립적 이데올로기를 고려하여 평가의 미래를 고찰한다.

16장

비평적 언어평가

비평적 평가: 주요 특징

시험이 권력적 도구라는 시각에서 보면 시험은 사회적 · 정치적 맥락 및 계획과 밀접히 연결되어 있으며 의도, 효과, 결과에 관련된 권력적 도구이며, 시험에 대한 해석과 가치의 문제는 고정적이지 않다. 이러한 관점에서 평가분야는 *비평적 페다고지*(critical pedagogy)라는 넓은 분야 내에 위치한다. 여기에서는 이런 시각을 *비평적 평가*라는 용어로 언급하겠다.

비평적 평가가 함의하는 것은 시험의 사용과 그에 따른 결과를 고찰하고, 시험의 권력을 감시하고, 시험의 유해한 힘을 최소화하고, 시험의 오용을 들춰내고, 수험자의 권한을 위임할 비평적 방법을 개발해야 한다는 사실이다. 비평적 평가는 사회적, 윤리적, 교육적, 정치적 맥락 내에서 시험을 고찰하는 활동을 의미한다. 비평적 평가는 평가분야에 대해 비평을 시도한다. 또한 시험이 어떻게 사용되는지 자료를 수집하여 사용자와 일반 대중에게 보여줌은 물론 평가자를 의식화하고 그들이 사회적으로 성찰하게끔 만든다. 이 책에 실린 시험 사용에 관한 연구결과들과 관련해서 비평적 평가의 가장 중요한 목표는 권력적인 시험 사용을 최소화하고, 제한하고, 통제하는 것이다. 나아가 비평적 평가는 평가자, 교사, 수험자, 대중을 독려하여 시험 및 시험에 기반한 교재 사용에 문제를 제기하고 시험에 내재된 가치와 믿음을 비평하게끔 유도하고자 한다.

비평적 평가를 구성하는 원리로서 다음(페니쿡(Pennycook), 1994; 크램쉬(Kramsch), 1993에서 일부 적용)을 제안하고자 한다.

- 비평적 평가에서는 언어평가행위가 중립적이지 않다고 주장한다. 언어평가는 오히려 교사, 학습자 등 시험 관련자의 삶을 형성하는 문화적, 사회적, 정치적, 교육적, 이데올로기적 계획의 산물이자 매개물이다.
- 비평적 평가에서는 학습자들이 시험에 대한 비판적 시각을 가지게끔 할 뿐 아니라 그러한 비평적 시각을 바탕으로 시험에 의문을 제기하고 시험에 내재된 가치를 비판하는 등 어떤 행동을 하도록 독려한다.
- 비평적 평가에서는 평가자를 정치적 맥락 속에 있는 정치적 대상으로 여긴다.
- 비평적 평가에 의하면 시험은 다양한 이데올로기적 · 사회적 조직이 투쟁하는 문화적 · 교육적 · 정치적 현장에 깊게 개입되어 있으며 성공의 수준에 직결되어 있는 도구이다.
- 비평적 평가에서는 시험을 통해 전달되는 계획이 누구의 어떤 계획인지 질문한다.
- 비평적 평가에서는 시험이 그려내는 미래의 사회상이 어떠한지 또한 어떤 사회상을 만들기 위해 시험이 사용되는지 평가자가 스스로 물어보아야 한다고 주장한다. 시험의 의도가 단지 예정

된 교육과정이나 능숙도 목표를 달성하기 위한 것인가? 아니면 다른 계획이 있는 것인가?

- 비평적 평가에서는 시험의 목적과 실제 사용에 대해 고찰한다. 시험의 의도가 지식을 측정하고 평가하는 것인가? 아니면 시험이 지식을 정의하고 지시하는 데 사용되는가?
- 비평적 평가에서는 시험이 누구의 지식을 바탕으로 하는지 질문을 던진다. 언어시험에 출제된 내용이 '진리' 이기 때문에 수험자에게 전달하기만 하면 되는가? 아니면 그 내용은 협상 가능성이 있고, 의문이 제기될 수 있고, 누군가에 의해 이용될 수 있는가?
- 비평적 평가에서는 시험의 이해당사자에 대해 고찰한다. 시험이 오직 평가자만의 산물인가? 아니면 민주적이고 복잡한 과정 속에서 시험의 제작과 사용에 대해 평가자와 동일한 목소리를 낼 수 있는 정책입안자, 시험출제자, 학생, 학부모, 교사 등 다른 이해당사자가 관련되어 있는가?
- 비평적 평가에서는 평가가 교육체제 및 사회체제에 관련된 다양한 문제와 연관되어 있다고 인식한다. 언어평가를 언어평가가 작동하는 다양한 맥락에서 떼어낼 수 없기 때문에 '단지 시험일 뿐' 이라고 생각할 수 없다.
- 비평적 평가는 어떤 평가자의 지식도 완전하지 않으며 지식을 보다 정확하고 타당하게 기술하고 해석하기 위해 추가로 다른 자료에 의지할 필요가 있음을 인정한다.
- 비평적 평가는 심리측정학적 전통에 도전하며 시험점수에 대한 다양한 의미와 해석을 고려하며 절대적 진실에 도달하기를 꾀하지 않는 해석학적 전통에 관심을 기울인다.
- 비평적 평가에서는 언어시험점수에 담긴 의미를 고찰한다. 또한

언어시험점수가 얼마나 규범적이고, 최종적이고, 절대적인지 고찰하며 나아가 시험점수에 대해 얼마나 다양한 논의, 협상, 해석이 가능한지 고찰한다.

- 비평적 평가는 시험의 바탕이 되는 지식에 도전한다. 그 지식이 자신의 힘과 지식을 유지하고 보존하고자 하는 권력층의 지식에 한정되어 있는가? 아니면 사회의 다양한 집단을 민주적으로 대변하는가?
- 비평적 평가는 '시험'을 지식평가를 위한 유일한 도구로 사용하는 행위에 도전하며 개인의 지식에 대한 보다 타당한 해석을 제공하는 다양한 절차에 관심을 갖는다.

이렇듯 비평적 평가는 언어교수 및 학습을 평가하는 방법과 관행에 대해 사회적으로 폭넓은 대화와 논의를 함으로써 언어평가 분야를 넓게 확장한다. 이 논의는 경쟁 이데올로기, 담론 구성, 언어평가자의 역할 등에 관해 사회 내에서 시험에 부여된 역할을 다룬다. 또한 이 논의는 평가자를 학습과 민주주의 담론에 내재된 사회적 과정과 권력 다툼의 영역으로 이끈다.

시험의 타당도를 측정하기 위한 새로운 준거를 도입한다는 점에서 비평적 평가는 시험에 관한 패러다임 전환을 촉구한다. 시험을 결과적·총체적·해석학적·윤리적 측면에서 바라보는 것은 타당도 측정의 새로운 방식이며 이를 위해서 시험 사용에 대한 경험적 자료를 수집해야 한다. 수집된 근거자료를 통해 시험이 교육적으로 부정적인 결과를 낳고 오용되고 있음이 드러난다면 과거에 타당하다고 여겨졌던 시험조차도 지금은 그렇지 않다는 가능성을 갖는다.

비평적 평가의 계획

페니쿡(맥나마라(Mcnamara)에서 재인용, 1997)은 비평적 언어평가의 향후 계획에 대해 추가적인 방향을 제안한다.

1. 언어평가를 하나의 학문분야이자 성찰적이고 사회적으로 의식적인 지식영역으로 발전시킨다.
2. 언어평가를 푸코가 말한 훈육의 실천으로 보고 비판한다.
3. 대안적인 평가를 제시함으로써 언어평가에 대한 비판에 진보적으로 대응한다.
4. 언어평가가 사회에 미칠 수 있는 변혁적 효과의 가능성을 제시한다.

또한 데이비스(Davies, 1997: 328)는 다음과 같이 말한다.

> 비평적 언어평가는 대안평가 제안을 신중히 검토하고 전문가에 의한 평가방법의 타당성을 명확히 밝힐 필요가 있음을 보여준다.

이런 계획 중 일부는 이미 실행되고 있다고 주장할 만하다. 최근에 와서 언어평가를 비판하는 다양한 저서가 출판되었다. 권위적 평가기관에 의해 정치적 도구로 사용되는 시험을 고찰한 스폴스키(Spolsky, 1995)의 저서 「측정된 언어」나 *Language Testing*지의 특별호 두 권, 백과사전에 실린 여러 정보, 점차 늘어가는 다양한 학위논문과 연구논문 등이 이에 해당한다.

비평적 평가는 다음과 같은 질문을 던져야 한다. 평가자란 누구인가? 그들의 계획은 무엇인가? 수험자란 누구인가? 그들은 어떤 맥락 속에 있는가? 평가되는 과목이나 주제는 어떤 맥락 속에 있는가? 누가 시험을 통해 이득을 보는가? 시험이 시행되는 이유는 무엇인가? 시험결과는 어디에 사용되는가? 무엇이 평가되며 그 이유는 무엇인가? 무엇이 평가되지 않으며 그 이유는 무엇인가? 시험의 근본적 가치는 무엇인가? 평가방법이란 무엇인가? 평가되는 과목이나 주제에 관해 추가적으로 어떤 근거자료가 수집되는가? 시험을 바탕으로 어떤 결정이 내려지는가? 평가자를 제외하고 누가 평가설계와 평가시행에 관여하는가? 시험을 통해 어떤 이데올로기가 전달되는가? 학생, 교사, 사회에 대한 어떤 태도가 시험에 담겨 있는가? 시험을 바탕으로 어떤 피드백이 누구에게 제공되는가? 시험, 시험을 시행하는 근본적 이유, 시험결과에 대해 문제가 제기될 수 있는가? 의도된 시험 사용과 의도되지 않은 시험 사용이란 무엇인가? 시험의 역류효과는 무엇인가? 수험자와 그 외의 사람들이 시험에 문제를 제기하기 위해 사용하는 방법에는 어떤 것이 있는가?

언제나 민주적 절차를 장악하고 회피하려는 자들이 있기 마련이므로 비평적 평가는 반드시 실천되어야 한다. 그런데 사회를 해체하고자 하는 자들로부터 스스로를 보호하는 것이 사회의 역할이다. 따라서 비평적 평가란 시험을 오용하는 이들로부터 사회가 스스로를 보호하기 위한 절차를 적용하는 것을 의미한다. 지금까지 인식되지 않았지만 이 책을 통해 살펴본 대로 시험은 오용되기 쉬운 도구이다. 시험 책임자에게는 다방면으로 시험을 사용할 수 있는 엄청난 권위와 힘이 있다. 뿐만 아니라 부르디외(1999)가 지적했듯이 이유야 어찌되었든 권력행사와 통제를 위한 시험 사용이 평가받는 자의 지지와 도움을 통해 이루어졌다. 수험자가 사실상 평가자에게 무제한적 권력을 부여했던 것이다.

따라서 비평적 평가는 시험 사용, 특히 시험의 오용에 대한 대가를 지불하는 수험자의 관점에서 비판적 고찰이 필요하다고 주장한다. 또한 비평적 평가는 사회 집단, 특히 정책입안자가 시험을 당연한 것으로 여기고 자신이 바라는 대로 시험을 사용하는 행태를 고찰해야 한다고 주장한다. 언어시험의 경우 상황이 더욱 심각하다. 두 가지 권력, 즉 시험의 권력과 언어의 권력이 그 바탕인데 영어시험의 경우 그 정도가 더 심하다. 이런 사실로 말미암아 언어평가자는 다른 평가자보다 훨씬 더 비평적 언어평가를 실천해야 한다.

시험의 오용을 견제하고, 시험의 사용에 의문을 제기하고, 불평등한 행위를 검토하고, 대안적 평가방식을 제안해야 할 필요가 있다. 특히 권력 문제에 있어서 시험의 권위를 떨어뜨리고, 민주적인 시험이 되도록 해야 하며, 수험자에게 권한을 위임하고, 오용을 막는 보호장치를 개발할 필요가 있다. 시험을 관료의 손에 맡기지 말아야 함은 말할 것도 없다. 평가자는 책임의 필요성을 깨달아야 한다. 즉, 그들이 책임지려 하지 않을 때 다른 이들이 그 책임을 건네받아 해롭고 비민주적인 방식으로 시험을 사용하리란 사실을 알아야 한다.

앞으로 비평적 평가의 세 가지 영역에 대해 논의할 것이다. 17장에서 협력적 평가방법을 다루며, 18장에서 평가자의 사회적 · 윤리적 책임을 다룬다. 나아가 19장에서는 수험자의 권리를 다루도록 하겠다.

17장

협력적 평가방법

지루(Giroux, 1995: 36)는 민주주의에 대해 다음과 같이 기술한다.

> (민주주의는) 사회의 경제 · 문화 기구를 통제하는 엘리트 계층과 행정당국으로부터 지역 수준의 권력 생산자에게 권력을 이양한다. 또한 교육이나 기타 문화기술로 지식을 널리 공유할 필요가 있는 수평적 권력의 조직이나 실행을 통해 민주주의는 공고해진다.

다링-해몬드(Darling-Hammond, 1994)는 평가를 사용하는 방식이 분류에서 진단으로, 외부적 감시로부터 교수와 학습을 깊이 있게 관찰하기 위해 지역적으로 생산되는 도구로, 부당하게 제재받는 이들을 제재하는 수단에서 균등한 기회를 제공하는 지렛대 역할로 변해야 할 필요가 있다고 주장한다.

이와 같은 접근은 지식과 권력이 공유되는 수평적 권력에 따른 민주적 평가체제의 기반으로 이용될 수 있다.

권력의 공유와 지식의 구성

오늘날 평가는 권위나 권력을 가진 사람들의 지식과 가치만을 반영하여 실행된다. 수험자를 비롯한 기타 이해당사자에 대한 관심은 미비하다. 맥닐(McNeil, 1986)에 따르면 책임과 교육관리 계획이 본래 의도와는 반대의 결과를 자주 낳으며 학교 조직이 관리와 통제에 집중할 때 교사와 학생은 학교를 진지하게 받아들이지 않는다. 즉, 교사와 학생은 최소한의 교육기준을 맞추고 최소한으로만 노력하는 가르침과 배움의 관행에 빠지게 된다.

그러나 지루(1995)에 의하면, 민주적 평가체제는 현재 지배권을 지닌 엘리트 계층과 행정당국에서 수험자, 교사, 학생, 학부모 등 지역적 수준으로 시험의 권력이 이양되는 원칙을 바탕으로 한다.

프레이리(Freire, 1985)는 두 협력자—평가자와 수험자—간에 유의미한 대화가 이뤄지는 접근법을 장려한다. 이는 평가를 검열과 구별하는 한 가지 방법이다.

> 그것은 평가이지 검열이 아니다. 검열을 통해서 교육자는 중앙조직의 경계 대상이 될 뿐이다. 평가를 통해서는 비판을 하거나 언어와 거리를 두는 행위에 있어서 모든 사람이 중앙조직과 함께 하나의 주체이다. 이와 같이 평가는 교육자 A가 교육자 B를 평가하는 행위가 아니다. 평가란 교육자 A와 B가 함께 경험, 경험의 발달, 모든 실수와 오류를 비롯해 마주치는 장애물을 평가하는 행위이다. 결국 평가에는 변증법적 특성이 있다. …… 바닥에 있는 학습자나 그들과 직접적으로 연계된 교육자로부터나 배울 점이 많다고 생각하는 것이 평가조직의 구성원에게 매우 중요하다. 그런 태도가 없다면 외부조직의 평가자는 자신의 현실관과 실제 현실 사이

> 에 존재하는 어떤 차이도 인정하지 않을 것이다. 자신이 진실을 안다고 믿음으로써 평가자는 자신의 무과실성을 확신하게 된다. (프레이리, 1985: 23-5)

이런 접근법은 평가자와 수험자의 권력 균형감에 변화를 가져온다. 과거의 평가는 평가자가 평가에 대한 모든 지식을 소유하고 있다는 가정을 기반으로 했다. 하지만 민주적인 평가를 채택하는 근본에는 평가자가 더 이상 모든 지식을 소유한 '만물박사' 가 아니며 측정을 위한 지식이 대단히 복잡하기 때문에 고도의 평가방법을 두루 섭렵한 최고의 전문가라도 모든 해답을 알지는 못한다는 가정이 깔려 있다.

그러나 프레이리는 이와 같은 민주적 접근법을 채택하기 위해서는 평가조직의 구성원이 밑에서 공부하는 학습자나 그들과 직접적으로 연계된 교육자에게서 배울 점이 많다는 점을 진심으로 믿어야 한다고 역설한다. 그런 태도 없이 외부조직의 평가자가 자신의 현실관과 실제 현실 사이에 존재하는 차이를 인정하는 일은 불가능할 것이다. 스스로 진실을 안다고 믿음으로써 평가자는 자신의 무과실성을 확신하게 된다. 그리고 그런 전제하에 평가할 때 평가자는 검열자가 된다.

그러므로 프레이리의 시각으로 볼 때 평가행위는 다른 지식정보원(학부모, 교사, 동료)과 더불어 평가자와 수험자 간의 상호 노력이다. 대화와 협력을 통해 지식을 이해하고자 노력함으로써 그들 모두가 함께 평가 지식을 구성한다. 이러한 과정 중에 평가자는 자신의 한계를 인정하고 지식에 대한 근거자료를 제공하는 여러 주체와 협력함으로써 책임감을 갖는다. 교육개혁자라면 반드시 학교는 물론 교사, 교장, 학생, 학부모 등의 공동체와 협력하여 개혁을 시작해야 한다는 주장에 프리드만(Freedman, 1993)도 찬성한다.

페터먼(Fetterman), 캐프타리언(Kaftarian)과 원더스먼(Wandersman, 1996)은 권한위임평가(empowerment evaluation) 개념을 도입한다. 권한위임평가란 학습향상능력과 자기결정능력을 육성하고 자기평가와 성찰을 통해 뭐든지 스스로 하는 능력을 키우고 각자의 교육프로그램을 개선할 수 있도록 학습자를 돕는 것을 목표로 하는 협력적 평가이다. 프로그램 참여자는 자기평가를 수행하며, 평가자는 전문가나 상담자라기보다 조력자이자 협력자 역할을 한다. 평가전문가는 참여자와 협력하여 평가를 위한 자료를 제공한다. 이들에 의하면 권한위임평가는 참여를 유도하고 공개토론을 통해 참여자 전체의 관심사를 검토하기 때문에 근본적으로 민주적인 평가방법이다.

이처럼 현재 제안되고 있는 새로운 평가모형들은 권력의 공유, 협력, 표현의 원칙을 따르며 좀 더 민주적이라고 생각할 수 있다. 일부 평가에서는 지역 집단—수험자, 학생, 교사, 학교—이 다양한 평가 절차(포트폴리오, 자기평가, 프로젝트, 관찰, 시험 등)를 사용하여 자신만의 평가자료를 수집한다. 그러고 나면 이러한 평가절차로부터 수험자의 지식을 드러내는 근거자료가 제공된다. 그 과정에서 평가전문가는 대개 정보수집의 방법을 알려주고 해석을 돕는 조력자 역할을 감당한다.

일부 극단적인 모형에서는 모든 권력이 중앙기구에서 지역기구로 이양된다. 외부시험이 폐지되고 대신 지역적 · 내부적 평가가 시행되는 경우가 그런 예이다. 그러나 그러한 접근은 교실 내에서 비민주적으로 행동할 가능성이 있는 교사에게 권력이 이양된다는 비판을 자주 받는다. 브로드풋(Broadfoot, 1996)에 따르면, 몇몇 상황에서 교사가 중앙집권적 체제의 새로운 하수인이 됨으로써 그런 평가가 민주주의의 환상으로 끝날 수 있다. 브로드풋은 이것을 '새로운 지배질서' 라고 불렀다.

따라서 권력이 이양되는 것보다 지역기구와 협력적으로 공유되는 민주적 모형이 바람직하다. 이런 권력 공유는 다양한 자료를 통해 수집한 근거자료를 함께 중앙기구와 지역기구 등 여러 주체의 다양한 진술을 바탕으로 진행된다. 구성적, 해석적, 대화적 협의를 거쳐 각 참여자는 언어자료를 수집하고 이를 해석하고 맥락화한다. 이러한 평가는 국가·학군·교실 차원에서 적용될 수 있으며 따라서 학생의 성취도 평가가 해석적, 개별 특성적, 상호적, 상대적이라는 점에서 과학이기보다 예술로 여겨져야 함을 시사한다.

이와 같은 모형이 사용되는 예는 다양하다.

모스(Moss, 1996)는 자격증과 관련해서 맥락화와 권한 공유의 예를 제시한다. 평가모형에서 자격증을 부여하는 결정은 지원자 혹은 그 지원자의 업무 환경과 친숙한 전문가 간의 대화를 통해 지역적으로 이루어진다(p. 25). 그녀의 제안에 따르면, '포트폴리오를 기반으로 평가가 이루어짐은 물론 관찰기록과 장기간에 걸친 지원자와의 소통을 통해서도 이루어질 수 있다. 국가나 외부의 사정관은 평가과정이 공정하며, 국가기준이나 전문가적 기준을 반영하고, 부적격 전문가가 면허를 교부하는 행위로부터 일반인을 보호할 수 있을 만큼 충분히 엄격한 평가가 진행되도록 감사 역할을 맡게 된다' (p. 25).

쇼하미(Shohamy, 1995)도 민주적 평가모형을 제시했다. 새로운 언어를 습득하는 이민자 학생을 대상으로 하나의 평가모형이 실험되었다. 이 모형에서 이민자의 언어능숙도는 다양한 주체에 의해 평가되었다. 우선 교사가 시험과 관찰을 통해 자료를 수집하며, 수험자가 자기평가와 포트폴리오를 통해 자신의 언어수행에 대한 근거자료를 제공한다. 또한 중앙기구가 표준화 진단시험을 시행한다. 그런 다음 이렇게 얻은 다양한 정보가 회의를 거쳐 해석된다. 평가회의에서는 언어교사, 담임교사, 학생뿐 아니라 때로는 학부모까지 참석해서 수집된 정보를 토의하고 해석하여 언어능력 향상을 위한 교수전략에 도움이 될 만한 유의미한 결론을 도출한다. 이 사례에서 평가는 공유와 대화라는 민주적 원칙을 따르며 언어능숙도 향상에도 유용하다.

이와 유사하게 네보(Nevo, 1996)는 대화적 공유 모형을 프로그램 평가에 적용하면서 대화모형의 근간이 되는 원칙을 열거한다. 대화를 한다는 것은 양방향 관계를 의미하며, 이것은 모든 것을 아는 사람은 없으나 평가자와 수험자가 각각 어느 정도 알고 있어서 대화를 통해 더 많이 배울 수 있다는 가정에 기반을 둔다. 또한 대화는 양측이 서로를 이해하고자 하는 마음이며 양측 모두 한계가 있다는 것을 인정하는 것이다. 나아가 대화를 한다는 것은 데이터 중심적이고 유의미한 정보에 기반을 둔 연속적인 과정이다. 이런 식의 평가에서는 양측 모두 결과에 대한 책임이 있다.

페터먼 외(1996)는 권한위임형 평가모형에서 자기결정과 협력을 중시한다. 평가는 개인적 활동이 아니라 집단활동이다. 이 모형은 참여를 유도하고, 공개토론을 통해 참여자 전체의 관심사를 검토하여 결국 프로그램에 대한 깊은 통찰력을 얻게 된다. 프로그램 참여자는 직접 결정한 목표에 대해 자신의 진행상태를 끊임없이 평가하고 평가에 따라 계획과 전략을 수정하도록 배운다. 평가자는 좀 더 효율적인 자기평가가 되도록 자기평가 방법을 가르친다. 그들은 이와 같은 평가를 통해 평가에 대한 과민반응이 줄어들고 평가의 신비성을 제거할 뿐 아니라 평가 원칙과 시행이 프로그램 시행기관에 내재화되어 결국 평가가 프로그램 계획의 일부가 된다고 주장한다. 프로그램 참여자에 의한 평가가 프로그램 내에서 속행되고 내재화하도록 고안되어 능력을 쌓을 기회가 생긴다는 주장이다.

하우(Howe, 1994)도 민주적 평가모형을 지지한다. 필요한 교육재를 협상하는 데 지금까지 배제되었던 사람들의 의견을 수렴할 것을 요구하면서 실용적인 대안이 마련된다고 주장한다(p. 30). 린치(Lynch, 1997)

는 이런 관점을 통해 각 개인이 사회의 정치적 과정에 효과적으로 참여할 수 있고 개인 차원에서 자존감을 얻을 수 있다고 주장한다. 따라서 휴는 민주적 틀 안에서 학습결과를 살피기 위한 대규모 평가에 반대하는 것이 아니라 학습문제에 대한 *해결책*(강조는 원저자인 쇼하미가 함)으로 평가와 교육기준을 사용하는 것에 대해 주의를 주는 것이다.

특히 이런 평가모형들을 교실에 적용하는 것은 매우 적절한 일이다. 학생이 어렸을 때부터 민주적 평가행위를 경험할 수 있기 때문이다. 학생과 교사가 언어수행능력을 드러내는 근거자료를 제공하여, 회의를 통해 그 자료에 대해 함께 논의하고 평가한다. 교실에서 실천되는 이와 같은 민주적 평가행위는 매우 유용하다. 학생이 성장하여 어른이 된 뒤 중앙집권적 기구의 평가장치로부터 권리를 지키고 보호해야 한다는 사실을 의식하는 데 도움이 되기 때문이다.

지금까지 살펴본 평가를 시행하는 데 비용과 시간이 많이 들어가는 것은 분명하다. 하지만 민주적 실천은 효율성과 비용에 따라 선택되는 것이 아니라 민주주의의 원칙에 따라 선택된다고 할 수 있다. 이런 이유 때문에 중앙기구와 공장과 같은 평가기관은 그러한 제안을 거부하기 위해 항상 노력하는 것이다.

대안적 패러다임

평가의 대안적 패러다임은 연구문헌에서 특별한 주목을 받는 분야이다. 모스(1996)는 측정전문가 간의 대화를 확장하여 기존의 연구전통과는 다른 연구전통으로부터 의견을 수렴해야 한다고 주장한다. 그녀는 교육측정전통의 원류인 사회과학의 자연주의적 개념과 사회과학의 해석학적 개념 간의 비판적 변증법을 제안한다.

전통적인 방식으로 보면 점수에 따라 시험에 대한 해석이 미리 정해져 있다. 하지만 해석학적 방식은 기존의 방법과 목적이 사회현상을 드러내는 데 부적합하다고 주장한다. 즉, 사회과학의 대상영역이 대체로 이를 생산하고 수용하는 개인의 의미, 의도, 해석을 반영하는 상징적인 구성요소—텍스트, 생산물, 수행, 행위—로 이루어져 있기 때문이다. 이는 사회과학자가 외부관찰자의 입장을 취해서는 인간행위를 이해할 수 없으며 사회과학자는 오히려 자신의 행위를 통해 행위자가 의미하는 바가 무엇인지 이해하도록 노력해야 함을 뜻한다. 나아가 모스는 사회과학자의 해석이 재해석될 수 있으며 또한 그런 해석이 그들이 기술하는 대상의 삶 속에 통합될 수 있다고 말한다. 따라서 의미가 생산되고 받아들여지는 맥락 속에서, 즉 의미가 나타내고자 했던 특정 상황에 비추어 그 의미를 이해해야 한다.

그리하여 모스(1996: 20)는 다음과 같이 결론짓는다.

> 이러한 상호비판에 내포된 변증법은, 특히 그 상호비판이 대안적 시각을 최대한 완전히 이해하려는 겸손한 의도로 이루어질 때, 평가이론 및 실천을 발전시킬 생산적 모형을 제공한다.

다양한 평가절차

민주적 평가법의 중요한 요소 중 하나는 측정되고 있는 구인에 대해 다양한 근거자료를 고려하는 것이다. 이는 시험으로 평가할 수 있는 것은 제한적이며 따라서 시험이 다루지 못하는 부분을 평가하기 위해 다양한 절차를 사용해야 한다는 가정을 바탕으로 한다. 따라서 개인에 대해 유해한 판단이 내려지기 전에 다른 근거자료가 고려돼야 한다.

스폴스키(Spolsky, 1998: 10)는 다음과 같이 지적한다.

> 단순한 기계적 도구가 개인의 언어능숙도에 대한 복잡한 자료를 해석하여 하나의 측정치를 내놓는다고 기대하기보다 여러 측정치에서 나타나는 경향으로부터 이성적이고 믿을 만한 해석을 도출할 때, 언어평가자에게도 도움이 된다.

프리드만(1993)은 작문평가에 포트폴리오 평가를 사용함으로써 어떻게 대규모시험과 교실평가를 새롭게 연계할 수 있는지 보여준다. 대규모 평가와 교실평가 사이에서 적절한 연결고리를 찾는다면 현재 대규모 시험의 프로그램을 통해 얻는 정보가 확장되어 교사가 교실평가 및 교수와 학습을 강화하는 데 도움이 될 것이라고 그녀는 주장한다. 마찬가지로 이민아동 평가에 대해 쇼하미(1995)가 앞서 언급한 사례도 이민아동의 언어능숙도의 지표를 이해하기 위해 다양한 근거자료에 기반을 둔 것이다.

피드백 사용

시험을 권력도구가 아닌 학습도구로 사용하는 것도 민주적인 평가방법 중 하나이다. 이 접근법이 뜻하는 바는 교육체계에 통합될 수 있는 유의미한 정보를 제공하는 데 시험이 매우 유용할 수 있다는 것이다. 윤리적 관점으로 볼 때도 이런 접근법은 매우 유용하다. 시험을 권력행사와 통제에 사용하고 수험자에게 피드백을 제공하지 않으면 수험자가 힘을 가진 사람들에 의해 이용당하고 있다고 여겨지기 때문이다. 부적절하게 시험이 사용될 때 수험자는 권력층의 계획을 달성하기 위한 도구가 되며 자신은 아무런 개인적 이득을 보지 못한다. 따라서 피드백 사용은 학습 향상으로 이어지면서 좀 더 윤리적이고 교육적인 접근법으로 연결될 수 있다.

정책입안자가 교육정책의 틀을 잡는 데 시험을 사용하는 것은 사실 그들의 전쟁에서 수험자를 무기로 사용하고 있는 것이라고 앞서 언급했다. 대부분의 경우 수험자는 평가를 통해 얻는 바가 없다. 8장부터 10장까지 살펴본 세 가지 시험 사례에서 수험자는 학습증진에 도움이 될 법한 피드백을 받지 못했다. 아무런 정보도 받지 못한 채 수험자 혼자서 시험에서 무엇이 틀렸는지 혹은 왜 시험에 붙거나 떨어졌는지 추측만 하는 경우가 다반사다. 시험에 통과했다고 생각했으나 나중에 이유도 모른 채 떨어졌다고 통보받는 학생도 많다. 이는 수험자가 알 수 없도록 시험의 통과기준이 감춰져 있는 매우 불만족스러운 상황이다. 하지만 피드백은 평가자가 수험자에게 제공해야 하는 최소한의 의무이다. 그런 피드백이 학습을 확대하고 통찰하는 데 사용되어야 하는 것이다.

그렇다면 이런 질문을 던질 필요가 있다. 시험의 권력과 통제를 최소화하는 동시에 학습증진에 대해 적절한 정보를 제공하는 시험의 역할을 극대화하기 위해서 어떻게 해야 하는가?

시험이 정책입안에 사용되는 경우에는 더욱더 평가자가 학습자에게 학습증진에 도움이 될 만한 유의미한 피드백을 제공해야 한다. 예를 들어 앞서 살펴본 독해시험을 봐도 많은 정보가 피드백에 사용될 수 있으며 따라서 통과점수나 탈락점수만을 제공하는 것은 분명 부적절하다.

그러므로 시험의 권력에 의지하지 않고 시험이 교수 및 학습 증진을 위해 제공할 수 있는 유용한 정보를 강조해야 할 필요가 있다. 예를 들어 시험을 통해 의사결정자(학생, 교사, 교장)에게 유익한 정보와 교수 및 학습에 관한 통찰력을 제공할 수 있다. 시험을 통해 얻은 정보가 적절하고 혁신적일 때, 교사의 업무수행, 여러 분야의 기능 혹은 하위 기능에 관한 학생의 능력, 나아가 상세하고 진단적인 성취도 및 능숙도 추이에 대한 자료로 사용될 수 있다. 닛코(Nitko, 1989, 1996)에 따르면, 혁신적이고 유의미한 정보는 적절한 활용으로 이어질 수 있다. 교육과정에서 기술된 목표에 따라 학생을 판단하고, 학교가 동일한 교육과정을 시행하는 다른 곳에 비교해서 제대로 가르치고 있는지 판단하고, 사용 중인 교수법과 교과서가 교육과정 목표를 달성하는 데 효과적인지 판단하고, 교육목표가 현실적이고 적절한지 판단하는 곳에 그러한 정보가 유용할 수 있다. 시험의 가치와 힘은 바로 시험을 통한 정보로부터, 또한 그 정보가 적절히 활용될 때 나오는 것이다. 의사결정자가 시험이 제공하는 정보의 가치를 깨달을 때 어떤 향상이 이루어질 수 있다. 교사—변화를 실천해야 하는 교사—가 평가과정에 참여하는 경우에는 정보가 적절히 이용될 가능성이 더욱 높다. 이런 정보를 바탕으로 일단 결론에 도달하면 교육과정을 그 정보에 맞춰 조절할 수 있으며 목표, 교수법, 교과서 등을 변화시킬 수 있게 된다. 그런 뒤 반복적인 시험 시행을 통해 변화를 검토할 수 있다.

프레드릭슨(Fredriksen)과 콜린스(Collins, 1989)는 시험이 교실학습과 연계되어 있을 때 시험에서 얻은 정보가 학습 향상에 기여할 수 있다고 주장한다. 그들은 학습 및 교수체계에 속하는 일련의 변인과 더불어 시험 도입을 설명하기 위해서 체제타당도 개념을 사용한다. 시험 도입은 시험에서 얻은 피드백에 따라 교육체제에 변화가 일어나는 역동적인 과정이다. 체제타당도 모형에서 타당한 시험은 교육체제 내에 도입되어 일정기간이 지났을 때 평가하고자 하는 능력을 향상시키는 시험이다. 프레드릭슨과 콜린스는 일련의 평가활동 전체가 향상으로 이어질 때에만 체제타당도가 높아질 수 있다고 주장한다. 그들은 그런 평가활동에 직접시험의 사용, 자기평가 절차의 실행, 반복적인 시험,

시험결과와 다양한 성취수준에 따른 피드백 등이 포함된다고 말한다. 프레드릭슨과 콜린스에 따르면, 평가의 목적이 배우고 가르치는 것에 기여하는 것이어야 하므로 체제타당도가 낮은 교육체제-학습과 교수에 부정적인 영향을 미치는 체제-를 사용함으로써 현 평가관행의 효율성은 매우 떨어진다. 이렇듯 학습의 향상을 목적으로 사용되는 시험은 교육체제에 포함되는 기타 요소들에 연계되고 통합되어 있을 때 효과적일 수 있으나 반대로 각기 분리되어 사용될 때는 효과적이지 못하다.

18장

평가자의 책임

2장에서 수험자가 시험을 맹신하고, 두려워하며, 중시한다는 점을 논의했다. 수험자는 자신이 평가자의 손아귀에 있으며 시험의 상황에서 시험과 평가자가 자신을 완전히 지배한다고 느낀다. 또한 수험자는 자신이 통제하지 못하는 상황을 조종하는 능력이 평가자에게 있다고 말한다. 이렇듯 평가자와 시험도입자의 힘은 분명 매우 강력하다.

15장에서 지적했듯이 권력층의 상징권력은 그들이 직접 취하는 것일 뿐만 아니라 사실상 상징권력에 종속된 이들이 부여하는 것이기도 하다. 부르디외(Bourdieu)는 권력층과 피지배층 간에 시험의 권력을 유지하기 위한 무언의 계약이 존재하며 이런 계약은 양 집단 모두에게 도움이 된다고 주장한다. 권력에 종속된 사람들에게 시험은 이들의 사회질서를 유지시키고, 자신들의 사회적 역할을 영속시키게 한다. 권력층에게는 시험이 거의 마법과 같은 무제한적 권력을 부여한다. 부르디외(1991: 125-6)는 이렇게 기술한다.

> 그(권력자)는 사람들이 믿는 상태로 존재한다. 왜냐하면 권력자의 실체−성직자든 교사든 총리든 간에−는 자신의 신념이나 주장에 따라 존재하는 것이 아니라 …… 제도에 의해 보장되고 계급장, 제

> 복, 기타 상징물 같은 자격요건이나 상징을 통해 공고해지는 집단 적 믿음을 바탕으로 하기 때문이다. 직함으로 사람을 부르는 것과 같은 존경의 표시는 …… 널리 인정되는 권위자에 의해 행해지는 기관의 취임행사에서 자주 반복되며, 만장일치를 기반으로 한다. 존경의 표시는 이를 통해 지명된 특정 인물, 특히 그를 임명한 기관에 대한 유효한 충성의 맹세이자 공인증서와도 같다.

(이 책에서 기술된 대로) 평가자는 물론 권력층에 의한 시험의 사용 및 오용을 생각하고, 중립적인 평가란 없으며 오히려 평가가 정치적 · 사상적 이데올로기와 그 맥락 속에 깊이 스며 있다는 주장을 고려할 때 과연 평가자는 어떤 역할을 해야 하는 것일까?

데이비스(Davies, 1997)는 평가를 다루는 학자 간에 평가 분야 안팎에서 평가의 도덕성에 문제를 제기하는 분위기가 조성되고 있다는 사실에 주목한다. 그는 언어평가 분야의 변화에 대해 다음과 같이 말한다.

> 언어평가를 다루는 학자 간에 언어평가의 도덕성에 대해 문제를 제기하는 분위기가 평가 분야 안팎에서 커져 가고 있다. (p. 235)

> 점차 성장하고 있는 언어평가 분야의 전문화는 윤리성 향상에 힘을 실어주면서 상당한 기여를 하고 있다고 인식된다. 그러나 정부 정책을 펴기 위한 도구로 언어평가가 널리 사용됨은 물론 언어평가 시장이 점차 성장함에 따라 평가자는 위험한(그리고 비윤리적인) 행동을 하도록 압력을 받는다. (p. 236)

스폴스키(Spolsky, 1998: 13)는 이와 유사한 현상을 관찰한다.

> 간단한 정답을 요구하는 현실 탓에 언어능숙도 평가업무의 복잡성

을 알고 있는 평가자는 윤리적으로 엄청난 도전을 받는다.

이런 상황에 대해 데이비스(1997: 235)는 언어평가자의 윤리와 도덕성에 대해 쉽게 답하기 어려운 몇 가지 질문을 던진다.

> 평가전문가에게 시험설계 이외의 결정에 대한 책임이 있는가? 누가 무엇을 타당하다고 결정하는가? 전문성은 (1) 대중, (2) 개인적 도덕성과 상충하는가?

언어평가자에게는 전문가로서의 의무는 물론 도덕적 의무도 있다고 데이비스는 주장한다. 각 분과학문이 해당 분야의 연구자에게 전문적인 연구의 수행이나 실천에 대한 자율적인 결정권을 허락하기가 점점 어려워지면서 이런 비판으로부터 자유로운 사회과학은 존재하지 않는다.

> 그러므로 조속히 학교에서의 언어평가와 언어평가연구 분야는 윤리적 상황을 고찰하고, 바람직한 평가행위와 규범에 대한 명시적인 문서화 작업을 촉진해야 한다. (데이비스, 1997: 330)

데이비스는 특히 이해당사자 간의 관계, 편파성과 공정성 간의 관계, 역류효과, 게이트키핑의 정치학, 공정성과 액면타당도(face validity) 간의 대립 등 논쟁을 일으킬 수 있는 문제를 나열한다. 사회 안에서 이루어지는 시험의 오용에 대해 알고 나면 평가자는 자신의 전문가적 역할과 책임에 대한 심각한 딜레마에 빠진다. 시험개발자가 시험의 사용과 오용에 책임이 있는 것일까? 시험의 오용을 목격했을 때 평가자는 어떻게 해야 하는가? 그런 상황에서 오용을 지적하는 것이 평가자의 역할인가? 아니면 오용에 제재를 가하는 등 실제로 조치를 취해야 하는가? 어쩌면 일단 시험이 개발되어 사용자에게 건네지고 나면 평가자에게 수험자를 걱정해야 하는 책임이 없는지도 모른다.

이 장에서는 평가자의 책임에 대한 다양한 시각을 검토할 것이다. 하지만 우선 '평가자'가 누구인지부터 정의해야 한다. 평가자를 어떻게 정의하느냐에 따라 책임 소재가 달라지기 때문에 이는 매우 중요하다.

언어평가자 정의하기

이 책에서 '평가자'나 '언어평가자'가 계속 언급되는데 이는 단일한 개념이 아니다. 평가자란 시험문제를 출제하는 사람인가? 혹은 시험의 도입을 결정하는 정책입안자가 평가자일 수도 있는가? 시험의 시행에 자금을 제공하는 정부기관이 평가자인가? 아니면 학교에서 시험의 시행을 결정하는 교장이 평가자인가? 평가자는 시험을 출제하는 연구자인가? 혹은 몇 가지 주요 연구문제에 대해 답을 얻기 위한 정보를 구하고자 시험을 시행하는 연구자인가? 시험을 출제하여 학생들에게 시행하는 교사가 평가자인가? 아니면 자녀가 표준화시험을 통해 평가되도록 학교에 압력을 가하는 학부모가 평가자인가?

평가자란 누구인가에 대한 답은 위에 언급한 모든 이들을 비롯해 그 외에도 더 있다고 말할 수 있다. 즉, 어떤 방식으로든 시험과 연관된 사람이면 누구나 평가자가 될 수 있다. 문항의 출제, 시험통계 산출, 연구, 평가설계 등 무엇으로든 평가와 연관될 수 있다. 평가가 시행되도록 결정하고 조치를 취하는 데 참여하는 모두가 평가자이다. 정책입안자, 연구자, 출제자, 통계전문가, 투자집단, 시험의 시행을 결정하는 국가 공무원, 시험도입을 지지하고 종용하는 학부모를 비롯해 심지어 시험이 자국을 구하리라 믿는 대통령까지 포함된다. 평가자란 어떤 식으로든 평가행위에 기여하는 모든 사람을 일컫는 것이며 이들 모두에게 어느 정도 사회적 책임이 있다.

이런 관점은 평가개발자에게만 책임이 있는 것이 아니라 시험도입에 관여하는 모든 집단에게 책임이 있다는 햄프-라이언(Hamp-Lyons, 1997: 298)의 지적과 일맥상통한다.

> 영향력을 가진 것은 시험의 개발자만이 아니다. 어떤 평가를 지원하고 지원하지 않을지 정책을 입안하고 재정적 결정을 내리는 평가기구, 아이들이 '확실히' 시험을 준비하도록 교사와 학부모가 구입하는 교재에 대한 재정적 결정을 내리는 출판사, 학생들의 진척 상황과 부가가치적 교육 효과를 설명하도록 압력을 받는 학군, 교육위원회, 교육부, 정부 등 역시 영향력을 발휘한다.

평가자의 책임: 다섯 가지 관점

이렇게 다양한 집단이 '평가자'를 대변한다고 밝혔으니 이제 평가자의 책임을 구체적으로 논의하도록 하겠다.

(a) 윤리적 관점

이 관점은 전문가 · 개인 · 대중 모두를 보호하는 이 세 집단 간의 계약으로 정의된다. 전문가 도덕성이라는 윤리적 관점을 지지한다. 그러나 아무런 딜레마에도 빠지지 않고 이러한 계약이 이루어지진 않는다. 이를테면 전문가의 윤리규범과 개인의 도덕적 양심 간에 균형을 확보하거나, 심지어 전문가의 권리에 대한 의문을 제기하는 문제가 발생할 수 있다. 이와 동시에 데이비스는 결과에 대한 책임이라는 측면에서 그 달성 가능성에 한계가 있다고 지적한다.

> 그 범위가 대단히 넓은 결과타당도를 모두 제공하기란 어렵다. 전문가로서 평가자가 발생 가능한 모든 사회적 결과를 고려하기란 불가능하다. 평가자가 할 수 있는 일은 내부적(기술적) 편파성을 분석하고 시험의 공정성에 대해 자진하여 책임감을 갖는 것이다. 다시 말해서 우리가 고려하고 스스로 책임 있다고 여길 수 있는 부분은 제한적이고 예측이 가능한 사회적 결과에 국한된다.
>
> (데이비스, 1997: 336)

(b) 사람들의 의식 일깨우기

시험의 의도, 효과, 결과를 사회에 알리는 것이 시험의 사용과 관련해서 평가자가 갖는 유일한 책임이라는 관점도 있다. 이런 관점이 첫 번째 관점과 반드시 대립적이지는 않다. 이 관점에 따르면 시험 사용의 여러 측면과 양상에 대한 자료를 수집하고 이러한 정보를 시험 사용자와 일반 대중에게 알리고 그들이 자료에 접근할 수 있도록 하는 것이 평가자의 역할이다. 이는 『푸코(Foucauft)의 맑스(Remarks on Marx)』에서 사회 지식인의 역할에 대해 언급한 푸코(1991: 12)의 입장을 따르는 관점이다.

> 지식인의 역할은 타인에게 무엇을 해야 할지 말해주는 데 있지 않다. 지식인에게 어찌 그런 권리가 있겠는가? …… 지식인의 임무는 타인의 정치적 의지를 주조하는 데 있는 것이 아니라 우리의 사고방식에 도전하는 것이다. …… 철학적 담론은 외부에서 타인에게 지시하고, 진리가 무엇인지, 어떻게 찾는지를 그들에게 말하고자 할 때 항상 우스꽝스럽다.

스폴스키(1998)의 지적에 따르면 시험의 위험성은 그 오용에 있다. 우리가 계속해서 시험의 필연적인 불확실성을 알리는 데 실패하고, 시험 사용자의 관점을 연구하여 우리의 작업에 반영하는 데 더딘 이유 때문에 시험의 오용 가능성은 더욱 높아진 것이다.

(c) 모든 결과

햄프-라이언(1997: 302)은 평가자의 역할이 광범위하며 스스로 알고 있는 모든 결과에 대해 평가자가 책임을 감수해야 한다며 또 다른 관점을 제시한다.

> 언어평가자의 책임은 명확하다. 즉, 우리가 알고 있는 시험의 모든 결과에 대해 우리는 책임을 감수해야 한다. 그뿐만 아니라 평가자로서 우리가 하는 일이 불러올 결과를 확실히 예측할 수 있는 일련의 조건과 매개변수가 있어야 하며, 언어평가와 그 시행에 따른 결과에 대한 우리 지식의 한계를 넘어설 의식적인 계획을 발전시켜야 한다.

(d) 제재 가하기

평가자의 책임이 단지 의도와 효과에 대한 자료를 수집하여 그 결과물을 대중에게 알리는 것만이 아니라 오용되는 시험에 제재를 가하고 그런 시험을 처벌하고 금지함은 물론 올바른 평가 관행의 기준을 위반한 이들을 처벌하는 것이라는 관점도 있다. 이 주장은 평가자가 만든 것에 대한 책임이 있다는 입장이다. 따라서 평가자는 시험의 결점이 발견되었을 경우 그 사용을 금지해야 할 의무가 있는 것이다. 이 주장에 따르면 시험 제작은 사회에서 다른 상품을 제조하는 일과 동일하다. 결점이 있는 시험에 대한 평가자의 책임은 예를 들어 결함이 있는 자동차 또는 유해한 약을 만들거나 배임 행위와 관계된 제조업자의 책임과 유사하다. 제조업자는 양질의 상품을 생산할 의무가 있으며 그렇지 못할 경우 문제가 생긴 결과에 대해 대가를 치러야 한다고 여겨진다.

(e) 책임 공유와 담론 공유

이번 관점은 책임을 공유한다는 생각을 따른다. 즉, 평가의 과정에 연관된 모든 사람은 바람직하게 처신할 책임을 공유한다는 것이다. 시험과 관련해서 권력의 균형을 변화시킬 필요가 있다고 17장에서 지적했다. 이전까지 평가자는 평가의 권한을 가졌지만 수험자는 수동적인 객체였다. 그러나 최근엔 평가자, 수험자, 평가 과정에 연관된 기타 관계자가 평가의 권한을 공유하게끔 하여 힘의 균형에 변화가 있어야 한다고 요구한다. 이 관점에 따르면 권한 공유는 책임 공유를 뜻한다. 이 관점은 자신의 지식이 제한적이라는 사실을 평가자가 인정해야 하며, 평가기구가 시행하는 단 한 번의 시험을 통한 지식 측정이 모든 지식 영역을 포괄하지 못하며, 평가를 시행할 때 평가자가 해답을 모두 알고 있지 않다는 등의 생각을 기반으로 한다. 따라서 평가자와 수험자는 상호 협력하여 지식의 의미를 구축해야 한다. 평가자는 자신의 직업에서 한계가 있음을 인정해야 한다. 또 평가 중인 지식에 대한 근거자료를 축적하는 다양한 집단과 협력하여 책임감을 갖고 지식을 구축해야 한다. 그들은 16장에서 제시한 방법과 같은 여러 종류의 비평적 평가방법을 이용해야 한다. 구체적으로 말해서 시험과 시험 사용을 비평하고, 시험의 효과와 결과에 대한 자료를 수집하고, 오용을 경고하고, 수험자는 물론 평가 행위에 관련된 사람들을 보호해야 한다는 뜻이다. 시험이 더 좋은 도구가 되고 제대로 사용되게끔 노력하고 오용되지 않도록 보증하는 일은 모두의 책임으로 여겨져야 한다.

마다우스(Madaus, 1990)는 평가집단에 속하지 않는 이들이 평가와 관련된 사회적 · 기술적 · 가치적 쟁점을 다뤄야 한다고 주장한다. 특히 그는 이 제안이 다른 집단에 속하는 과학자나 전문가의 참여에 국한되지 않고 다양한 비전문가 집단에게까지 확장되어야 한다고 말한다.

이처럼 시험의 질과 시험 사용에 대한 자료를 수집하는 일은 단지 평가자의 책임이 아니다. 시험을 사용하는 이들과 시험의 영향을 받는 (의도적이든 아니든 간에) 이들의 책임이기도 하다. 수험자는 물론 법정이나 인권단체 등 사회구성원으로서 바람직하고 공정해야 할 책임이 있는 개인이나 집단도 이에 포함된다. 평가자들이 이런 연구를 수행하긴 하겠지만 평가자의 연구결과가 신뢰받지 못할 때가 많은 탓에 그들의 연구 동기는 상당히 낮다. 제약회사가 자사의 약에 대해 수행한 연구결과를 사람들이 잘 믿지 않는 것처럼, 시험을 개발하고 판매하는 회사가 직접 수행한 연구결과를 사람들은 믿지 않는다. 확실히 연구는 제삼자에 의해 이루어질 때 더욱 신뢰를 받는다. 따라서 수험자, 인권운동가, 시험결과에 영향을 받는 기타 사회구성원 등이 시험에 따른 결과에 대한 연구를 수행하는 것이 바람직하다. 결국 권력기관으로부터 스스로를 보호하는 것이 사회의 역할이다. 그러므로 자신을 지키기 위해 단지 평가자만이 아니라 기타 사회구성원에게 연구를 수행할 동기가 유발되어야 한다. 즉, 시험개발자가 시험이 발생시킨 결과를 연구하고 고찰하는 유일한 집단이 되어서는 안 된다.

따라서 여기에서 시사하는 바는 시험 사용에 대한 연구가 기타 이해관계자와 협력적으로 수행되어야 한다는 것이다. 평가자는 반드시 평가에 관련되지 않은 전문가와 협력하여 시험과 그 사용에 관계된 모든 이들에게 평가의 언어를 알려야 한다. 이런 과정을 통해 평가자 이외의 사회구성원이 비전문가라 치부되지 않고 평가담론에 참여할 수 있으며 결국 집단 간 의사소통이 증진되고 평가집단에 속하지 않는 많은 사람들이 평가의 사회적, 기술적 가치를 논의할 수 있게 된다. 이는 또한 담론 공유의 필요성 및 수집해야 하는 정보를 명시하는 필요성과 관련이 있다.

책임 공유와 관련된 쟁점은 담론 공유이다. 마다우스(2001)는 평가집단과 일반인 간에 긴장관계가 존재했다고 말한다.

> 평가집단과 다른 이들 사이에 깊은 골이 생긴 것은 분명한 사실이다. 다른 기술분야처럼 평가분야에도 '합리적 담론을 위한 중간지점이 거의 없으며 배경이 다양한 사람들이 모여서 전문적 영역에 대해 깊고 비판적으로 논의하기 위한 공통 언어가 없다.
>
> (위너(Winner), 1986, 11)

마다우스는 따라서 시험과 시험 사용에 관심을 갖는 모든 집단에게 평가집단의 전문기술 및 언어를 알려서 그들이 비전문가로 치부되지 않고 평가담론에 참여할 수 있도록 할 부가적 책임이 평가자에게 있다고 주장한다. 그는 다음의 필요성을 말한다.

> 집단 간 의사소통을 증진시키려면 그간 평가집단에 의해 전용되고 의미가 축소된 전문어휘를 버림으로써 아무런 교차점도 없이 따로 말하지 않도록 해야 한다. (p. 7)

필요한 정보의 유형

책임과 관련해서—제재에 대한 대중적 의식을 함양하기 위해서든 책임의 의식화를 위해서든—위에 언급한 어떤 관점을 택하든지 간에 시험의 사용에 대한 자료를 수집해야 한다. 따라서 어떤 자료를 수집해야 할지 논의해야 한다.

1장에서 논의했듯이 전통적 평가는 시험의 사용과 그에 따른 결과에 집중하지 않는다. 하지만 이제 시험의 질을 향상시키는 데 그런 정보가 중요하다는 사실이 분명해졌다. 따라서 시험의 질－다양한 사용자에게 적절하고 다양한 요구에 맞게 채택되는 신뢰도와 타당도－에 대해 자료를 수집하는 일은 평가자의 책임이다. 시험점수를 포함하여 진단 정보, 비교, 분석표, 구두 기술표, 설명, 진척 분석표, 해석적 개요 등 다양한 정보 전달 방식을 사용하는 것도 평가자의 책임이다. 또한 시험을 도입하는 의도나 근본적 이유, 시험이 수험자 · 교육 · 사회에 미치는 장 · 단기적 영향, 시험에 따른 결과에 대한 기타 관련 정보 역시 평가자가 수집해야 할 정보에 해당한다.

전문가적 도덕성

데이비스는 전문가적 도덕성 문제를 제시하는데, 이것은 평가분야가 시험의 사용과 그에 따른 결과를 포괄하면서 평가자가 마주하게 된 도덕적, 윤리적 문제를 의미한다.

데이비스(1997: 328)는 대중과 개인의 도덕성뿐만 아니라 전문가적 도덕성이 필요하다고 언급한다. 그의 주장에 따르면, 평가를 하는 전문직업은 대중과 계약을 수립하는 동시에 그 구성원을 보호해야 한다. 그는 하우스(House, 1990)의 말을 인용하여 '윤리란 올바른 행위나 실천에 대한 규칙 또는 기준이며 특히 전문직을 위한 기준' 이라고 말한다. 그리하여 이해관계자가 무엇이 올바른 행위이고 실천인지 알게 되고, 나아가 해야 할 일과 해서는 안 될 일을 알 수 있도록 전문가적 행동과 규범을 명시하는 것이 평가기관 안팎의 이해관계자 모두에게 중요한 일이다.

> 비평적 응용언어학자들은 다른 사회과학분야의 비평이론가들을 좇아 응용언어학의 윤리와 응용언어학이 이데올로기적으로 중립적일 수 있는지에 대해 질문을 던져왔다. 비평적 언어평가는 비평적 응용언어학이 가는 방향으로 가기 마련이다. 그렇기 때문에 조속히 학술적인 언어평가와 언어평가연구 분야의 윤리적 상황을 고찰하고, 바람직한 평가 행위와 규범에 대한 명시적 문서화를 촉진해야 한다. (데이비스, 1997: 328-9)

데이비스는 전문가적 도덕성이 필요함을 입증한 뒤 중점적으로 다룰 몇 가지 쟁점을 제공한다.

> 전문가의 도덕성은 …… 전문가, 개인, 대중에게 계약을 제공하며 이를 통해 삼자 모두가 보호받게 된다. 사회현상에 대한 전문적 연구는 사전 동의, 사생활 침해 금지, 비밀유지, 상해나 고통에 대한 사전 조치, 연구 수행의 비공식적 방법, 저술과 출판 협정에 대한 동의 등의 관련 쟁점에 대해 윤리적 입장을 밝혀야 한다. (p. 333)

다른 한편으로 데이비스는 전문집단의 구성원 역시 보호를 받아야 하되 과보호(특히 소송이 증가하는 분위기 속에서 법적 조치를 회피하기 위해 고소나 위법 행위를 좌시하거나 덮어둠으로써 동류집단의 구성원을 지나치게 감싸는 식)는 확실히 없어야 한다고 지적한다. 결국 전문가 집단이 부당한 대우를 받은 사례가 과거에 이미 있었고, 일반인을 대상으로 한 평가가 선발과 자격증 부여 등에 사용되면서 고소나 법적 조치의 가능성을 제공한다는 점을 볼 때 그런 사례가 분명 더욱 증가할 것이다. 배제되거나 탈락한 사람들이 평가방법이 타당치 못하며 따라서 부당하게 배제되고 탈락했다고 생각하는 경우가 많은 것이다. 따라서 전문가를 위한 보호도 필요하다.

전문가의 행동의 기준

위의 쟁점에 초점을 맞추기 위한 한 가지 방법은 수험자와 평가자 모두 보호하는 '전문가의 행동' 기준을 개발하는 것이다.

네보(Nevo), 쇼하미(Shohamy, 1986)는 '교육 프로그램 · 프로젝트 · 교수자료 사정기준(Standards for evaluation of Education Programs, Projects, and Materials)' (1981)을 일부 수정하여 소개한다. 이 기준은 수년에 걸쳐 미국교육연구학회(AERA), 미국심리학회(APA), 미국교육측정위원회(NCME) 외 아홉 개 학회의 회원으로 구성된 교육사정기준 공동위원회가 개발하였다. 이는 교육프로그램사정 관련 전문가에게 지침을 제공하려는 목적으로 고안됐으며 공통 원칙을 확립함으로써 교육사정 관행을 개선하는 데 도움이 될 것으로 기대되었다. 공동위원회는 서른 가지 기준을 개발했으며, 이는 다시 '실용성(utility) 기준', '실행성(feasibility) 기준', '적절성(propriety) 기준', '정확성(accuracy) 기준'의 네 가지 표제어에 따라 나뉜다. 앨더슨(Alderson), 클래펌(Clapham), 월(Wall, 1995: 251)은 '교육 프로그램 · 프로젝트 · 교수자료 사정기준'만의 독특한 측면에 대해 언급한다.

> 이 기준은 평가상황에 상당한 관심을 드러내며, 시험, 평가보고, 시험이 응시자 · 교육 · 사회에 미치는 영향을 대중이 어떤 식으로 바라보는지 보여준다. 시험의 정치적 시행가능성(조항 2: 집단 간 협력이 이뤄지도록 각기 다른 입장을 지닌 다양한 이해집단의 기대에 따라 평가가 계획되고 시행된다)은 다른 평가기준에서 찾아

볼 수 없는 쟁점이다.

네보, 쇼하미(1986)는 이 기준을 평가방법으로 확장한다. 그들은 공동위원회가 정한 기존의 30개 기준에서 평가방법에 적합한 23개 항목으로 줄여서 프로그램 평가가 아니라 평가방법에 적용할 수 있도록 기준을 수정했다. 그들이 정리한 기준은 다음과 같다.

1. **실용성 기준.** *실용성 기준의 의도는 '평가방법이 실제적인 정보를 원하는 해당 참여자의 요구에 부응하도록 하는 것' 이다.*

   실용성 기준은 평가방법이 실제적인 정보를 원하는 해당 참석자의 요구에 부응하도록 보장한다. 예를 들어 역류효과처럼 교실 내 수업이나 학습에 시험이 미칠 수 있는 영향을 다룬다. 또한 평가자와 채점자를 양성하고 시험결과를 제시하는 데 최적의 방법을 찾는 등 기타 실용성 요소가 포함된다. 나아가 평가자 신뢰성, 정보의 범위, 납득할 만한 기준, 평가보고의 명확성, 배포 일정, 영향 등의 문제도 다룬다.

2. **정확성 기준.** *정확성 기준의 의도는 '평가방법이 수험자의 교육적 성취에 대한 적절한 정보를 드러내고 전달하도록 하는 것' 이다.*

   이처럼 정확성 기준은 신뢰성과 타당성이 있는 측정, 시험의 조건, 자료분석, 객관적 보고 등을 시험이 드러낼 수 있도록 보장한다.

3. **실행성 기준.** *실행성 기준의 의도는 '현실적이고, 신중하며, 경제적인 평가방법이 되도록 하는 것' 이다.*

   실행성 기준은 시험이 다양한 상황에서 시행 가능한지, 특정 정치집단의 지원으로 시행되는지, 비용을 정당화할 정도로 충분히 가치 있는 정보를 생산하는지, 시험을 시행할 이들을 실제적으로 양성할 수 있는지 등의 문제와 연결된다.

4. **공정성 기준.** *공정성 기준의 의도는 '평가방법이 합법적이고 윤리적으로 이행되며 수험자를 비롯한 시험결과의 영향을 받는 사람들의 복지를 제대로 고려하여 이행되도록 하는 것' 이다.*

   공정성 기준은 시험이 시험의 영향을 받는 사람들의 행복을 신중하게 고려할 뿐만 아니라 합법적이고 윤리적으로 이행되는지의 여부를 다룬다. 시험이 수험자가 학습해야 하는 내용을 바탕으로 하는지, 인간 주체의 권리와 복지가 존중되는 방향으로 이행되는지, 수험자의 장 · 단점에 따라 공정하게 이행되는지, 수험자가 시험에 대해 긍정적인 태도를 취하는지 등의 문제가 여기서 다뤄진다.

네보와 쇼하미는 위의 각 요소들이 넓은 시각에서 시험의 타당도 검증의 한 측면으로 생각될 수 있다는 점도 언급한다. 그들은 관련 전문가를 대상으로 이 기준들을 시험해 봤다. 각 기준을 학습한 뒤 이를 바탕으로 국가 규모의 새로운 대학입학시험으로 고려 중인 네 가지 평가방법의 순위를 매기도록 다음 두 집단에게 요청했다. 첫째 집단은 새 시험에 어떤 평가방법이 들어갈지 최종적으로 결정을 내려야 하는 정책입안자로 구성되었고, 둘째 집단은 언어평가 회의에 참석하는 평가전문가로 구성되었다. 또한 네보와 쇼하미는 고려 중인 네 가지 평가방법이 모두 포함된 샘플시험을 제작했다. 시험이 실제로 어떻게 작용하는지 알아보고, 그들이 제안한 평가기준들이 평가방법을 사정하는 데 이용될 수 있는지 여부를 가리기 위한 근거를 찾아야 했다. 샘플시험이 1000명의 학생을 대상으로 시행되었다.

수정할 때 원래 기준에 있는 정치적 측면에 대한 충분한 고려가 없었다는 앨더슨과 동료 연구자의 언급을 주목해야 한다. 기존의 사정기준을 보면 다음과 같이 기술되어 있다.

> 사정과정에 제한을 가하거나 시험결과에 대해 편파적 사용과 오용을 시도하는 집단이 생기지 않도록 막고 집단 간에 협력이 이뤄질 수 있도록 각기 다른 입장을 지닌 다양한 이해집단의 기대에 따라 사정이 계획되고 수행돼야 한다. (앨더슨, 클래펌, 월, 1995: 56)

따라서 시험이 정치적 무기로 사용됨을 언급하고, 평가가 오용될 만한 모든 방식을 평가자에게 확실히 알려서, 그릇된 행위를 평가자가 미연에 방지할 수 있도록 함으로써 원래 기준 역시 수정되게 할 수 있다. 앨더슨, 클래펌, 월은 특히 무지나 부주의의 결과로 시험이 오용되는지 아니면 이해당사자가 위의 기준에 나타난 대로 고의로 정보를 오용하는지 시험의 오용 양상을 구분하는 데 초점을 맞춘다.

시험의 질에 대해 결정을 내릴 때, 시험의 정확성은 물론 실용성, 실행성, 공정성과 결부된 타당도 검증을 위한 모든 질문이 고려되어야 한다. 그리고 시험의 각 측면에 대한 경험적 자료가 수집될 필요가 있다. 시험을 검토하는 방법은 다양하며, 시험의 질에 대한 질문에 답하기 위해 앞서 나열된 것과 같은 다양한 기준이 필요하다.

국제언어평가협회(ILTA) 윤리규범

지난 몇 년간 언어평가분야를 전문화하기 위해 실행규범을 사용하도록 장려하는 다양한 노력이 있었다. 이런 규범은 책임감 있는 행동에 대한 지침을 제공한다. 윤리규범은 일반적으로 정직성, 이해분쟁, 근면성, 당연히 치러야 할 책임, 비밀유지, 고객 · 대중과의 의사소통과 관련된 전문가의 사회적 역할 등을 다룬다(닛코(Nitko), 1996). 최근

들어 언어평가자를 위해 시험의 특성은 물론 시험 사용자와 시험에 따른 결과까지 고려하는 실행규범이 필요하다는 의식이 점점 더 커지고 있다. 그 예로 ILTA가 개발하고 2000년 4월 밴쿠버에서 채택된 윤리규범을 부록A에 실었다.

19장

수험자의 권리

'수험자의 권리' 는 상대적으로 새롭게 등장한 쟁점이다. 과거에는 물론 현재에도 상당 부분 수험자에게 아무런 권리가 없는 게 사실이다. 1장에서 언급했지만 전통적 평가에서 수험자는 주요 관심사가 아니었으며 대개 블랙박스로 여겨졌다. 수험자는 오직 시험의 심리측정적 특성을 계산할 때만 의미가 있었다. 또한 수험자가 알아야 하는 지식이 있는데 그 지식을 결정하는 것은 시험출제자이며 수험자는 그들의 결정에 따라야 한다고 인식되었다.

그러나 2장에 기술한 대로 시험의 진짜 희생자는 수험자다. 조직으로서의 시험과 수험자에게 부과되는 요구 사이의 불공평한 권력 관계 속에서 수험자는 시험 때문에 상당한 고통을 겪는다. 분명한 것은 시험결과의 영향을 받는 자에게 시험의 내막을 알거나 알고자 할 권리가 없다는 점이다.

영어의 경우, 영어가 지닌 권력이 시험의 권력과 결합하여 수험자가 아무런 힘도 발휘할 수 없는 상황이 발생한다(로(Lo), 1997: 33).

> 홍콩 사회에서 영어가 지배적이라는 사실이 더해져 이 시험에서 학생의 권한은 결여되어 있다. 결국 이 시험이 중요하다는 사실로

> 인해 학생들은 시험의 역할이나 의미에 도전하기가 거의 불가능한 상황으로 몰린다.

시험이 자신의 지식을 평가하는 데 적합하지 않다거나 시험에 나온 지식에 통달해야 할 필요가 없었다고 주장하거나 이의나 불만을 제기하는 수험자는 거의 없다. 시험에 순응함으로써 수험자가 자신의 지식을 조정해야 한다고 여겨져 왔다. 과거에는 물론 현재에도 평가는 고도의 전문 분야로 인식되고 있다. 시험의 구조나 결과에 반대와 비판의 목소리를 내려면 전문성이 필요했다. 앞서 지적했듯이 대중은 시험을 맹신한다. 시험은 특정 지식과 전문적인 능력이 필요한 과학적 분야로 여겨진다. 아무런 의문도 없이 시험의 권위가 수용되어 왔다.

강력한 기관이 시험을 시행한다는 사실은 시험에 권력을 부여하는 주요 특성이다. 즉, 평가자와 수험자 중에서 권력을 지닌 쪽은 평가자이며, 내용, 시행방식, 채점 및 등급, 시험결과 전달방식 등 중요한 모든 결정을 내리는 쪽도 평가자이다. 수험자가 참조할 수 있는 유일한 수치는 평가자가 제공하는 수치가 전부이다. 수험자가 이의를 제기하려면 대안이 필요한데 이것은 사실 불가능하다. 이런 상황에서 힘없는 개인이 저항하고 권리를 요구하는 데 필요한 용기나 힘을 얻기란 거의 불가능하다.

핸슨(Hanson, 1993: 19)은 이렇게 말한다.

> 거의 대부분의 경우 시험 제공자는 조직인 반면, 수험자는 개인이다. 시험을 제공하는 기관은 수험자가 과목을 이수하거나, 수료증을 받거나, 대학입학 허가를 받거나, 장학금을 받거나, 직업을 구하거나, 승진을 해야 할 때 등 수험자에 관해서 결정을 내리거나 행동을 취할 목적으로 시험을 사용한다. 이는 조직이 개인보다 강한 힘을 지녔다는 사실과 함께 대부분의 시험상황에서 시험 제공

자가 수험자보다 강력한 위치를 차지함을 의미한다.

게다가, 평가자는 해당 시험의 정보와 지식, 혹은 수험자가 시험을 치르는 데 요구되는 여러 정보를 결정한다. 시험은 스스로 알아서 유지되는 시스템인데, 이를 통해 여러 종류의 평가 조직(학교, 교육제도, 정부, 기업)이 지식의 투입에 대한 완전한 통제권을 갖게 된다. 또한 시험은 정보와 권력을 계속해서 통제할 수 있는 메커니즘을 제공한다. 시험을 계획하고 제작하는 이들에 의해 시험에 포함된 정보가 불평등하게 결정되고 지시된다. 바로 이러한 지식으로 해당되지 않는 사람들의 출입이 통제되고 감시되며 차단되는 것이다.

로(1997)의 연구에서는 영어가 홍콩사회를 지배하고 있고 졸업영어시험에서 홍콩 학생의 권한이 결여되어 있다는 점 때문에 강력한 힘이 시험에 부여되어 있다는 사실을 보여준다. 이런 곳에서는 학생들이 시험의 역할과 의미에 도전하기가 불가능하다. 이 시험에서 학생들이 무력하다는 사실은 시험의 지시사항에 사용된 담화와 장르 유형만 봐도 잘 드러난다. 시험의 지시사항은 학생들을 무시하고 심지어 이들이 평가당국과 대립적인 위치에 있다는 식으로 기술되어 있다. 즉, 학생들이 부주의하고, 사고와 의식이 결여되어 있고, '문제' 를 일으키고, 통제가 어렵고, 어린애 같다고 묘사된다.

따라서 수험자가 강력한 평가기관에 대항하여 분노를 드러내려면 대부분의 경우 상당한 용기가 필요하다. 특히 시험결과가 유해한 영향을 미치는 고부담시험의 경우 수험자에게 큰 용기가 필요하다. 이런 사실 때문에 수험자는 개인 단위에서 거의 항의하지 않는다. 잃을 게 너무 많다고 느끼는 것이다.

하지만 지난 십 년간 교육에 대한 대중의 참여가 늘고 여러 분야에 걸쳐 소송 권한이 커졌으며, 이런 상황은 평가 영역에까지 확대되었다. 시험을 분석하기 위한 통계기법을 알지 못하더라도 대중은 시험을 어떻게 사용하는지가 중요하다는 사실을 깨닫고 있다. 그래서 학부모가 시험에 분개하여 시험폐지운동을 벌이거나 기존과 다른 방식으로 시험을 사용하는 모습은 이제 보기 드문 일이 아니다(린치, 1997).

실제 권리 침해나 권리 침해로 인식되는 상황에 대해 지금까지 법적 보상을 요구하는 소송이 꽤 많이 제기되었으며, 이제 평가 프로그램이 소송의 대상이 되었다. 시험에 대한 법적 문제 중에서 시험에 나타나는 인종차별, 성차별, 불공평성은 물론 시험에 대해 충분히 공지하지 않거나 청문회나 항의 기회를 박탈하는 등 응당한 절차를 위반하는 사례 등이 두드러진다. 평가시행이 법정에까지 간 경우에는 학생의 최저능력시험, 주(state) 교사 선발을 위한 교원자격시험, 대학입학시험 등이 있다. 그중에서 플로리다 주에서 시행한 최저능력시험에 이의를 제기했던「데브라측 대 털링톤 판례(Debra P. et al v. Turlington)」(1979, 1981)가 잘 알려진 판례이다.

수험자의 권리는 무엇인가

시험을 보는 사람, 즉 '수험자'는 여기서 시험을 보는 개인으로 정의되기보다 더 넓은 관점에서 정의된다. 좋든 나쁘든 시험결과에 영향을 받는 모든 이들을 수험자라고 할 수 있다. 따라서 실제로 시험을 보는 사람, 시험을 보는 학생을 맡은 교사, 시험이 시행되는 학교의 교장, 시험을 보는 자녀를 둔 부모가 수험자에 포함된다. 어떤 식으로든 시험결과에 영향을 받는다는 점이 이들의 공통점이다.

15장에서 지적했듯이 수험자는 시험에 대한 비평적 시각을 기르고 시험 사용에 의문을 제기할 필요가 있다. 따라서 수험자의 권리가 침해된다고 여겨질 때 시험결과와 시험방법에 의문을 제기하는 것이 수험자의 권리이다. 낯선 평가방법으로 낯선 내용이 시험에 출제될 수도 있고 특히 그런 상황에서 의도되지 않은 목적으로 시험결과가 사용될 수도 있다. 평가자 역시 시험을 거부할 권리가 있어야 한다고 여겨진다. 발데스(Valdes)와 피구에로아(Figueroa, 1996)는 이중언어 화자를 대상으로 실시한 시험에서 얻은 정보를 해석할 수 없다는 이유로 선발, 자격 부여, 개인적 개입 등의 목적으로 사용되는 이중언어 화자에 대한 모든 시험을 폐지하자고 제안한다. 하지만 권력기관이 장악하고 있는 시험의 현재 권력을 고려할 때 이것은 기나긴 여정이다. 그 권력기관이 평가기관이든 학교든 교사든 간에 개인이 저항하고 문제를 제기하기란 쉬운 일이 아니다. 권력기관으로부터 수험자를 보호하는 옹호단체 설립이 필요하다. 이는 잘못된 진료에 따른 의료과실 문제를 다루는 것과 다를 바가 없다.

펀치(Punch, 1994)는 시험이 수험자에게 비윤리적 · 비도덕적 결과를 초래할 수 있는 동의, 기만, 사생활 및 비밀유지 등 세 가지 측면을 설명한다.

- *동의*: 평가를 받을지, 받지 않을지 그 여부를 선택할 수 있는 개인의 권리를 뜻한다. 평가를 받는다는 사실, 평가를 받는 이유, 평가결과가 어떻게 사용되는지 등이 수험자에게 확실히 공지되었는지의 여부가 동의와 관련된 문제이다.
- *기만*: 평가되고 있는 능력과 직결되는지를 개인이 명확히 알 수 없는 활동을 시키는 것이 도덕적으로 기만적인 행위인가의 여부이다. 요컨대 평가자가 낯선 평가방법에 대한 정보나 연습시간을 수험자에게 제공해야 하는가, 선다형시험에서 정답 이외의 선택지는 본질적으로 기만적이라고 생각할 수 있는가 등의 문제

와 관련되어 있다.

- *사생활 및 비밀유지*: 시험결과를 보고함으로써 등급이 매겨지고, 출입이 통제되고, 사회적 · 경제적 자원에 대한 접근이 가로막히는 등 수험자가 피해를 입는가의 여부를 뜻한다. 린치는 여기서 평가행위 자체에 문제가 있진 않지만 일부 사회적 현실이 능력에 따른 선발을 요구하며 그렇게 선발하는 데 시험이 효율적이라는 점을 강조한다.

시험시행 결정 및 결과 그리고 공정성

이 용어들이 의미하는 바는 공정성의 요소를 결정하는 일이 어렵다는 것이다. 동등한 평가 기회와 조건을 바탕으로 시험을 시행하기로 결정하더라도 모든 학생에게 동등한 교육을 받을 동등한 기회가 있었다는 의미는 그 결정에 담겨 있지 않다. 그러므로 서로 다른 교육을 받는다는 점이 수험자의 권리를 침해할 수 있다. 그리하여 일부 집단의 결정에 따라 한 종류의 지식에만 기반을 둔 시험이 부과되는 일은 교육적 배경이 다양한 수험자의 권리를 침해하는 것이다.

해결책

이런 딜레마에 대한 몇 가지 해결책을 여기서 제안한다. 동의와 관련해서 평가를 받을 권리와 평가를 거부할 권리가 수험자에게 주어져야 한다. 또한 시험의 목적, 시행, 방법과 관련해서 정직해야 한다. 그리고 기존의 '시험중심' 체제가 아닌 대안적인 방법으로 평가될 가능성이 수험자에게 개방되어야 한다. 대안적 평가에 따른 정보는 시험만을 바탕으로 내려진 결정에 반박할 수 있는 근거로 사용될 수 있다. 게다가 18장에서 논의했듯이 평가방법, 평가과정, 수험자 권리에 대해 대중을 대상으로 교육함으로써 시험의 권력을 공유해야 한다. 평가가 평가자만의 영역으로 남아서는 안 되며, 수험자와 일반 대중이 시험에 대한 논의에 참여할 수 있어야 한다.

부록 B에는 두 가지 실행규범이 제시되었다. 호주의 학부모들이 그 초안을 작성했으며 수험자의 권리를 정의하여 시험의 권력으로부터 수험자를 보호하고자 하는 권리장전(Bill of Rights)이라고 할 수 있다.

20장

에필로그

시험은 객관성이란 명목으로 새로운 주관적 권력을 만들고 영속시키는 도구이다. 또 시험결과의 영향을 받는 대중의 두려움과 믿음을 바탕으로 사회적으로 필요하다는 지식을 정의하고 지시하는 도구가 되었다. 시험은 권력과 통제를 영속시키고, 사회적 주류 지식에 포함되지 않는 자들을 선별하고 제외하는 도구가 되었다. 그리하여 애초에 민주화 목적으로 개발되었던 시험은 '소수'가 조종하게 되는 권위적이고 중앙집권화된 도구가 되었다.

이런 현상은 대부분의 현대사회에서 시험이 가진 상징적 가치에 의해 지속된다. 시험은 능력, 표준, 성취, 수준 높은 질서의 상징이 되었다. 시험은 이런 가치와 동일한 것으로 간주되고 있다. 즉, 시험을 잘 보면 자동적으로 능력, 기준, 성취를 얻게 된다. 시험의 수사학은 대중의 관심을 이끌어내는 비결이다. 높은 기준, 뛰어난 능력, 성취에 반대할 자가 있겠는가? 대중이 모르는 것은 목표를 설정하는 것만으로 목표가 달성된다는 보장은 없다는 것이다. 목표 설정과 목표 달성 사이에는 큰 차이가 있다.

시험은 다음과 같은 수많은 논쟁의 한가운데에 있다.

- 통제를 위한 중앙기구의 필요성 vs. 개인적 자유에 대한 욕망
- 하나의 통합적 지식에 대한 집단의 갈망 vs. 개방적이고 창조적인 지식
- 단일언어, 즉 모두를 위한 하나의 언어 vs. 다중언어에 대한 관용
- 사회질서를 유지하는 상징적 장치에 대한 대중적 요구 vs. 개인적 표현과 자유에 대한 개인 · 집단적 요구
- 성장하는 기술사회의 증가된 통제 vs. 유동적이고 상대적인 지식
- 중앙기구의 통제에 대한 분개 vs. 지위와 사회질서를 유지하기 위한 통제의 필요성
- 실제적 문제 vs. 이데올로기적 권력

그렇기 때문에 시험의 현재 상태와 향후 전망에 대한 시각은 다양하다.

일각에는 시험의 시대가 끝났으며, 지식이 상대적이고 유동적이며, 각 언어 집단을 비롯한 다양한 집단이 합법성, 존중, 정체성, 권리를 요구하는 포스트모더니즘적 · 다문화적 사회에서 시험과 같은 권위적 도구가 끼어들 여지가 없다고 생각하는 사람들이 있다. 발데스(Valdes)와 피구에로아(Figueroa, 1996)는 이중언어시험에 대해 급진적이긴 하나 공정성에 입각한 제안을 한다. 이중언어화자에 대한 모든 시험이 개인에 대한 의사결정을 수반할 때 이 시험들을 국가차원에서 유예하고 중지할 것을 선언하자는 제안이다. 이들은 시험이 해석 불가능한 정보를 제공하며 선발이나 자격부여 혹은 기타 개입이라는 측면에서 개인에게 미치는 영향이 너무 크다고 주장한다. 동일한 준거를 통해 모든 사람을 표준화하는 데 입각한 시험은 자기표현을 방해하는 원인이 된다. 시험이 지식을 정확히 측정하지 못하며 엘리트계층의 계획을 추진하고 권력을 유지하기 위해 권력층이 시험을 오용하고 남용한다는 인식

이 대중적으로 존재한다. 최근엔 이런 시각이 더욱 힘을 얻는다.

이에 대해 대립적인 시각을 유지하는 이들도 있다. 그들은 시험이 계속적으로 존재할 것이며 또 그래야 한다고 믿는다. 예전보다 시험의 권력과 통제가 강화될 것이며 강화되어야 한다고 생각한다. 즉, 권력 공유와 다문화적 · 포스트모더니즘적 계획의 정당화를 요구하는 이들을 저지하는 데 시험이 가장 유익한 도구가 될 수 있다. 예를 들어 영어 표준화시험이 있다면 흑인영어 지지자와 맞서기가 수월해진다. 마찬가지로 '영어 유일주의' 의 일환으로서 획일적인 영어시험을 도입해 이를 사회적 출입과 허가를 위한 준거로 사용한다면 이중언어교육에 대항할 수 있게 된다.

브로드풋(Broadfoot)은 향후 시험의 영향력이 훨씬 커질 것이라고 주장한다. 그녀는 기술과 관료주의가 결합함으로써 중앙기구의 권력이 더욱 증가할 것이라고 논하며 다음과 같은 이유를 제시한다.

> 객관적이고 이성적인 방식으로 정책결정을 정당화시켜 주는 기술 관료적 이데올로기에 힘입어 중앙기구는 교육정책이 명백히 정치적인 판단이라는 시각으로부터 벗어나게 된다. 갈수록 강압적으로 변모하는 국가기구의 영향 앞에 개인의 무기력함은 커진다.
>
> (브로드풋, 1996: 217-18)

그러나 다른 시각도 있다. 시험이 존속하긴 하겠지만 그 모양과 형태는 달라질 것이라는 주장이다. 시험의 진정한 힘, 즉 좀 더 효과적인 학습과 교수로 이어지는 피드백 형태의 교육적 이점을 제공하는 시험의 힘에 바탕을 두고 이런 시각이 존재한다. 기타 평가절차나 시험이 유익하고 건설적인 목적으로 사용될 수 있을 뿐만 아니라 권력 행사와 통제를 위해 비윤리적 · 비민주적으로 시험을 사용할 방법을 찾는 중앙기구와 권위적 기구를 견제하기 위해 사용될 수도 있다는 뜻이다.

'목적을 위한 수단' 으로 시작된 시험은 그 자체로 목적이 되었고, 또한 도구적 이데올로기로 시작해 표출적 이데올로기가 되었다. 따라서 순진함을 탈피하고 앞서 제시된 모형들이 진정한 해결책을 제공해 주지 않는다는 사실을 깨달아야 한다. 현재진행형인 개인과 집단 간의 권력 다툼의 일환으로 시험을 계속 사용하고, '교육기준' , '양질' , '지표' , 그 외에 다른 사회적 질서를 상징하는 용어를 사용함으로써 자신의 지배를 유지하려는 자들은 항상 있기 마련이다.

마다우스(Madaus, 1990)는 시험의 지배는 끝이 보이지 않는다고 말한다. 시험은 가치를 증진시키고 반감시킬 수 있는 과학기술이 되었다. 게다가 시험은 타인에게 자신을 설명하는 수단이다. 마다우스는 시험이 엄청난 추진력과 권력을 얻었기 때문에 이것이 폐지되지 않는다면 우리 사회가 심각한 곤경에 처할 수도 있다고 지적한다. 시험은 아무 생각 없이 수용되고 사회에 의해 문제 해결책으로 여겨진다. 새로운 시험이 학교를 개혁하고 경쟁력을 회복시킨다는 생각은 단지 기술적인 해결책이다. 교육의 체제적 문제점으로부터 관심을 다른 곳으로 돌릴 뿐이다. 마다우스는 더 나아가 공학적인 의식이 도덕적 · 미적 · 예술적 의식의 경시로 이어질 위험성이 있다고 주장한다. 그는 중요한 과학기술을 모두 평가해야 하듯이 시험도 평가해야 한다며, 단지 효율성, 경쟁력, 생산성 등 관료적 목표에 대한 시험의 기여도뿐만 아니라 시험이 특정 가치와 사회적 관계를 증진시키고 다른 가치와 사회적 관계는 반감시키는 방식에 대해 평가가 이루어져야 한다고 호소한다.

이 책에 담긴 메시지를 무정부주의적으로 해석해서는 안 된다. 즉, 시험을 모두 폐지해야 한다는 것이 아니다. 그렇다기보다는 양질의 시험을 시행해야 한다는 것이며, 이 책의 견지에서 볼 때 이것은 민주적 평가를 실천해야 한다는 의미이기도 하다. 민주적 평가를 위해서는 권한 공유, 협력, 수험자를 비롯한 다양한 이해당사자의 참여는 물론 다양한 타당성 준거를 충족시켜야 한다. 이런 절차를 따를 때 책임감 있는 평가로 이어질 것이다. 간단히 말해서 '시행하되 주의 깊게 시행하라' 는 뜻이다. 이와 함께 시험의 질에 대한 계속적인 평가, 시험의 사용방식에 대한 깊이 있는 통찰, 오용에 대한 대중적 폭로, 시험시행 동기 및 시험에 따른 피해와 결과에 대한 대중의 의식 등이 요구된다. 이와 같은 평가의 대가는 크다. 더 많은 시간과 인력이 소요되고 엄청난 재원이 요구된다. 또한 모든 민주주의적 실천이 그렇듯이 절충이 필요하다. 하지만 시험이 중심 역할을 하면서도 그 오용 가능성이 크다면, 이는 지불할 만한 가치가 있는 대가이다.

평가자는 다음과 같은 과제를 해결해야 한다.

- 어떻게 하면 민주적인 평가를 수행할 수 있을까?
- 민주적인 평가를 실천하기 위해 어떤 방법론을 새롭게 개발해야 하는가?
- 어떻게 하면 좀 더 민주적인 평가를 추구하는 동시에 타당성을 유지할 수 있을까?
- 위에 언급한 요구조건에 부합하지 않는 시험을 사용하지 않도록 시험 사용자를 설득하려면 어떻게 해야 할까?

자신이 만들어낸 시험이 어떤 싸움을 위한 수단이라는 사실을 깨달은 평가자에게 직업적 윤리성에 관한 위협이 있다. 따라서 평가자는 토론에 참여해야 한다. 평가자는 시험 사용과 그에 따른 결과 속에서 적극적인 역할을 수행하고, 오용을 막는 역할을 감당해야 한다. 또한 교육적 · 민주적 · 윤리적인 동시에 타당도가 높은 평가모형을 제공해야 한다. 시험이 중립적인 도구가 아니라는 근거가 충분한 만큼 평가자는 시험의 의도, 효과, 결과로부터 자신을 떼어낼 수 없다. 따라서 평자자는 중립적 평가나 객관적 평가라는 개념을 거부하고 부적절한 시험 사용에 대항할 대안적 평가모형을 제시해야 한다. 시험이 중립적인 듯 가장하면 권력층이 시험을 오용할 수 있게 된다. 평가자는 시험이 지닌 힘의 상당 부분이 단지 공학적이라는 시험의 특성도 알아야 하고, 사회적 · 정치적인 관점에서 시험이 사용된다는 사실도 깨달아야 한다. 평가활동이 온전하게 진행되려면 타당화 검증 과정의 일환으로서 시험 사용이 반드시 연구되어야 한다. 또한 (일반 평가자와 달리) 언어평가자만의 특징은 언어학습에 관한 그들의 전문지식이다. 그런 점에서 언어평가자들은 언어학습, 언어평가, 언어사용 간에 다리를 놓을 수 있는 주체가 될 수 있다. 시험은 책임감 있게 사용될 때 정보의 중요한 원천이 된다.

정책입안자는 물론 대중은 평가에 의해 증진되는 가치와 반감되는 가치에 주의를 기울일 필요가 있다. 또한 윤리성, 형평성, 공정성 등의 가치에도 주목해야 한다. 또한 언어정책 분야 종사자는 교육체제 및 국가의 언어평가정책에 초점을 맞춰야 한다. 교육체제와 국가의 언어평가 정책에 대한 연구는 단순히 공식적인 의도, 보기 좋은 문구, 정치적으로 올바른 문서 이면의 실질적인 언어정책을 이해하는 데 값진 정보를 제공할 수 있다. 언어평가정책이 언어정책을 실제로 얼마나 반영하는지를 알기 위해서는 언어정책의 타당성과 관련된 자료를 제공하는 연구가 요구된다.

이 책에서 드러났듯이 언어시험은 언어와 마찬가지로 사회의 복잡성과 권력 다툼을 반영하는 거울이다. 언어시험은 다양한 분쟁의 교차점에 위치하며, 따라서 학습의 질은 물론 민주적 문화, 가치, 윤리를 보존하고 영속하는 과정의 일환으로서 언어시험이 연구되고, 보호되고, 경계되어야 한다. 이는 언어평가자, 응용언어학자, 정책연구자가 앞으로 수행해야 할 중요한 과제이다.

부록 A

ILTA 윤리규범

(2000년 4월 벤쿠버에서 개최된 ILTA 총회에서 채택)

본 윤리규범은 국제언어평가협회(ILTA)가 마련한 첫 번째 윤리규범으로서 도덕철학을 바탕으로 한 일련의 원칙으로 구성되며 바람직한 전문가 행위의 지침이다. 이는 법령도 법규도 아니며 실천 지침을 제공하진 않으나 모든 언어평가자가 받아들일 만한 윤리적 행위의 기준을 제시한다. 본 윤리규범은 별도의 실행규범(진행 중)과 연계되어 있다. 또한 본 윤리규범은 선행, 악행 금지, 정의, 자율성 존중이라는 네 가지 윤리규칙을 바탕으로 하며 시민사회를 지향한다.

본 윤리규범은 아홉 가지 기본 원칙으로 나뉘며, 각 원칙은 그 특성을 전체적으로 설명하는 일련의 주석을 통해 상술된다. 본 윤리규범은 ILTA 구성원이 해야 할 일과 해서는 안 될 일을 규정한다. 좀 더 포괄적으로 말해서 ILTA 구성원이 어떻게 행동해야 할지 혹은 ILTA 구성원이나 평가 관련 종사자가 무엇을 지향해야 할지 규정한다. 또한 아홉가지 원칙을 적용하는 데 발생하는 어려움과 예외를 밝힌다. 주석은 규범의 제재를 추가적으로 상술하며 규약을 지키지 못할 시 ILTA 윤리위원회의 권고로 ILTA 회원자격을 박탈당하는 등 심각한 불이익을 당할 수 있다.

이 규범이 (과거의) 유사한 윤리 규범에서 비롯되긴 했으나 전 세계에 걸쳐 끊임없이 변하는 사회적 · 문화적 가치의 균형을 반영하고자 노력한다. 이런 이유로 언어평가자는 실행규범과 연계해서 윤리규범을 해석해야 한다.

전문가를 대상으로 한 모든 규범은 전문가적 양심과 판단에 대한 정보를 제공해야 한다. ILTA 윤리규범으로 인해, 언어평가자는 자신이 동의한 다른 규범으로부터 부과된 의무와 책임 혹은 자신이 따라야 하는 국가법이나 국제법으로부터 면제되지 않는다.

언어평가자는 독립적인 도덕적 주체이며, 간혹 이들의 개인적인 도덕적 입장이 특정 절차에 대한 참여와 상충한다. 언어평가자는 개인적인 도덕적 신념을 위반할 수 있는 절차에 참여하지 않을 권리가 있다. 자신의 신념과 모순되는 상황에 가담해야 할 가능성이 있다고 예상되는 업무를 받아들인 언어평가자는 고용주 또는 예비 고용주에게 이 사실을 알릴 책임이 있다. 고용주와 동료는 그런 언어평가자가 직장에서 차별되지 않을 것을 보장할 책임이 있다.

본 윤리규범은 실행규범(현재 ILTA에 의해 준비 중)에 의해 예시된다. 윤리규범은 평가업무의 도덕과 이상에 초점을 두고 있으며, 실행규범은 평가업무의 실천에 대한 최소 요구조건을 밝히고 직업적 위반행위와 비전문가적 행위를 설명하는 데 초점을 맞춘다.

윤리규범과 실행규범 모두 평가업무의 요구와 변화에 적절히 대응해야 하며, 향후 이 두 규약은 언어평가와 사회의 변화에 맞춰 개정될 필요가 있다. 본 윤리규범은 5년 이내에 재검토될 것이다.

원칙 1

각 수험자의 인간성과 존엄성을 존중해야 한다. 언어평가자는 전문가로서 수험자를 최대한 배려해야 하며 언어평가 업무를 제공할 때 각 개인의 요구, 가치, 문화를 존중해야 한다.

주석

- 언어평가자는 나이, 성별, 인종, 민족, 성 지향성, 언어적 배경, 신념, 정치적 성향, 종교 등에 따라 수험자를 차별하거나 이용해서는 안 된다. 또한 언어평가자는 사회적, 종교적, 정치적, 이데올로기적 가치 등 자신의 가치를 수험자가 의식할 만큼 의도적으로 강요해서는 안 된다.
- 언어평가자는 고객을 절대 이용해서는 안 되며, 자신이 제공하는 업무나 추진 중인 조사의 목표와 관련 없는 영향을 고객에게 주어서도 안 된다.
- 언어평가자와 수험자 간의 성관계는 무조건 비윤리적이다.
- 언어평가를 가르치고 연구하는 데 학생을 비롯한 수험자 정보가 사용될 경우 반드시 수험자의 동의가 필요하며, 또한 수험자의 존엄성과 사생활이 존중되어야 한다. 정보 사용을 거절한다고 해도 평가자가 제공하는 업무(교수, 연구, 개발, 시행)의 질이 영향을 받지 않는다는 점을 관련 수험자에게 공지해야 한다. 수험자와 관련된 모든 형태의 매체(종이, 전자, 영상, 음성)를 사용하는 경우 부차적인 목적으로 사용하기 전에 공지를 통한 수험자의 동의가 필요하다.
- 언어평가자는 자신이 생산한 정보를 최대한 유의미하게 관련된

모든 이해당사자에게 전해야 한다.
- 가능한 한 수험자의 이익과 관련된 모든 문제에 대해 수험자와 논의해야 한다.

원칙 2

언어평가자는 자신의 전문가적 능력을 바탕으로 수험자와 관련되어 얻은 모든 정보에 대해 자부심을 가져야 한다. 또한 언어평가자는 전문적인 판단을 바탕으로 상기 정보를 공유해야 한다.

주석

- 복사 자료와 팩스의 폭넓은 사용, 컴퓨터에 저장된 시험에 관한 기록과 자료은행, 다양한 정보원으로부터 요구되는 책임감 증가, 수험자로부터 얻은 정보가 사적 정보라는 사실 등과 직면해서 언어평가자는 비밀유지에 대한 수험자의 권리를 존중하고, 평가자-수험자 관계에 관련된 정보를 보호해야 한다.
- 비밀유지가 절대적일 수는 없다. 특히 그 기록이 입학허가를 받거나 임용되려고 하는 학생과 관계가 있을 때 더욱 그렇다. 따라서 언어평가자의 근본적인 직업적 의무로서 비밀을 유지하는 것과 언어평가자가 지닌 넓은 의미의 사회적 책임 간에 신중하게 균형이 유지되어야 한다.
- 마찬가지로 적절한 경우라면 언어평가자는 평가와 관련된 업무 향상을 위해 자신이 평가한 수험자 이외의 수험자 정보에 접근할 권리가 있다. 그런 경우, 정보 접근의 권한이 부여된 평가자는 비밀을 유지할 것에 동의해야 한다.

- 수험자로부터 직접 얻은 것 이외의 수험자 정보(예를 들어 시험을 보는 학생을 가르치는 교사로부터 얻은 정보)는 동일하게 비밀유지 원칙을 따른다.
- 법률적으로 정보를 공개해야 하는 상황이 발생할 수 있다. 예를 들면 법정이나 재판소에 전문가 증언을 위해 언어평가자가 소환되는 경우이다. 그런 경우, 언어평가자는 비밀유지라는 직업적 의무로부터 면제된다.

원칙 3

언어평가자는 예비시행, 실험, 개입, 기타 연구활동을 수행할 때 국가지침과 국제지침에 명기된 모든 관련 윤리 원칙을 따라야 한다.

주석

- 언어평가는 연구를 바탕으로 진척되며 이런 연구를 위해서는 반드시 대상자의 참여를 수반한다. 언어평가 관련 연구는 일반적으로 용인된 학문연구 원칙을 따라야 하며 전문 문헌에 대한 면밀한 지식을 바탕으로 해야 한다. 또한 연구는 최선의 기준에 따라 계획되고 시행되어야 한다.
- 모든 연구는 정당성이 증명되어야 한다. 즉, 제안된 연구는 제기한 문제에 대해 답변을 적절히 제공해야 한다.
- 연구 대상자의 인권은 항상 과학이나 사회의 이익에 우선해야 한다.
- 연구 대상자에게 불안이나 위험이 야기될 가능성이 있을 경우, 해당 연구의 이점을 고려하되 그 이점이 연구 대상자의 불안이

나 위험을 정당화하는 데 사용되어서는 안 된다. 예견치 못한 악영향이 발생할 경우, 해당 연구는 반드시 중단되거나 수정되어야 한다.

- 독립적인 조직인 윤리위원회는 높은 수준의 과학 · 윤리 기준에 따라 연구가 수행되도록 모든 연구 제안서를 검토해야 한다.
- 연구목표, 연구방법, 연구에 따른 위험과 불안 등에 대한 관련 정보는 사전에 연구 대상자에게 제공되어야 한다. 해당 정보는 충분히 이해되도록 전달되어야 한다. 동의는 압력, 강제, 강요 없이 자유의사에 따라 이루어져야 한다.
- 연구 대상자는 연구결과가 출판되기 전에 언제든지 연구 참여를 거부하거나 철회할 수 있어야 한다. 피실험자가 참여를 거부한다고 해서 해당 대상자에 대한 처우에 위험이 가해져서는 안 된다.
- 연구 대상자가 피부양자(예를 들어, 학생, 노년층, 능숙도 지체 학습자(proficiency challenged learners))일 경우 사전 동의를 얻는 데 특별한 조치가 필요하다.
- 미성년자의 경우, 부모나 보호자의 동의가 필요하나, 해당 미성년자의 성숙도와 이해력이 충분할 경우 본인으로부터 동의를 받을 수 있다.
- 연구로부터 획득한 비밀 정보는 승인된 연구 의정서에 명시된 것 이외의 목적으로 사용되어서는 안 된다.
- 연구 결과의 출판물은 믿을 수 있고 정확해야 한다.
- 연구 보고의 출판물에 연구 대상자의 신원확인을 허용해서는 안 된다.

원칙 4

언어평가자는 가능한 한 자신의 전문 지식과 기술의 남용을 허용해서는 안 된다.

주석

- 언어평가자는 평가자의 이익에 반하는 목적으로 자신의 전문 지식과 기술을 의도적으로 사용해서는 안 된다. 평가자의 연구가 수험자의 이익에 직결되지 않는 경우(예를 들어 다른 목적을 지닌 능숙도시험의 예비시행에 수험자를 참여자로 요청할 경우), 그러한 성격이 명확히 제시되어야 한다.
- 한 사회에서 보편적인 도덕, 종교 등의 가치를 따르지 않거나 이민자로서 사회에서 환영받지 못한다는 사실이 언어능력을 평가하는 데 결정적인 요소가 되어서는 안 된다.
- 어떤 법적 상황이든, 언어평가자는 직·간접적으로 고문이나 기타 잔인하고, 비인간적이고, 모욕적인 처벌 행위에 가담해서는 안 된다('도쿄 선언(1975)'을 참조할 것).

원칙 5

언어평가자는 계속해서 전문 지식을 개발하고 그 지식을 동료 및 기타 언어전문가와 공유해야 한다.

주석

- 계속적인 학습과 지식 증진이 전문가 역할의 근본이다. 계속적인 학습과 지식 증진의 불이행은 수험자에게 피해를 주는 행위이다.
- 언어평가자는 계속적인 교육을 위해 그들에게 허락된 다양한 방법을 사용해야 한다. 언어평가 프로그램, 전문학회에 참여하거나 전문적인 자료를 꾸준히 읽는 것 등이다.
- 언어평가자는 전문적인 지식 개발의 주요 수단으로서 동료 및 기타 언어 관련 종사자와 의사소통할 기회를 가져야 한다.
- 언어평가자는 공인된 전문 학회지에 출판하거나 회의를 통해 동료와 새로운 지식을 공유해야 한다.
- 언어평가자는 예비 언어평가자의 전문가적 성장과 교육에 기여해야 하며, 언어평가자교육의 핵심 요구조건에 대한 지침 개발에 기여해야 한다.
- 언어평가자는 폭넓은 언어 관련 전문분야에서 학생의 교육에 기여할 자세를 갖춰야 한다.

원칙 6

언어평가자는 언어평가 직업의 청렴성을 유지할 책임을 공유해야 한다.

주석

- 언어평가자는 동료 간에 신뢰감과 상호 책임감을 조성하여 평가 업무의 청렴성을 촉진·증진시켜야 한다.
- 언어평가자는 사회를 위해 규범을 발전시키고 실행한다. 이런

점에서 언어평가자는 특권적 위치에 있으며, 이런 위치는 전문가적 실천 및 전문가적 실천에 반영되는 사생활적 측면에서 적절한 개인적 · 도덕적 기준을 유지해야 하는 의무가 따른다.

- 전문가답지 않은 행위를 한 동료를 발견한 언어평가자는 적절한 조치를 취해야 한다. 관련 당국에 보고하는 것 등이 그 조치에 포함된다.
- 본 윤리규약을 지키지 않는 것은 매우 심각한 문제로 여겨질 것이며, ILTA 회원자격 박탈 등 심각한 불이익으로 이어질 수 있다.

원칙 7

언어평가자는 사회적 역할을 맡으며 언어시험, 평가, 교수업무의 질을 향상시키고, 이런 업무를 적절히 분배하고, 언어학습과 언어능숙도와 관련해 사회교육에 기여하도록 노력한다.

주석

- 수험자 중 상당수가 비원어민 화자이기 때문에 주변화돼 있고 권력이 없다는 점에서 언어평가자는 언어평가의 제공 및 업무 향상을 촉진할 의무가 있다.
- 언어평가자는 지식과 경험을 바탕으로 언어평가 업무의 제공자에게 조언할 자세를 갖춰야 한다.
- 언어평가자는 최선의 언어평가 업무를 수험자가 이용할 수 있도록 지원하고 다른 이와 협력할 자세를 갖춰야 한다.
- 언어평가자는 언어평가 업무를 제공하는 데 일익을 담당하는 자문단체, 법률단체, 지원단체, 영리단체 등과 협력할 자세를 갖춰

야 한다.

- 언어평가자는 재정적 제약이나 기타 이유로 언어평가 업무가 최소 기준 이하로 떨어질 경우 적절히 조치를 취해야 한다. 예외적으로, 언어평가자는 수험자에게 피해가 가지 않는 선에서 언어평가 업무를 그만둘 수 있다.
- 언어평가자는 관련 과학정보와 확증된 전문가적 견해를 해석하고 사회에 전달할 자세를 갖춰야 한다. 그런 과정에서 언어평가자는 자신이 공인된 전문기관을 대변하는지 아닌지 자신의 지위를 분명히 밝혀야 한다. 밝힌 견해가 일반적인 견해와 다를 경우, 그런 사실을 분명히 밝혀야 한다.
- 언어평가자는 인종, 불이익, 양육 등 사회정치적으로 민감한 쟁점에 대한 대중적 토론에 과학적으로 입증된 자료로 기여하는 것이 바람직하다.
- 언어평가자는 전문 지식을 바탕으로 한 교육자로서의 자신의 역할과 시민으로서의 자신의 역할을 구별해야 한다.
- 이 원칙에 따른 책임을 수행하면서 언어평가자는 자기홍보와 동료의 명예 훼손을 삼가야 한다.
- 언어평가자는 자신만이 모든 관련 지식을 소유하는 것으로 주장하지 않는다는 (또한 그렇게 주장한다고 여겨지지 않는다는) 점을 확실하게 이해시켜야 한다.

원칙 8

언어평가자는 자신이 업무를 수행하는 사회에 대해 언어평가자로서의 의무를 유념해야 하며 그런 의무가 경우에 따라 수험자나 기타 이해당사자에 대한 자신의 책임과 상충한다는 점을 인정해야 한다.

주석

- 기관(정부 부서, 전문기구, 대학, 학교, 기업)을 대신해 시험결과를 얻었을 경우, 수험자 및 기타 이해당사자(가족, 예비 고용주 등)가 반기지 않더라도 언어평가자는 그 결과를 적절히 보고할 의무가 있다.
- 업무를 수행하는 사회의 구성원으로서 언어평가자는 스스로 동의하지 않을지라도 사회가 요구하는 평가 요구조건에 대한 자신의 의무를 인정해야 한다. 사회와 자신의 의견차이가 양심적 거부의 자격이 될 정도로 크다면 언어평가자는 업무를 그만둘 권리가 있다.

원칙 9

언어평가자는 자신의 프로젝트가 모든 이해당사자에게 장 · 단기적으로 미칠 가능성이 있는 영향에 대해 꾸준히 심사숙고해야 하며 양심에 근거하여 평가업무를 중단할 권리를 보유한다.

주석

- 언어평가자는 전문가로서 자신에게 맡겨진 프로젝트의 윤리적 결과를 가늠할 책임이 있다. 가능한 모든 사태를 고려하기는 어렵지만, 언어평가자는 가능한 결과를 철저히 가늠해야 한다. 언어평가자라는 전문가적 시각에서 그 결과를 받아들일 수 없을 경우, 자신의 평가업무를 철회해야 한다. 이와 같은 경우에 언어

평가자는 그 과정에서 동료 언어평가자와의 상의를 통해 자신의 견해가 어느 정도 공유되는지 판단해야 한다. 동료의 견해가 다를 경우, 양심에 기반하여 개인적인 입장을 고수할 권리를 보유한다.

부록 B

실행규범*

평가 및 보고 원칙

(호주 주립학교조직협회(Australian Council of State School Organizations)와 호주 학부모협회(Australian Parents' Council)에 의해 체계화됨)

1. 학부모는 다양한 메커니즘을 통해 자녀의 교육에 관한 양질의 정보를 계속적으로 얻을 권리가 있다.
2. 어떤 형태의 평가든 교육과정에 통합되고 학습 결과를 통보 · 지원 · 개선하도록 계획되어야 한다.
3. 평가 및 보고 과정은 교수와 학습에 관한 학부모 및 학생 정보를 준비해야 한다.
4. 학부모 및 학부모조직은 평가의 개발 및 이행, 학교 · 교육체제 · 주 · 국가 차원의 정책 및 절차 보고 과정에서 적극적인 역할을 수행해야 한다.

---

* 린치(Lynch, 1997)에서 재인용.

5. 각 주 및 연방, 학교, 교육체제, 정부는 평가 자료를 수집하고자 하는 목적을 공개해야 한다.
6. 평가 자료는 학교, 교육체제, 주 또는 기타 지방에 대한 비교, 판단을 입증하고 공표하려는 목적으로 사용되어서는 안 된다.
7. 학생 수행에 대한 자료를 구하고자 하는 기관은 그 사용에 대해 학부모에게 통보해야 한다.
8. 재학 중인 학생으로부터 수집된 자료는 진술된 목적에 따라 사용되어야 한다. 그 외의 목적으로 사용될 경우 구체적으로 협의되어야 한다.
9. 개별 학생을 대상으로 한 평가는 해당 학생, 해당 학생의 부모, 관련 교직원을 제외하고 비밀이 유지되어야 한다.
10. 학부모는 자녀가 주나 국가 단위의 특정 평가체제로부터 벗어나게 할 권리가 있다.
11. 주나 국가 단위의 목적을 위한 평가 자료는 통계적으로 타당하고 간소한 표본 추출 절차만을 통해 수집되어야 한다.
12. 적절한 항의 절차가 확립되고, 학생 평가, 학교 · 주 · 국가 수준의 보고 관련 문제에서 학생과 학부모의 권리를 보호하기 위해 그런 절차가 공표되어야 한다.

언어발달 평가 원칙

1. 평가 대상과 방법은 언어 및 언어발달에 대해 중요하다고 여겨지는 부분과 모순되지 않아야 한다.
2. 평가방법은 해당 평가방법으로 평가하고자 하는 바를 평가해야 한다(예를 들어 학생으로 하여금 여러 철자 중에서 주어진 단어

의 올바른 철자를 선택하게 하는 철자 시험은 그 학생이 작문을 할 때 그 단어를 어떻게 쓸 것인지에 대해 아무런 정보도 제공하지 않는다).

3. 평가 목적은 학습자, 교사, 학부모에게 정보를 제공하는 것이다. 따라서 평가는 반드시 기술적이어야 한다.
4. 학습은 지속적인 행위이며 따라서 평가도 반드시 지속적이어야 한다.
5. 언어는 사용하는 과정에서 학습되며 언어사용은 맥락과 관련되어 있다. 따라서 언어평가는 실제적 맥락에서 이루어져야 한다.
6. 언어사용이 언어경험과 관련되어 있으므로 외부적으로 시행되는 평가절차는 학생의 언어능력을 평가하는 것 이상으로 교수 프로그램을 평가하는 데 사용될 수 있다.
7. 언어 학습은 발달적이다. 언어학습은 실험과 근사치 등을 수반한다. 따라서 언어평가는 학생의 이해력 발달 정도를 드러내야 한다.
8. 언어의 표층적 특성을 통제하는 학습은 언어의 기능을 통제하는 학습과 반드시 동일한 속도로 이루어지는 것은 아니다.
9. 학생의 자기평가는 평가 과정에서 중요한 부분이다.

(윌슨(Wilson), 1995: 3)

이와 같은 규범을 통해 수험자를 보호하는 동시에 시험을 생산 · 도입 · 오용하는 자의 권력을 제한할 수 있는 가능성이 있다.

참고문헌

ACTFL (1986) *ACTFL Proficiency Guidelines*. Hastings-on-Hudson, NY: American Council on the Teaching of Foreign Languages.

Alderson, J.C., Clapham, C. and Will, D. (1995) *Language Test Construction and Evaluation*. Cambridge: Cambridge University Press.

Alderson. J.C. and Hamp-Lyons, L. (1996) TOEFL preparation courses: A study of washback. *Language Testing*, **13** (3): 280-97

Alderson, J.C. and Wall, D. (1993) Does washback exist? *Applied Linguistics*, **14** (2): 115-29.

Banks, J. (1998) The lives and values of researchers: Implications for educating citizens in a multicultural society. *Educational Researchers*, **27** (7): 4-17.

Ben-Rafael, E. (1994) *Language, Identity, and Social Division*: *The Case of Israel*. Oxford: Clarendon Press.

Ben-Rafael, E. and Brosh, H. (1991) A sociological study of second language diffusion: The obstacles to Arabic teaching in the Israeli school. *Language Problem and Language Planning*, **15**: 1-23.

Bernstein, B. (1982) Codes, modalities and the process of cultural reproduction: A model. In M. Apple (ed.) *Cultural and Economic Reproduction in Education*. London: Routledge & Kegan Paul.

Bernstein, B. (1986) On pedagogical discourse. In J. Richardson (ed.) *Handbook for Theory and Research for the Sociology of Education*.

New York: Greenwood Press.

Bourdieu, P. (1991) *Language and Symbolic Power*. Cambridge, MA: Harvard University Press.

Broadfoot, R (1996) *Education, Assessment and Society: A Sociological Analysis*. Buckingham: Open University Press.

Byrnes, H. (1987) Second language acquisition: Insights from a proficiency orientation. In Heidi Byrnes and Michale Canale (eds) *Defining and Developing Proficiency Guidelines. Implementations and Concepts*. ACTFL Foreign Language Education Series, vol. 17. Lincolnwood, IL: National Textbook Company, pp. 107-32.

Cheng, L. (1998) Impact of a public English examination change on students' perceptions and attitudes toward their English learning. *Studies in Educational Evaluation*, **24** (3): 279-301.

Clinton, W. (1997) State of the Union Address, 4 February.

Darling-Hammond, L. (1994) Performance-based assessment and educational equity. *Harvard Educational Review*, **64** (1): 5-30.

Davies, A. (1997) Demands of being professional in language testing. *Language Testing*, **14** (3): 328-39.

Elder, C. (1997) What does test bias have to do with fairness? *Language Testing*, **14** (3): 261-77.

Ellul, J. (1964) *The Technological Society*. New York: Vintage Books.

Eribon, D. (1991) *Michel Foucault* (translated by Betsy Wing). Cambridge, Mass.: Cambridge University Press.

Ferman, I. (1998) *The impact of a new English foreign language oral matriculation test on the educational system*. MA Thesis, School of Education, Tel Aviv University.

Fetterman, D., Kaftarian, S. and Wandersman, A. (1996) *Empowerment Evaluation*. Sage Publication.

Fillmore, C. (1981) Ideal reader and real reader. In D. Tanners (ed.) *Analysing Discourse: Text and Talk*. Washington, DC: Georgetown University Press, pp. 248-70. (Georgetown University Round Table on Languages and Linguistics, 1981.)

Foucault, M. (1979) *Discipline and Punish*. New York: Vintage Books.

Foucault, M. (1991) *Remarks on Marx Conversations with Duccio Trombadori* (translated by R. James Goldstein and James Cascaito). Brooklyn NY: Semiotext (E).

Fredriksen. J. and Collins. A. (1989) A system approach to educational testing. *Educational Researcher,* **18**: 27-32

Freedman, W.S. (1993) Linking large-scale testing and classroom portfolio assessments of student writing. *Educational Assessment,* **1** (1): 27-52.

Freedman, W.S. (1995) Exam-based reform stifles student writing in the U.K. *Educational Leadership,* **52** (6): 26-9.

Freire, P. (1985) *The Politics of Education*. South Hadley, MA: Bergin & Gravey.

Gefen, R. (1983) Reliability in the English Bagrut Test. *English Teacher's Journal* (Israel), **29**: 14-20.

Gipps, C.V. (1994) *Beyond Testing: Towards a Theory of Educational Assessment*. London: Falmer Press.

Giroux, H. (1995) Language, difference, and curriculum theory: Beyond the politics and clarity. In P. McLaren and J. Giarelli (eds) *Critical Theory and Educational Research*. New York: State University of New York Press.

Hamp-Lyons, L. (1997) Washback, impact and validity: Ethical concerns. *Language Testing,* **14** (3): 295-303.

Hanson, F.A. (1993) *Testing Testing: Social Consequences of the Examined Life*. Berkeley, CA: University of California Press.

Hawthorne, L. (1996) The politicisation of English: The case of the step test and the Chinese students. In F. Wigglesworth and C. Elder (eds) *Australian Review of Applied Linguistics, Series S*, **13**: 13-32.

Hawthorne, L. (1997) The political dimension of English *language testing* in Australia. *Language Testing*, **14** (3): 248-60.

Horovitz, N. (1986) *Policy and planning in the teaching of English in Israel*. MA thesis, English, Bar Ilan University, Ramat Gan.

House, E.R. (1990) Ethics of evaluation studies. In H.J. Walberg and G.D.

Haertel (eds) *The International Encyclopedia of Educational Evaluation*. Oxford: Pergamon Press, pp. 91-4.

House. E. (1998) *Schools for Sale*. New York, NY. Teacher College Press.

Howe, K.R. (1994) Standards, assessment, and equality of educational opportunity. *Educational Researcher,* **23**: 27-33.

ILTA (2000) *Code of Ethics for Foreign/Second Language Testing*. Hong Kong International Language Testing Association.

Joint Committee on Standards for Educational Evaluation (1981) *Standards for Evaluation of Educational Programs, Projects and Materials*. New York: McGraw-Hill.

Koretz, D., Madaus, G., Haertal, E. and Veaton, B.A. (1992) *National Educational Standards and Testing: A Response to the Recommendations of the National Council in Education Standards and Testing*. Santa Monica, CA: Rand Corporation.

Kraemer, R. (1993) Social psychological factors related to the study of Arabic among Israeli Jewish high school students: A test of Gardner's socioeducational model. *Studies in Second Language Acquisition,* **15** (1): 83-106.

Kramsch, C. (1993) *Context and Culture in Language Teaching*. Oxford: Oxford University Press.

Latham, H. (1877) *On the Action of Examinations Considered as a Means of Selection*. Cambridge: Deighton, Bell & Co.

Lemke, J. (1995) *Textual Politics: Discourse and Social Dynamics*. London: Taylor & Francis.

Lo, M. (1997) *A critical analysis of a Hong Kong English exam*. MA Thesis presented to the School for International Training, Vermont.

Lynch, B. (1997) In search of the ethical test. *Language Testing,* **14** (3): 315-27.

MacIntyre, A.C. (1984) *After Virtue* (2nd edn). Notre Dame, IN: University of Notre Dame Press.

Madaus, G. (1990) *Testing as a Social Technology. The Inaugural Annual Boise Lecture on Education and Public Policy.* Boston, MA: Boston

College.

Madaus, G. (1994) A technological and historical consideration of equity issues associated with proposals to change the nations testing policy. *Harvard Educational Review,* **64** (1): 76-95.

Madaus, G. (2001) *Educational Testing as Technology. National Board on Educational Testing and Public Policy*. Lynch School of Education, Boston College Statements. Volume 5.

Marisi, P. (1994) Questions of regionalism in native speakers OPI performance: The French Canadian Experience. *Foreign Language Annals,* **27** (4): 505-21.

McGahern, J. (1977) *The Dark*. New York: Quartet.

McLuhan, M. (1962) *The Gutenberg Galaxy: The Making of Typographic Man*. Toronto: University of Toronto Press.

McNamara, T. (1990) Item response theory and the validation of an ESP test for health professionals. *Language Testing,* **7** (1): 31-51.

McNamara, T. (1997) Policy and social considerations in language assessment. In B. Grabe (ed.) *Annual Review of Applied Linguistics,* **18**: 304-19.

McNeil, L. (1986) *Contradictions of Control*. New York: Routledge.

Messick, S. (1981) Evidence and Ethics in the Evaluation of Tests. *Educational Researcher*, **10**: 9-20.

Messick, S. (1989) Validity. In R.L. Linn (ed.) *Educational measurement* (3rd edn). Washington, DC: The American Council on Education and the National Council on Measurement in Education, pp. 13-103.

Messick, S. (1994) The interplay of evidence and consequences in the validation of performance assessments. *Educational Researcher,* **23**: 13-23.

Messick, S. (1996) Validity and washback in language testing. *Language Testing,* **13** (4): 241-57.

Moss, P. (1996) Enlarging the dialogue in educational measurement: Voices from interpretive research traditions. *Educational Researcher,* **25** (1): 20-8.

Nevo, D. (1996) *School Based Evaluation*. Oxford: Pergamon Press.

Nevo, D. and Shohamy, E. (1986) Evaluation standards for the assessment of alternative testing methods: an application. *Studies in Educational Evaluation,* **12** (2): 149-58.

New York Times, The (1998) Massachusetts retreats on threshold for teacher test, flunking nearly 60 per cent. (1 July).

Nitko, A. (1989) Designing tests that are integrated with instruction. In R.L. Linn (ed.) *Educational Measurement* (3rd edition). Englewood Cliffs, NJ: Prentice-Hall, pp. 447-74.

Nitko, A. (1996) *Educational Assessment of Students*. Englewood Cliffs, NJ: Prentice-Hall.

Noah, E. and Eckstein, M. (1992) *Examinations in Comparative and International Studies,* Oxford: Pergamon Press.

Noam, G. (1996) Assessment at a Crossroads: Conversation. *Harvard Educational Review,* **66**: 631-57.

Ormsby, H. (1998) The Language tester and indigenous languages. Paper presented at the conference on The Social Responsibility of the Language Tester, University of Ottawa, 5 July 1998.

Oxenham, J. (1984) *Education versus Qualifications?* London: Allen and Unwin

Peirce, B.N. and Stein, P. (1995) Why the 'monkeys passage' bombed: tests, genres, and teaching. *Harvard Educational Review,* **54** (1): 50-65.

Pennycook, A. (1994) *The Cultural Politics of English as an International Language*. London and New York: Longman.

Phillipson, R. (1992) *Linguistic Imperialism*. Oxford: Oxford University Press.

Punch, M. (1994) Politics and ethics in qualitative research. In N.K. Denzin and Y.S. Lincoln (eds) *Handbook of qualitative research*. Thousand Oaks, CA: Sage, pp. 83-97.

Schwandt, T. (1989) Recapturing moral discourse in evaluation. *Educational Researcher,* **18** (8): 11-16.

Schwartz, T. (1999) The test under stress. *The New York Times Magazine,* 10 January, p. 30.

Shepard, L. (1991) Psychometricians' beliefs about learning. *Educational Researcher,* **20** (7): 2-9.

Shohamy, E. (1985) *A Practical Handbook in Language Testing for the Second Language Teacher*. Shaked, Ramat Aviv, Israel.

Shohamy E. (1991) International perspectives of foreign language testing systems and policy. *ACTFL Annual Review of Foreign Languages,* Vol. 16. The American Council on the Teaching of Foreign Languages, National Textbook Co., IL, pp. 91-107.

Shohamy, E. (1993) *The power of tests: The impact of language tests on teaching and learning*. Washington, DC: The National Foreign Language Center at Johns Hopkins University.

Shohamy E. (1994) The use of language tests for power and control. In J. Alatis (ed.) *Georgetown University Round Table on Language and Linguistics*. Washington, DC: Georgetown University Press, pp. 57-72.

Shohamy, E. (1995) Language testing: Matching assessment procedures with language knowledge. In M. Birenbaum and F. Dochy (eds) *Alternatives in assessment of achievements, learning processes and prior knowledge*. Boston, MA: Kluwer Academic Publishing, pp. 142-60.

Shohamy, E. (1997) Testing methods, testing consequences: are they ethical? Are they fair? *Language Testing,* **14** (3): 340-9.

Shohamy, E. (1998) Critical language testing and beyond. *Studies in Educational Evaluation,* **24** (4): 331-45.

Shohamy, E. and Donitsa-Schmidt, S. (1998) *Jews vs. Arabs: language attitudes and stereotypes*. Report submitted to the Shtainmintz Center for Peace, Tel Aviv University.

Shohamy, E., Donitsa-Schmidt, S. and Ferman, I. (1996) Test impact revisited: Washback effect over time. *Language Testing,* **13** (1): 298-317.

Shohamy, E., Reves, T. and Bejarano, Y. (1986) Introducing a new comprehensive test of oral proficiency. *English Language Teaching Journal,* **40** (3): 212-20.

Smith, M.L. (1991) Put to test: The effects of external testing on teachers. *Educational Researcher,* **20**: 8-11

Spolsky, B. (1995) *Measured Words: The Development of Objective Lanauage Testing*. Oxford: Oxford University Press.

Spolsky, B. (1997) The ethics of gatekeeping tests: What have we learned in a hundred years? *Language Testing*. **14** (3): 242-7.

Spolsky, B. (1998) What is the user's perspective in language testing? Paper presented at the Colloquium, *The State of the Art in Language Testing: The Users' Perspective,* National Foreign Language Center. The Johns Hopkins University, Washington DC, 15 June.

Steinberg, J. (1999) Stress test. *New York Times, Education Life*, 3 January, p. 18.

Steiner, J. (1995) *Changes in the English Bagrut Exam*. Jesusalem: State of Israel Ministry of Education, Culture and Sport. English Inspectorate.

Tollefson, J. (1995) Introduction: Language policy power, and inequality. In J. Tollefson (ed.) *Power and Inequality in Language Education*. London: Cambridge University, Press.

US Department of Education (1992) *World Class Standards for American Education,* Washington, D.C.

Valdes, G. and Figueroa, R. (1996) *Bilingualism and Testing: A Special Case of Bias*. Norwood, NJ: Ablex Publishing Corp.

Wall, D. (1996) Introducing new tests into traditional systems: Insights from general education and from innovation theory. *Language Testing,* **13**: 334-54.

Wall, D. and Alderson, J.C. (1993) Examining washback: The Sri Lankan impact study. *Language Testing,* **10** (1): 41-69.

Watanabe, Y. (1996) Does grammar translation come from the entrance examination? Preliminary findings from classroom-based research. *Language Testing,* **13**: 318-33.

Weiss, C.H. (1977) *Using Social Research in Public Policy Making*. MA: Lexington Books.

Wilson, L. (1995) Principles for evaluating language development. *NLLIA Network Notes,* **8** (3).

Winner, L. (1986) *The Whale and the reactor: A search for limits in an age of high technology*. Chicago: The University of Chicago Press.

Zack, I. (1982) *Alternative Assessment for Matriculation Examination: A Feasible Model*. Internal document (in Hebrew) School of Education, Tel Aviv University.

찾아보기

ㅈ

ㅎ

기타

[역자소개]

신동일

중앙대학교 영어영문학과 교수로 재직 중이며 말하기와 영어평가 분야의 연구에 우선적인 관심을 가지고 있다. 특히 영어시험에 관해서는 시험설계와 채점자교육, 시행과 시험준비 콘텐츠 개발, 그리고 영어시험의 정치사회적 담론에 이르기까지 다양한 분야에서 전문가 활동을 하고 있다.

개인 홈페이지: http://www.dongilshin.com

박윤규

중앙대학교 영어영문학과를 졸업하고 동 대학원에서 응용언어학을 전공하고 있다. 직접 경험해 온 수험자, 학습자의 관점에서 시험이 개인과 사회에 미치는 영향, 그리고 사회 · 정치적으로 사용되는 시험의 역사 등에 관심을 가지고 있다.

개인 블로그: http://blog.naver.com/fisherman23

시험의 권력

언어시험 사용에 대한 비평적 관점

발행일 • 2010년 1월 5일 1쇄 발행
저자 • Elana Shohamy
역자 • 신동일 · 박윤규
발행인 • 홍진기
발행처 • 아카데미프레스
주소 • 122-900 서울시 은평구 역촌동 58-9
부호아파트 102동 상가 3호
전화 • (02)2694-2563
팩스 • (02)2694-2564
웹사이트 • www.academypress.co.kr
등록일 • 2003. 6. 18, 제313-2003-220호
ISBN • 978-89-91517-68-4

정가 15,000원